CENTRE NATIONAL DE LA RECHERCHE SCIENTIFIQUE

Centre régional de Publications de Bordeaux

LE CHILI

La terre et les hommes

Jean BORDE — Romulo SANTANA-AGUILAR

Préface par M. Le Doyen Louis PAPY

Éditions du Centre National de la Recherche Scientifique
15, quai Anatole-France — 75700 PARIS

1980

© — Centre National de la Recherche Scientifique — Paris 1980
ISBN 2-222-02673-3

PRÉFACE

Deux auteurs. Deux savants. Deux maîtres aimés. Tous deux riches d'une sève puisée aux sources les plus pures de l'humanisme, doués des dons éclatants de l'intelligence et du cœur, obsédés par le spectacle des peines et des souffrances des hommes. L'un et l'autre liés par un attachement charnel à la terre chilienne et comme fascinés par elle, Romulo Santana Aguilar parce qu'il y était ancré de toutes ses racines, Jean Borde parce qu'il s'était pris de passion pour une nation née d'un brassage d'hommes perdus en un lointain bout du monde, enserrée «dans un carcan de montagnes, de déserts et de froid». Un même destin : ce mal insidieux qui les frappe dans la plénitude de l'action, ce combat courageux jusqu'au stoïcisme, contre la mort, cette plume ardente, tenue jusqu'au bout, et qui se tarit sur une page blanche.

Jean Borde est né en 1921 à Bruges, aux portes de Bordeaux. Ses yeux se sont ouverts sur ce grand estuaire girondin jusqu'où viennent les vents du large : sont-ce ces vastes horizons qui lui auraient donné le goût de l'aventure ? En 1942, après avoir obtenu à Bordeaux une licence de lettres classiques, il se sent invinciblement attiré par la géographie et par tout ce que cette science ouvre sur le monde et les sociétés humaines. Ses études sont interrompues par son engagement dans l'armée qui prépare le combat pour la libération de la France : il participe à l'épopée Rhin-et-Danube, est blessé grièvement. La guerre finie, il retourne à l'Institut de Géographie de Bordeaux, est reçu agrégé de géographie, enseigne au Lycée de Mont-de-Marsan, à l'Institut français de Londres, puis en 1950 il part pour Santiago ; il y reste dix ans, le temps de parcourir, en pionnier, le Chili, de rassembler observations et enquêtes pour la rédaction de ses thèses et de former, à l'Institut de Géographie de l'Université du Chili, qu'il dirige pendant six ans, une pléiade d'élèves. Après avoir enseigné à l'Université de Tunis, il vient soutenir - très brillamment - à la Faculté de Lettres de Bordeaux ses thèses d'État sur les Andes de Santiago et sur les structures agraires du Chili central. En 1966, il est nommé professeur à la Faculté des Lettres de Bordeaux, charge à laquelle vient s'ajouter en 1974 celle de directeur de la Maison des Sciences de l'Homme d'Aquitaine. Maison dont il est, en fait le fondateur. Son œuvre d'enseignant, de chercheur, d'administrateur force l'admiration. La mort vient l'interrompre le 19 août 1977.

Romulo Santana Aguilar est né en 1934 à Punta Arenas à l'extrême pointe de la Patagonie : quel géographe au monde a vu le jour à une latitude plus méridionale ? C'est à l'Université de Santiago qu'il rencontre Jean Borde, dont il est l'étudiant. Entre le maître et l'élève, c'est le coup de foudre. Ses diplômes conquis, Romulo Santana vient, sous l'inspiration et avec l'appui de Jean Borde, en 1956, à Bordeaux. En 1958, il est nommé assistant à l'Université du Chili ; en 1962, il revient en France et prépare sur la géomorphologie du Pays basque espagnol, une thèse d'université qu'il soutient avec brio à Bordeaux en 1964 : ce qui lui vaut d'être nommé professeur à l'Université du Chili. En 1970, il revient en

France, à titre de professeur associé à l'Université de Bordeaux ; en 1973, il est attaché de recherches au Centre national de la Recherche scientifique, dans le cadre du Centre d'études de Géographie tropicale de Bordeaux. Enseignant merveilleux, il avait, en cours d'élaboration, une grande œuvre scientifique, pour la plus grande partie consacrée à son pays natal dont il avait gardé la nostalgie, quand il s'est éteint le 30 novembre 1974.

Et voici ce livre sur le Chili. Les manuscrits comportaient ici et là des morceaux qui n'étaient pas parfaitement au point, quelques lacunes, quelques données incomplètes. Rendons grâces à Philippe Roudié d'avoir avec un soin infini assuré les agencements et les raccords qui s'imposaient, tout en respectant la pensée et la rédaction des auteurs. Disons notre gratitude à Madame Jean Borde, à Madame Anahit Santana qui, pieusement, ont participé à cette tâche. C'est avec une profonde émotion que le signataire de ces lignes, à qui a été confié l'honneur de présenter l'ouvrage, a lu ces pages où il a retrouvé tout ce qui donnait aux paroles, aux écrits, aux actions de ses amis disparus une chaleureuse résonnance : cette passion d'apprendre et de communiquer leur savoir, cet art d'écrire, de décrire et d'analyser, ce souci de comprendre, dans son étonnante diversité, des sociétés riches d'anciennes cultures, sur qui pèsent lourdement les héritages de l'histoire et aux prises avec les mutations et les secousses propres au temps présent.

Quelle belle contribution à la connaissance du Chili d'autrefois et d'aujourd'hui ! Quelle est l'originalité de l'architecture des Andes, si différente de celle des Alpes, et quelles énigmes elle pose encore aux géomorphologues ; comment fonctionnent ces climats si divers, le plus souvent terriblement hostiles aux hommes, qui s'allongent sur une façade océanique de 4 300 km ; comment ont été conquis et occupés ces morceaux de la «terre des hommes», dispersés au milieu des montagnes, des déserts arides ou glacés, des forêts ; comment le peuplement amérindien s'est fondu dans les apports venus d'Europe et comment, ainsi, est née une nation ; par quel processus a grandi cette immense agglomération de Santiago, au cœur du Chili central, creuset de la nation ; quelles sont la fragilité de l'agriculture dans un pays où la terre est sous-exploitée et le plus souvent mal exploitée, la place dominante des richesses minières dans l'économie, la solidité - toute relative - des structures industrielles. Tous ces thèmes, et bien d'autres sont magistralement traités, tant dans les chapitres consacrés à la géographie générale que dans ceux où sont passées en revue, classées et définies avec pertinence les régions qui composent le Chili ... Un livre passionnant qui apporte une contribution fondamentale à la connaissance de ce pays.

Louis PAPY
Doyen honoraire de la Faculté
des Lettres et Sciences Humaines
de Bordeaux

Les chapitres 1, 2, 3, 4, 5 et 6 ont été écrits par **Jean Borde**. Les chapitres 7, 8, 10, 11, 13 et 14 sont de **Romulo Santana-Aguilar**. Les chapitres 9 et 12 ont été sommairement reconstitués à partir des notes des auteurs. Sauf rares exceptions les données statistiques n'ont pas été réactualisées : cela aurait peut-être amené un remaniement des textes écrits par les auteurs, parti qui a été écarté.

Les schémas, qui primitivement devaient être un peu plus nombreux, ont été dessinés par **Romulo Santana-Aguilar** ou composés sur ses indications. Les photographies ont été tirées de diapositives prises par **Romulo Santana-Aguilar**.

INTRODUCTION

Une folle géographie. En vérité tout déconcerte lorsqu'on aborde l'édude du Chili.

Un finistère. Mais quel finistère ! Le bout du monde et le mot «Chili» veut peut-être dire en Aymara «là où se termine la terre».

Une île aussi, au sens où l'on a pu dire que le Maghreb était une île : parce qu'il ne confine à aucune terre peuplée. Un isolement impressionnant. A l'Ouest : le Pacifique austral, mer vide et immense. A l'Est : la Cordillère avec les 7 000 m de l'Aconcagua, montagne presque vide elle aussi aux latitudes chiliennes et, derrière cette montagne, en territoire argentin, d'immenses étendues subdésertiques, la partie subandine de cette diagonale aréïque, de cette bande d'aridité qui prend en écharpe le continent sud-américain depuis la côte péruvienne jusqu'aux rivages atlantiques de la Patagonie. Au Nord : le désert d'Atacama, le plus absolu du monde. Au Sud : le Cap Horn, le cap des tempêtes projeté dans l'Océan Antarctique en direction des solitudes glacées du Pôle Sud.

Un versant montagneux enfin, le versant occidental de la Cordillère des Andes ou mieux encore, une façade maritime sans arrière-pays. Façade démesurément allongée : pour un territoire de 742 000 km^2 (nous ne parlons ici que du Chili métropolitain car Santiago affirme également sa souveraineté sur 1 250 000 km^2 de territoire antarctique) le Chili s'allonge sur 4 270 km, entre 17° et 56° de latitude sud. Transposé dans l'ancien monde il s'étirerait de Belfast à Tombouctou mais sa largeur n'est que de 180 km en moyenne et peut se rétrécir à 90 km dans le nord de la province de Valparaiso.

Une folle géographie en vérité et pourtant une nation fortement cimentée et un État centralisé.

Dans une Amérique latine trop souvent secouée par les pronunciamientos le Chili avait fait figure jusqu'aux événements de 1973 de pays sage et de nation unie qui avait su se garder presque toujours des affrontements irréparables. Il se voulait respectueux des institutions. Il était profondément légaliste, jusqu'à l'excès peut-être c'est-à-dire jusqu'à l'argutie. Réellement attaché à la démocratie, le Chilien comparait plus volontiers son pays à l'Europe du Nord-Ouest qu'au monde méditerranéen.

Mais est-ce bien en Europe qu'il faut toujours chercher nos points de comparaison ? Sans doute le Chili est-il, dans son cadre naturel, le moins exotique des pays de l'Amérique du Sud. Son climat tempéré et ses paysages évoquent effectivement l'Europe voire même, dans le Sud, l'Europe du Nord-Ouest et jusqu'à la Norvège. Mais il n'est pas, il est beaucoup moins que l'Argentine ou que l'Uruguay pour ne pas parler des États-Unis ou du Canada, une simple bouture de l'Europe hors du continent européen. Il est le fruit d'un métissage à peu près complet des éléments indiens et espagnols auxquels se sont ajoutés plus tard quelques apports venus d'un peu partout.

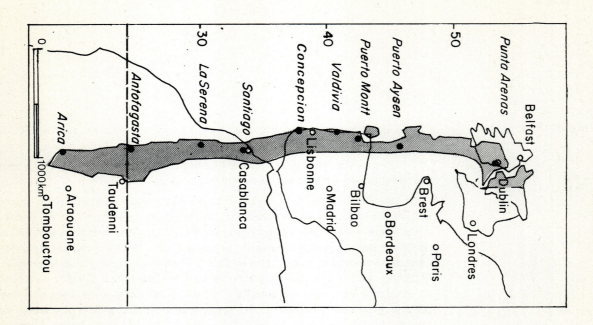

FIG. 1 — Le Chili dans le monde : l'allongement en latitude et l'isolement

Ce qu'il y a de plus remarquable peut-être dans le Chili et ce qui a longuement contribué à le garder des convulsions les plus graves c'est la perfection de ce brassage des hommes ; c'est aussi qu'un pays apparemment voué par sa configuration géographique au compartimentage au moins autant qu'à l'unité soit devenu une Nation et un État.

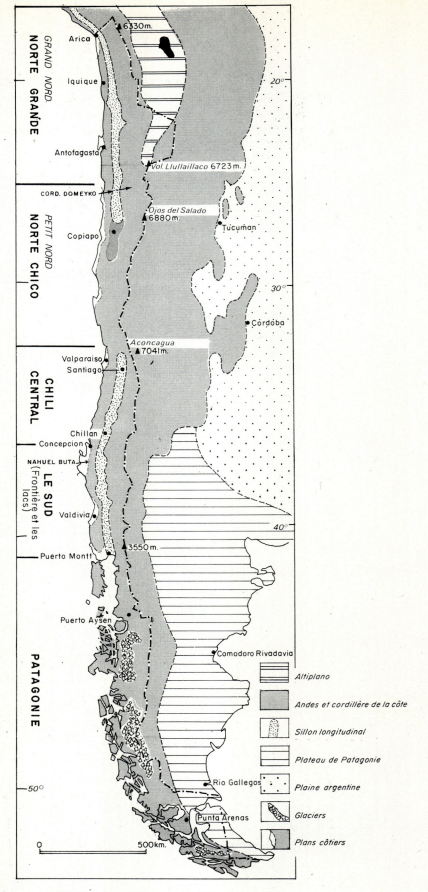

FIG. 2 — Les régions naturelles du Chili

CHAPITRE PREMIER

LA FORMATION DU CHILI

Les origines de l'État Chilien tel que nous le connaissons aujourd'hui, c'est-à-dire un État de langue espagnole et de culture essentiellement européenne, remontent au milieu du XVIe siècle, on pourrait presque dire à la fondation de Santiago par Pedro de Valdivia le 12 février 1541. Mais ce point de départ ne doit pas faire illusion : Pedro de Valdivia ignorait tout du pays dont il fondait la capitale et il fallut près de quatre siècles, donc parvenir au seuil du XIXe siècle, pour que le Chili trouvât la configuration actuelle de ses frontières. Quatre siècles pendant lesquels se sont peu à peu affirmés les caractères originaux d'un peuple et la structure d'un État.

I. LA PART DE LA NATURE

S'il est, dans le monde, un exemple saisissant de frontières naturelles c'est bien le Chili. La frontière essentielle de ce pays tout en longueur, sa frontière orientale, s'appuie en effet sur la Cordillère des Andes où elle suit pendant plus de 4000 km, et à quelques exceptions près, soit la ligne de faîte, soit le partage des eaux. Les seules frontières véritablement artificielles sont aux deux extrémités du pays : tout au sud, où l'on a voulu laisser l'ensemble du détroit de Magellan, jusqu'à l'Atlantique, sous contrôle chilien, et tout au nord, aussi bien du côté de la Bolivie où l'on a renoncé à suivre un relief mal reconnu dans une région désertique, que du côté du Pérou où aucun obstacle naturel ne pouvait étayer une frontière transversale orientée d'Est en Ouest.

On ne saurait affirmer pour autant que la configuration actuelle du territoire chilien soit le résultat direct des données naturelles et que l'on devait inévitablement en arriver là. D'autres frontières étaient possibles et certaines d'entre elles ont eu la vie longue, tellement il est vrai qu'aucune barrière naturelle n'est véritablement infranchissable et que l'obstacle des Andes est moins sévère peut-être que la double barrière de la distance et de l'aridité que l'on trouve, au-delà de la montagne, en direction de l'Est.

Il reste cependant que l'option ayant été prise d'appuyer la frontière sur les Andes il en est résulté un certain nombre de caractères fondamentaux dans l'occupation et dans l'aménagement du territoire national.

A. L'emprise de la montagne

Tel qu'il est défini par ses frontières, le Chili correspond au versant occidental de la Cordillère des Andes. La montagne y est partout présente et il n'est pas un seul point du pays où elle n'apparaisse à tout le moins comme une toile de fond qui barre l'horizon. Le Chili est bien l'un des pays les plus montagneux du monde avec 80 % du territoire national, environ 600 000 km^2, occupés par la montagne. Cette montagne, cette gigantesque retombée des Andes sur le Pacifique est pourtant beaucoup plus articulée que ne le laisseraient supposer son étroitesse et sa raideur. Une coupe transversale pratiquée de la frontière argentine jusqu'à l'Océan Pacifique permet de distinguer quatre types de reliefs qui s'allongent du Nord au Sud conformément à la disposition générale de la Chaîne.

a) La Grande Cordillère

La plus importante de ces bandes longitudinales, la seule qui soit absolument continue tout au long du territoire chilien c'est la Grande Cordillère, celle que l'on appelle tout simplement au Chili la «Cordillère» ou les «Andes». C'est elle qui constitue la barrière entre le Chili et l'Argentine et qui porte tous les grands sommets du pays, tous ses paysages de haute montagne, tous ses glaciers, toutes ses neiges permanentes. Continue du Nord au Sud, la Grande Cordillère n'est pas pour autant une chaîne uniforme. Sans doute les aspects de muraille ou les tendances tabulaires y sont-ils un peu partout discernables mais là s'arrêtent les similitudes tandis que les irrégularités du développement transversal, les variations de l'altitude moyenne et la distribution du volcanisme récent, pour ne parler que des faits les plus visibles, individualisent du Nord au Sud des secteurs assez nettement délimités.

C'est d'abord la Grande Cordillère du Nord désertique, montagne encore largement étalée et qui culmine en des vastes plateaux bordés de volcans (Llullaillaco 6750 m). On est tout près des Andes centrales avec leurs paysages d'**altiplano** et de **puna**. L'étalement de l'édifice andin, le développement des glacis d'érosion et l'immensité des épanchements volcaniques atténuent quelque peu les contrastes du relief en dépit de la multiplication des accidents longitudinaux qui individualisent par endroits des sortes de pré-cordillères (Cordillère du Sel, Cordillère de Domeyko) séparées de la chaîne principale par des dépressions où se sont formés des **salares**.

Plus au sud la Grande Cordillère du Petit Nord (**Norte Chico**) apparaît tout à la fois comme moins ordonnée et plus élémentaire, comme plus étroite aussi sans perdre pour autant de sa vigueur puisque l'Ojos del Salado (6908 m) est le point culminant de tout le Chili. C'est une montagne plus profondément burinée par une érosion organisée en vallées transversales très courtes et de pente très raide dont le modelé en creux a été favorisé par la disparition du volcanisme et des grands épanchements de lave.

A partir de la vallée de l'Aconcagua les Andes du Chili central puis celles de la Frontière et de la Région des Lacs se caractérisent par l'étroitesse de la chaîne et par son abaissement progressif en direction du sud. L'Aconcagua, à quelques kilomètres de la frontière, en territoire argentin, est avec ses 7 000 m le point le plus élevé des deux Amériques et, à l'est de Santiago, plusieurs sommets dépassent encore les 6 000 m. Très vite cependant, les points culminants s'abaissent au-dessous de 4 000 m ou même de 3 000 m tandis que le volcanisme réapparaît, d'abord dans l'axe de la chaîne puis de plus en plus vers l'extérieur, jusqu'à constituer sa bordure occidentale. Dans toute cette partie de la Cordillère

Volcan Llullaillaco, Andes du Nord, vu du train Antofagasta-Salta (Argentine).
Traversée du désert du Grand Nord

Cordillère du Petit Nord : haute vallée de l'Elqui

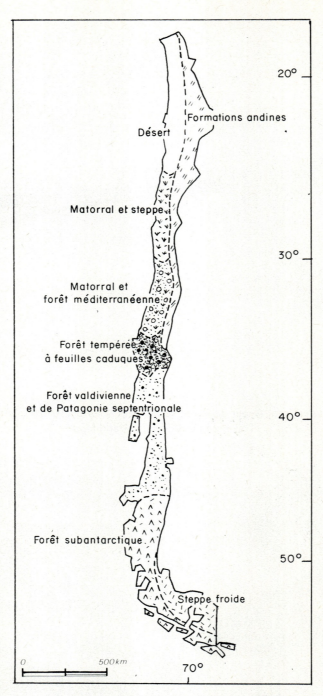

FIG. 3 — Les grandes zones végétales du Chili
(d'après SCHMITHUSEN simplifié 1956)

les contrastes de relief favorisés par l'étroitesse de la montagne et par la vigueur de l'érosion sont portés à leur paroxysme avec la marque de modelé glaciaire qui se confine en haute montagne dans la région de Santiago mais qui s'abaisse peu à peu vers le sud pour donner à partir de 38° de latitude d'immenses lacs de piémont.

Au-delà du Golfe de Reloncavi enfin, les Andes de Patagonie, montagnes partiellement englacées en dépit d'une altitude souvent assez modeste, plongent directement dans la mer où elles sont débitées par un réseau de fjords guidés par la structure.

b) La Dépression Intermédiaire

Au pied de la Grande Cordillère apparaît par endroits un sillon profondément déprimé dont la dimension est hors de proportion avec le rôle décisif qu'il a joué dans la formation de l'État chilien. Cette dépression, généralement connue sous le nom de Sillon Longitudinal ou de Dépression Intermédiaire parce qu'elle se situe entre deux Cordillères, est en réalité fort discontinue et d'aspect très varié. Elle n'est pleinement réalisée qu'en deux secteurs : dans l'extrême-nord, entre la frontière péruvienne et le Rio Loa et aux latitudes moyennes, entre Santiago et Puerto-Montt.

La dépression intermédiaire du Grand Nord (**Norte Grande**) est un long sillon dissymétrique partiellement remblayé en forme de glacis par les accumulations détritiques descendues de la Grande Cordillère. Quelques vallées transversales presque toujours à sec s'y sont profondément encaissées de telle sorte que la dépression intermédiaire est compartimentée en plusieurs lambeaux de plaines ou de bas-plateaux désertiques que l'on appelle ici des **pampas**.

La dépression intermédiaire des latitudes moyennes est d'une autre importance. Depuis le nord de Santiago jusqu'à Puerto Montt où elle disparaît sous la mer elle s'allonge sur quelques 1 200 km. C'est dans la partie nord de cet ensemble, dans le vieux Chili méditerranéen, qu'il faut en chercher l'expression la plus parfaite avec le «Valle Central» et ses aspects de plaine opulente de plus en plus largement étalée vers le sud entre deux Cordillères qui s'écartent progressivement l'une de l'autre jusqu'à être séparées par une centaine de kilomètres. Plus au sud, au-delà du Bio-Bio, la dépression est quelque peu masquée, voire interrompue, par des collines massives mais elle réapparaît dans la Région des Lacs comme une nouvelle plaine qui va se terminer à Puerto Montt.

c) La Cordillère de la Côte

La deuxième Cordillère du Chili, la Cordillère de la Côte, n'est qu'une chaîne modeste et fort discontinue. On la trouve tout au nord du territoire et jusqu'aux abords de Chañaral comme une montagne dont l'altitude fort respectable (plus de 3 000 m dans la Sierra de Vicuña Mackenna) ne se traduit par un relief vigoureux que sur le versant occidental qui tombe directement dans le Pacifique. Ailleurs, aussi bien vers les sommets que vers les **pampas** ce ne sont que pentes allongées et dépressions fermées où se sont installés des **salares**.

Absente de tout le Petit Nord, la Cordillère de la Côte réapparaît au Chili central en même temps que la Dépression Intermédiaire. Assez vigoureuse dans la région de Santiago où elle dépasse les 2 000 m, réduite ensuite à l'état de croupes plus ou moins tabulaires jusqu'au Bio-Bio, elle retrouve un peu de sa puissance plus au sud, notamment dans la Cordillère de Nahuel Buta.

d) Les Plans Côtiers

Pour montagneux qu'il soit le Chili n'offre guère de côtes véritablement escarpées. Les exceptions les plus notoires sont dans l'extrême-nord avec la Cordillère de Vicuña Mackenna et surtout dans l'extrême-sud avec les fjords de Patagonie. Ailleurs des surfaces littorales étagées, les Plans Côtiers, s'interposent presque toujours entre la montagne et la mer. Ils sont particulièrement bien développés et continus depuis le Petit Nord jusqu'à la latitude de Puerto Montt, en passant par le Chili central, la Frontière et la Région des Lacs. Nettement plus bas que la Cordillère de la Côte, ces Plans Côtiers sont plus élevés que la dépression intermédiaire et, comme tels, entaillés en gorges par les principaux fleuves qui doivent les traverser pour atteindre le Pacifique.

Au total un relief contrasté marqué de surprenantes dénivellations, une juxtaposition de Cordillères et de fossés où l'on sent la présence d'une tectonique encore agissante : le tremblement de terre est l'un des traits majeurs de la nature chilienne. Mais aussi une heureuse articulation du relief en bandes longitudinales qui permet, les Plans Côtiers prenant au moment opportun le relais de la dépression intermédiaire, des communications relativement aisées entre les principales régions du pays, exception faite peut-être des solitudes de la Patagonie.

B. La gamme des climats

De 17° à 53° de latitude sud s'égrenne par transitions insensibles toute la gamme climatique qui caractérise la façade occidentale des continents. Climat désertique de l'extrême-nord où les pluies sont un événement, les moyennes perdant toute signification : 2,5 mm par an à Iquique. Climat méditerranéen du Chili central : Santiago y reçoit déjà quelques 350 mm mais l'été demeure rigoureusement sec, 86 % des précipitations se groupant sur cinq mois ; la steppe, jaune et grise l'été, verdoyante l'hiver, alterne ici avec le **matorral** et sa végétation souvent assez drue d'arbustes ou de petits arbres à feuilles persistantes. Climat océanique du Sud : à partir de Chillan ou de Concepcion l'on s'enfonce progressivement dans un monde nouveau.

Encore conviendrait-il de dire que cette diversité des climats s'accommode de certaines ressemblances et comme d'un air de famille que l'on retrouve sans peine tout au long du pays. Les contrastes résident essentiellement dans l'abondance et dans le régime des pluies, l'examen des températures révélant au contraire, par delà les inévitables différences que comporte un tel étalement en latitude, une sorte d'uniformité. Il est facile de déceler ici l'influence régulatrice de la mer : les grands vents d'Ouest poussent sur les côtes du Sud des eaux relativement tièdes qui atténuent les rigueurs de l'hiver tandis que le courant de Humboldt, où remontent les eaux froides des fosses abyssales, préservent le Centre et le Nord des chaleurs excessives de l'été. Il en résulte une certaine uniformité tout au long du pays et tout au long des saisons : aussi bien d'Arica à Magellan entre lesquels l'écart des moyennes annuelles est seulement de 13°, que de l'été à l'hiver entre lesquels la variation saisonnière demeure généralement modeste.

II. LA PART DES HOMMES

Rassemblons les données du relief et celles du climat. Il en ressort une remarquable étroitesse des terres utilisables : les seules contrées réellement riches et amènes se situent sous les latitudes moyennes où elles se confinent dans le sillon longitudinal et dans les principales vallées. La «terre des hommes» n'est ainsi qu'une terre sporadique dans un carcan de montagnes, de désert et de froid.

Sans doute la puissance même de ce carcan isolait-elle le Chili et était-elle de nature à protéger sa spécificité. Sans doute aussi les communications étaient-elles relativement aisées du Nord au Sud d'un territoire dont les régions naturelles, en l'absence de tout obstacle transversal véritablement impérieux, apparaissent comme des régions climatiques entre lesquelles les différenciations sont progressives et les limites assez floues. Nul ne saurait affirmer cependant que sur cette étroite bande de 4 000 km les seules données naturelles rendaient plus vraisemblable, parmi les découpages qui furent tentés par l'histoire, la formation d'un état littoral démesurément allongé.

A. La formation de l'État

La formation de l'État c'est d'abord l'histoire de ses frontières.

a) Les frontières

Pour différentes raisons les limites du Chili sont restées quelque peu imprécises pendant toute la période coloniale. La plus simple et la plus évidente réside dans le fait que toutes les régions voisines appartenaient, comme le Chili lui-même, à la couronne espagnole : il s'agissait de limites administratives plutôt que de véritables frontières, une simple décision de Madrid suffisant à modifier, sans autre procédure, les découpages territoriaux.

En un temps où le souci de contrôler le respect du monopole commercial avait conduit l'Espagne à limiter le nombre des ports accessibles à ses propres navires, et où tout le sud du continent était organisé à partir de sa façade pacifique et surtout de Lima, la capitainerie générale du Chili s'était trouvée en fort bonne position pour reconnaître et pour administrer, parfois même pour coloniser, le versant oriental des Andes jusqu'aux plaines subandines trop éloignées de toute manière des côtes atlantiques dont elles étaient séparées par d'immenses étendues à demi-désertiques. Tous les territoires qui constituent aujourd'hui le Nord-Ouest argentin, la région de Tucuman et celle de Cuyo (Mendoza), restèrent ainsi sous l'obédience de Santiago, la première jusqu'en 1563, la seconde jusqu'en 1776, c'est-à-dire jusqu'à la veille de l'Indépendance.

Si le Chili ne revendiqua jamais au moment de son indépendance ces anciennes provinces transandines c'est sans doute parce que la fraternité d'armes qui l'avait uni à l'Argentine avait joué un rôle décisif dans la commune victoire sur l'Espagne ; mais c'est aussi, fort vraisemblablement, en vertu d'une sorte de rationalisme politique, inspiré peut-être par le modèle français et par la politique des frontières naturelles, qu'avait reprise à son compte la Révolution Française. Toujours est-il que l'on crut bon d'écrire dans la première constitution chilienne, celle de 1833, que le territoire chilien s'étendait «depuis le désert d'Atacama jusqu'au Cap Horn et depuis la Cordillère des Andes jusqu'au Pacifique», ce qui était beaucoup d'ambition mais aussi un renoncement, peut-être gratuit.

Beaucoup d'ambition car le territoire effectivement contrôlé par le Chili ne dépassait pas vers le nord la région de Copiapo et vers le sud l'île de Chiloe, sans parler, à l'intérieur de ces limites, de l'opiniâtre résistance des Araucans. Un certain renoncement aussi car tout restait possible dans l'extrême-sud du continent, dans cette Patagonie qui avait été placée sous l'autorité de Santiago pendant la période coloniale et qui s'offrait encore dans sa totalité et jusqu'à la côte de l'Atlantique aux entreprises des Chiliens.

En réalité, il fallut beaucoup de temps, de guerres et d'arbitrages pour faire entrer dans les faits ce qui n'était guère en 1833 qu'une déclaration d'intention.

Vers le Sud, à l'époque même où l'on réduisait la résistance araucane, un traité délimitait la frontière de Patagonie en prenant pour bases la ligne de faîte de la Cordillère et de partage des eaux, à l'exception du détroit de Magellan attribué au Chili sur toute sa longueur (1881). Le tracé précis de la frontière souleva cependant beaucoup de difficultés et devant la multiplication des incidents les deux parties eurent recours en 1900 à l'arbitrage du Roi d'Angleterre qui aboutit en 1913 à la matérialisation d'une frontière dont on ne peut affirmer qu'elle ait mis fin à tous les problèmes : 150 000 Chiliens travaillent actuellement dans les mines ou dans les grandes **estancias** de la Patagonie argentine où ils ont pu constituer jusqu'aux quatre cinquièmes de la population d'une petite ville comme Rio Gallegos.

Au Nord il fallut la victoire du Chili dans la guerre du Pacifique contre la coalition péruvio-bolivienne (1879-1883) pour annexer le désert et ses mines de nitrate où, par suite d'une lente infiltration des hommes et des capitaux, «tout était Chilien sauf la souveraineté». Le Chili prenait à la Bolivie les provinces d'Atacama et d'Antofagasta tandis que le Pérou lui accordait par le traité d'Ancon (1883) la province de Tarapaca et l'occupation provisoire d'Arica et de Tacna. On ne saurait affirmer ici non plus que tout soit résolu bien que les Boliviens aient accepté en 1904 la signature d'un traité permettant le tracé des frontières et bien que l'accord chileno-péruvien de Lima (1929) ait définitivement attribué Arica au Chili tandis que Tacna faisait retour aux Péruviens.

b) L'éveil d'une conscience nationale et la démocratie chilienne

Le choix d'une politique «de frontières naturelles», et même les incidents sinon les escarmouches que ne cesse d'entretenir l'application tatillonne de cette politique par les deux parties en présence, notamment en Patagonie, fournissent aux Chiliens les preuves les plus tangibles de l'existence de leur pays en tant qu'unité territoriale prédestinée.

En fait il se pourrait bien que tout ait commencé au Chili sous le signe de l'isolement. L'énorme distance qui le séparait de l'Espagne aussi bien que les vastes étendues de montagnes ou de déserts qui le coupaient de ses voisins immédiats, notamment du Pérou, ont très vite conduit le peuple chilien à se comporter de façon plus ou moins autonome dès la période coloniale et à adapter à ses besoins les normes reçues de Lima ou de la mère-patrie.

Intervenant après une période d'incertitude sans doute inévitable la Constitution de 1833 marqua le début d'une histoire démocratique peut-être sans équivalent dans toute l'Amérique latine. Au prix d'une assez longue série d'amendements la Constitution de 1833 devait rester en vigueur jusqu'en 1925, l'aristocratie foncière ayant toujours eu assez d'adresse et de pondération pour user de la règlementation et des pratiques électorales sans violer les textes et sans avoir recours à la force. Dans toute cette histoire de la République Chilienne on ne relève que deux dates plus ou moins révolutionnaires : 1891, avec une véritable guerre civile qui aboutit à l'instauration d'un régime parlementaire sans qu'il soit d'ailleurs nécessaire d'abroger la Constitution, et 1924 quand la lassitude provoquée par l'instabilité ministérielle inhérente au régime parlementaire de 1891 entraîna une brève intervention de l'armée suivie de la promulgation, l'année suivante, de la Constitution de 1925 dotant le Chili d'un régime présidentiel qui devait fonctionner sans obstacle jusqu'au Coup d'état de 1973.

La Constitution de 1925 confiait le pouvoir exécutif à un Président de la République élu pour 6 ans au suffrage universel direct et non rééligible. Le Président nommait ses ministres et disposait de pouvoirs considérables, notamment d'un droit de veto sur l'action législative du Congrès.

Le pouvoir législatif était exercé par un Congrès bicaméral - Sénat et Chambre des Députés - dont tous les membres étaient élus au suffrage universel direct. Une majorité parlementaire des deux-tiers permettait au Congrès de passer outre au veto présidentiel et même éventuellement de déposer le Président. Le recours au plébiscite populaire était prévu si un conflit opposait le Président et les Chambres sur des questions d'ordre constitutionnel.

Le pouvoir judiciaire, doté d'une indépendance absolue, était exercé par des magistrats de carrière nommés à vie par le Président.

B. La frustration économique

Une remarquable stabilité des institutions démocratiques à l'intérieur de frontières naturelles donnant toutes les apparences de la logique et de l'inamovibilité : c'est l'image d'un État parfaitement élaboré et d'une entité nationale absolument indiscutable. Comment alors ne pas être frappé, au regard de cette étonnante réussite dans l'ordre de la politique, par les difficultés auxquelles se sont heurtées la formation et l'indépendance du Chili dans l'ordre de l'économie ?

L'histoire du Chili pourrait être à cet égard celle des occasions manquées ou celle d'une frustration économique constante dans sa réalité séculaire bien que très diverse dans ses causes et dans ses modalités.

La première frustration, la plus simple et la plus schématique sans doute, fut celle de la période coloniale. Elle est sans grande originalité : dans le cadre du mercantilisme de l'époque les Espagnols imposèrent à leur colonie une règlementation extrêmement sévère fondée d'une part sur le monopole, chaque colonie ne pouvant commercer qu'avec la mère-patrie, d'autre part sur une série d'interdictions visant à éviter que les produits locaux ne puissent concurrencer ceux de la péninsule notamment dans le domaine de l'industrie. Si l'on ajoute à cela que la métropole chercha toujours à accroître ses exportations globales de manière à obtenir une balance commerciale largement positive on concevra sans peine que tout développement économique était sinon impossible du moins terriblement entravé dans toutes les possessions de l'Espagne.

Les frustrations du XIXe siècle ont été cependant plus graves et plus décisives que celles de la période coloniale parce qu'elles intervenaient à l'époque des grandes mutations économiques, c'est-à-dire au moment où il aurait fallu «se placer» pour réussir son entrée dans le monde contemporain. La première erreur sans doute fut celle d'un libéralisme effréné bientôt érigé en véritable doctrine sous les conseils du libre-échangiste français Courcelle-Seneuil, et qui contenait en germes tous les échecs du Chili condamné à tomber sous la dépendance de mieux placé et de plus puissant que lui. Du moins peut-on penser que ce sont les excès de ce libéralisme survenu à contre-temps qui amorcèrent un processus dont le résultat final fut de transformer un événement en soi bénéfique - la découverte de puissants gisements miniers - en source de déséquilibres et finalement, sans doute, de déboires.

L'histoire vaut d'être rapidement évoquée. La première découverte importante fut en 1832 la mine de Chañarcillo qui devait produire de grandes quantités d'argent pendant tout le XIXe siècle. Ce fut le début d'une fièvre de prospection minière et d'une transformation profonde de la société et de l'économie du Chili où l'on vit apparaître une nouvelle classe qui déplaça lentement la vieille aristocratie foncière. Le poids des mines dans les exportations générales du Chili s'éleva très rapidement pour atteindre 70 % en 1864 et 80 % en 1880 après de nouvelles découvertes non plus seulement d'argent mais aussi de cuivre et de charbon. Le deuxième épisode, le plus significatif, fut l'annexion au lendemain de la guerre du Pacifique des mines de nitrate que les Chiliens avaient tellement contribué à découvrir et à mettre en exploitation. Épisode significatif parce que l'État chilien, inspiré par Courcelle-Seneuil et convaincu de «l'inconvenance de l'intervention de l'État dans les domaines spécifiques de l'industrie» refusa de reprendre à son compte la politique du monopole qu'avait adopté le gouvernement de Lima et choisit ainsi de se défaire des «tristes fruits des monopoles péruviens» au profit d'acheteurs étrangers, en l'espèce les Anglais.

A partir de là tout est en place pour la plus grave des frustrations économiques de l'histoire chilienne. Le rôle écrasant des mines rend le Chili de plus en plus vulnérable aux fluctuations des marchés extérieurs alors même que l'essentiel des profits tirés de l'extraction passait en des mains étrangères. Plus grave encore fut la léthargie économique et financière dans laquelle se laissa glisser le pays. Le libre-échange découragea tout effort d'industrialisation et les «royalties» servies par les grandes compagnies étrangères rendirent en apparence inutile toute véritable politique budgétaire. En 1900 les seuls impôts existant au Chili étaient le papier timbré et les timbres fiscaux. Peu importe si les entrées ordinaires ne suffisaient pas à financer les investissements publics : on limitait le plus possible ces investissements et on avait recours, pour l'indispensable, au crédit étranger.

Le pli était pris et cette démobilisation des énergies chiliennes entraîna la stagnation ou le déclin de toutes les branches de l'économie, à commencer par l'agriculture sclérosée dans le latifundisme, en grande partie par manque d'initiatives, de capitaux et surtout d'infrastructures de transports. L'environnement international put changer et les États-Unis purent prendre, dans l'économie chilienne, le relais de l'Europe : en fait rien n'est modifié. Peut-être a-t-il surtout manqué à l'économie ce sens civique et ce sens de l'effort dont les Chiliens ont donné des preuves si notoires dans la formation de leur territoire et de leur démocratie.

CHAPITRE II

LA POPULATION DU CHILI

L'originalité fondamentale du Chili par rapport aux autres pays latino-américains est incontestablement l'originalité de sa population : originalité de sa composition, de ses sources et de son métissage, de tout ce qui fait les caractères apparents du peuple chilien, mais originalité aussi de ses structures démographiques, de son rythme de croissance aussi bien au cours de son histoire que dans un passé récent et dans des perspectives à court terme.

I. LE MÉTISSAGE CHILIEN

De l'extrême-nord à l'extrême-sud du pays, ce qui frappe le visiteur, qu'il soit récemment arrivé ou déjà habitué aux choses de l'Amérique latine, c'est la réalité du peuple chilien, sa personnalité, composante essentielle de ce qu'on appelle là-bas, non sans quelque manifestation d'orgueil la **chilenidad,** la «chilénité». Un peuple longuement brassé et en quelque sorte unifié, un métissage parvenu à son terme, exception faite de quelques îlots d'indianisme que l'on avait cru pouvoir oublier jusqu'aux troubles récents de la Réforme Agraire, exception faite aussi de quelques minorités européennes imparfaitement assimilées. Quelles sont donc les composantes de ce métissage qui a fait le peuple chilien ?

A. Le fond de populations pré-colombiennes

On est assez mal renseigné sur la population pré-colombienne du Chili. Les sources documentaires sont peu nombreuses et peu explicites, qu'il s'agisse de documents écrits par les conquérants ou les premiers colons, en particulier par une série de brillants chroniqueurs espagnols du XVIe au XVIIIe siècle, ou qu'il s'agisse de fouilles archéologiques, en plein essor, mais encore trop dispersées et discontinues. Que peut-on retenir de cette documentation fragmentaire ?

D'abord que le Chili, sans être très peuplé, était loin d'être un pays vide à l'arrivée des Espagnols. On estime aujourd'hui que les conquérants trouvèrent sur place une population de l'ordre de 1 million d'habitants. On peut retenir ensuite que ce peuplement indien ne constituait pas, au XVIe siècle, au moment de la conquête, une unité ethnique en ce sens qu'il n'avait ni culture ni langue communes, malgré l'extension récente des parlers araucans, du **mapuche,** sur une grande partie du Chili méridional et central. Essaiera-t-on d'aller plus avant dans l'analyse de cette diversité ? Ce n'est pas chose facile ni peut-être fondamentale pour le géographe.

a) La diversité des cultures pré-colombiennes

La difficulté tient tout d'abord à la relative ancienneté du peuplement de ce finistère américain, de ce bout du monde, et à l'ignorance où l'on est encore en ce qui concerne l'origine de l'homme américain. Nous n'insisterons pas sur des hypothèses aussi passionnantes que hasardeuses. On en connaît l'essentiel : l'homme serait arrivé par le Nord-Ouest, par le détroit de Béring au cours du Quaternaire, soit au moment du maximum glaciaire lorsque les glaces soudaient le continent asiatique au continent européen, soit plus vraisemblablement pendant les phases de retrait lorsque le front de la banquise permettait de passer d'une île à l'autre sans trop de difficulté. Ces hypothèses s'appuient sur des corrélations culturelles aussi bien que sur des affinités somatiques. D'autres origines restent cependant possibles, s'agissant du Chili : des origines sud-pacifiques cette fois, essentiellement polynésiennes, en faveur desquelles les arguments semblent également assez solides. Sans doute la traversée du Pacifique méridional est-elle plus facile d'est en ouest qu'en sens inverse ; mais en passant très loin vers le sud, dans

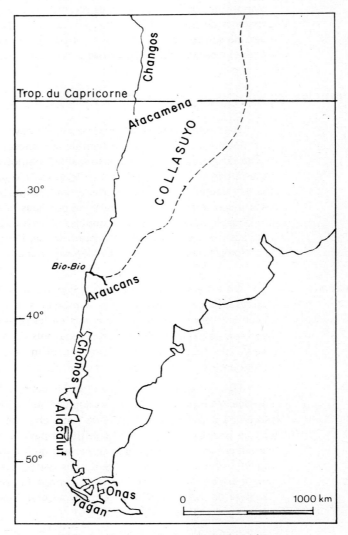

FIG. 4 — Les populations précolombiennes

la zone assez inhospitalière il est vrai des vents d'ouest, il n'est pas impossible de relier l'Australie au Chili, même si l'on ne dispose que de techniques de navigation extrêmement rudimentaires. Quoi qu'il en soit la présence de l'homme est attestée à une date très ancienne sur l'actuel territoire du Chili. Les dépôts lacustres de Tagua-Tagua, à 100 km au Sud-Ouest de Santiago recèlent des restes d'industrie auxquels on a pu attribuer, par le carbone 14, une ancienneté de plus de 11 000 ans et des ancienneté comparables semblent attestées aussi bien dans le désert d'Atacama que dans la Terre de Feu.

Ces populations indiennes avaient atteint, au moment de l'arrivée des Espagnols, des niveaux de civilisation matérielle très inégaux, bien que généralement assez frustes, jamais comparables à ceux du Mexique, de l'Amérique Centrale ou de l'**Altiplano** des Andes centrales. La diversité des cultures, à ce niveau de développement, était encore, pour l'essentiel, celle d'un milieu géographique beaucoup plus subi que dominé. Des peuples de pêcheurs vivaient un peu partout sur le littoral où ils ont laissé de considérables accumulations de coquillages appartenant à plusieurs niveaux statigraphiques. Les plus connus sont les **Changos** que l'on trouvait encore sur les côtes de l'Atacama à la fin du XIXe siècle. Leur disparition est sans doute liée à un changement de climat puisque il n'y a plus aujourd'hui la moindre trace d'eau douce sur les sites où ils s'étaient établis. Des populations agricoles du Grand Nord qui vivaient entre 2 400 et 4 000 mètres et qui sont attestées depuis 10 000 ans avec une extraordinaire continuité on retiendra surtout la culture **atacameña** ou culture de San Pedro. Son apogée a coïncidé avec la conquête Inca. Les Atacaméniens élevaient le lama et pratiquaient une agriculture irriguée à base de pommes de terre, de **quinoa** et de maïs. Leur civilisation avait atteint un niveau de développement assez avancé pour que des villes fortifiées, les **pucaras**, aient fait leur apparition et pour que se soit imposée la pratique d'une langue commune, le **cunza**, dont on retrouve encore quelques traces dans le parler des oasis du Salar d'Atacama. D'autres cultures mériteraient d'être citées, en particulier la culture d'**El Molle** et la culture **Diaguita** qui se sont développées l'une et l'autre nettement plus au sud, dans un domaine de transition vers le Chili méditerranéen.

Cette diversité de cultures semble avoir résisté jusqu'à l'arrivée des Espagnols en dépit de la conquête des Incas, qui sont parvenus, au milieu du XVe siècle, sur les rives du Bio-Bio, c'est-à-dire aux portes du domaine Araucan.

b) Les Araucans

Les Araucans sont d'une autre importance aussi bien par la place qu'ils ont tenue dans l'histoire du Chili depuis la conquête espagnole que par les problèmes qu'ils posent aujourd'hui encore au gouvernement chilien. Leur origine reste encore discutée bien que la plus vraisemblable soit une origine transandine, peut-être **guarani**. Qu'ils soient venus ou non des plaines subandines de l'Argentine et du Brésil, le fait certain est que les Araucans ont élaboré sur place, au Chili, une civilisation matérielle originale bien adaptée au milieu où ils s'étaient établis. Il est assez difficile cependant d'assigner à ce milieu des limites précises. Les Araucans semblent avoir étendu leur influence, avant l'arrivée des Espagnols, sur un vaste territoire pouvant couvrir la plus grande partie du Chili central et de la Région des Lacs. Leur véritable domaine était pourtant constitué par ce que l'on appelle aujourd'hui la Frontière, sorte de transition entre le Chili central et le Chili méridional. C'était, entre le Bio-Bio au nord et le Tolten au sud, une zone de forêts encore assez pénétrables pour qu'il soit relativement aisé d'établir des clairières cultivées, mais assez épaisses déjà pour avoir inquiété les Conquétants Incas puis Espagnols habitués à des paysages plus ouverts sinon plus amènes.

Quoi qu'il en soit les Araucans, les Mapuches pour les désigner par le nom qu'ils se donnent eux-mêmes (le Mapu, c'est, en langue araucane, le territoire de la tribu), ont résisté victorieusement jusqu'à la fin du XIXe siècle à toutes les invasions. Après avoir contenu les Incas, ils bloquèrent net les premiers conquérants espagnols et massacrèrent Pedro de Valdivia en 1553 dans la bataille de Tucapel. Par la suite, ils réussirent à maintenir sur pied de guerre pendant quatre siècles la colonie espagnole puis la République Chilienne et à créer, au milieu du territoire national, une sorte de frontière intérieure, la «Frontière». Il a fallu, après le soulèvement de 1880, une véritable campagne militaire pour soumettre enfin l'Araucanie et l'incorporer véritablement à l'État chilien.

Après la pacification les Espagnols pratiquèrent une politique de colonisation systématique qui se traduisit par une véritable spoliation des Araucans brutalement privés de leur terre et enfermés dans des réserves appelées **reducciones.** On estime aujourd'hui que 150 000 Mapuches vivent dans 3048 réserves couvrant au total 400 000 hectares. Dans une région moyennement douée et compte tenu du fait que ces terres sont souvent les plus médiocres ce sont là des conditions très difficiles, sinon de misère. Sans doute les Araucans peuvent-ils quitter librement leur réserve et devenir alors des citoyens chiliens à part entière. En fait ils répugnent à le faire et n'y sont guère préparés. Ils ont préféré la résistance passive et le maintien de leur culture, essentiellement de leur langue. Jusqu'à quand ? Les Araucans constituent aujourd'hui une force. Dans les provinces de Cautin et de Malleco ils représentent de 76 à 90 % de la population rurale et ce n'est pas par hasard que la lutte pour la terre a pris depuis le lancement de la Réforme Agraire une forme bien particulière dans le domaine araucan où le respect de la loi a fait place plus souvent qu'ailleurs à la violence et à des occupations de fait qui visent à faire table rase de spoliations «coloniales» dont le souvenir reste encore vivant.

Dans le cadre général du métissage chilien les Araucans apparaissent ainsi comme une exception, limitée sans doute par la faible superficie du territoire qu'elle concerne mais grave par ses implications politiques et par la mauvaise conscience qu'elle donne aujourd'hui à beaucoup de Chiliens qui découvrent, dans la foulée, d'autres faux-pas de l'unité nationale, comme la disparition des Alacalufs de l'extrême-sud (ils ne sont plus que 51) ou comme l'impossible assimilation des 1 200 autochtones de l'île de Pâques qui restent résolument à l'écart des 600 Chiliens continentaux qui sont venus s'installer parmi eux. Ces exceptions étant soulignées il reste que l'immense majorité du peuplement indien s'est fondue dans la masse chilienne en s'unissant à l'apport venu d'Europe depuis la période coloniale jusqu'à nos jours.

B. Les Espagnols et les «Étrangers»

L'élément essentiel de l'apport européen est constitué par les Espagnols. Il est difficile cependant, sinon impossible, de savoir le nombre d'Espagnols entrés au Chili pendant la période coloniale étant donné que les documents de l'époque considèrent la plupart du temps comme Espagnol tout métis qui s'est incorporé à la classe dominante du pays et qui a adopté le genre de vie créole.

On est un peu mieux renseigné sur les provinces de l'Espagne qui ont fourni l'essentiel du mouvement migratoire. Au moment de la conquête ce furent les provinces méridionales qui l'emportèrent nettement : Andalousie et surtout

Extrémadure devancent très nettement la Castille. De là, sans doute, les traces d'accent andalou dans la langue chilienne. Mais, par la suite, dès la fin du XVIIe siècle et le début du XVIIIe siècle, les Basques et de façon générale les natifs du nord de l'Espagne tendirent à devenir prépondérants.

Au cours de cette même période coloniale il faut également faire mention d'un autre apport, africain cette fois, celui des Noirs. Ils ne furent, à vrai dire, jamais très nombreux. On en fit venir, tout au début, pour le travail des mines, et on estime qu'en 1620 il y avait au Chili 22 500 Nègres et Métis de Nègres. Mais par la suite l'importation des Noirs se fit très modeste, peu nécessaire qu'elle était dans un pays où les mines avaient en grande partie cédé la place à une agriculture de type européen et non point de plantations, pratiquée sans autre problème par les descendants d'Espagnols ou par les Métis d'Indiens. Les lois de la génétique permirent ainsi, à travers le métissage, l'élimination progressive des caractères somatiques hérités des esclaves noirs et l'absence de tout problème de couleur dans la population chilienne.

D'une toute autre importance est l'élément étranger entré au Chili à partir de la deuxième moitié du XIXe siècle. Quelques précautions de vocabulaire seraient ici nécessaires. Qui doit-on, au Chili, considérer comme étranger ? D'un point de vue légal la réponse est simple : tous ceux qui, résidant au Chili, n'ont pas la nationalité chilienne. Mais d'un point de vue pratique et dans la langue courante les choses sont moins tranchées. Un Espagnol, né en Espagne et ayant gardé sa nationalité d'origine, est bien vite considéré comme chilien et jouit d'ailleurs presqu'immédiatement des droits civiques. Inversement un descendant d'immigrants britanniques bien qu'ayant la nationalité chilienne est en fait plus ou moins assimilé à la colonie britannique dont il partage d'ailleurs les modes de vie. Au fond, les véritables étrangers sont ceux qui, au Chili, ont conservé leur langue et maintenu avec leurs compatriotes d'origine des relations sociales étroites. Cette définition qui exclut les Espagnols correspond assez bien à la réalité mais elle est assez difficile à saisir en termes statistiques.

L'arrivée des étrangers au Chili, mis à part quelques cas isolés, a commencé au milieu du XIXe siècle par des ébauches de colonisation officielle. Deux épisodes furent à cet égard particulièrement importants. Le premier fut, après l'échec des révolutions libérales de l'Europe, l'entrée au Chili de 2 500 colons allemands qui furent admis par une loi spéciale et qui s'établirent dans le sud du pays, dans la région des Lacs. Ces premiers colons, arrivés à partir de 1850 en ont appelé d'autres dans les décennies suivantes jusqu'à constituer, autour de Valdivia et du Lac Llanquihue, des colonies homogènes qui ont maintenu jusqu'à nos jours beaucoup de leurs traditions. L'autre épisode fut la colonisation de la Frontière après la soumission des Araucans. Une agence officielle d'immigration établit là des colons étrangers recrutés en Europe : Espagnols sans doute, mais aussi Suisses, Anglais, Français et Allemands.

Ces ébauches de colonisation officielle prennent place avant le déferlement des Européens vers l'Amérique latine à la fin du XIXe siècle et au début du XXe ; et il est frappant de constater que le Chili qui avait en quelque sorte fait figure de pionnier en matière de colonisation officielle soit resté par la suite presque en dehors de cette immense vague migratoire. La population étrangère du Chili, à l'apogée du déferlement de l'Europe, n'a pas dépassé 150 000 personnes, alors que celle de l'Argentine était en 1914 de 2 400 000, 30 % de la population totale du pays. Le Chili n'a donc connu que des apports extérieurs d'intensité modérée, circonstance particulièrement favorable à leur assimilation.

D'où sont venus ces étrangers ? D'un peu partout. En 1960 les plus nombreux parmi les Européens étaient originaires, par ordre d'importance décroissante d'Espagne, d'Allemagne, d'Italie, de Yougoslavie, de Grande-Bretagne et de France. Mais à ces Européens il faudrait ajouter ceux que l'on appelle au Chili les **Turcos**, essentiellement des Syro-libanais, appelés à jouer un rôle important dans l'économie du Chili, notamment dans les industries textiles et dans le commerce de détail. Il faudrait ajouter aussi les flux migratoires en provenance des pays limitrophes du Chili : Argentine, Bolivie et Pérou. Mais s'agit-il cette fois d'étrangers ? Paradoxalement, oui sans doute, mais dans un sens très particulier, dans la mesure où des frictions de voisinage et des problèmes de frontières encore mal résolus affectent les relations personnelles et entravent la complète assimilation de ces trop proches parents.

C. Les processus du métissage et l'assimilation

Parce qu'elle fut modérée et continue l'arrivée des étrangers n'a jamais entravé de façon sérieuse l'unité nationale. Encore faut-il essayer de comprendre comment a pu se réaliser cette unité et se former le peuple chilien. On doit, pour cela, revenir à la période coloniale dont le rôle fut déterminant. Le métissage y fut, immédiatement, la règle : sans doute parce que les conquérants qui étaient des hommes de la Méditerranée et qui étaient récemment sortis de la Reconquête étaient habitués aux brassages ethniques et aux rapports avec des sociétés fort différentes de la leur. Mais aussi en raison des structures sociales de la colonie naissante, en raison du faible nombre de femmes, fait général en Amérique latine, mais aggravé ici par l'énormité des distances et par la persistance de la guerre d'Araucanie qui attirait au Chili plus de guerriers que de familles. Beaucoup de conquérants, et des plus illustres, durent ainsi contracter mariage avec des Indiennes. A cela il faut ajouter l'organisation féodale de la société et les droits ou les abus des propriétaires terriens multipliant les naissances illégitimes.

Au total il n'y a rien au Chili qui puisse compromettre l'unité nationale ni l'efficacité du «creuset» en dépit de la localisation géographique de telle ou telle colonie étrangère, comme les Allemands dans le Pays des Lacs, comme les Yougoslaves d'Antofagasta et de Punta Arenas ou comme les Boliviens et les Péruviens d'Arica et Antofagasta. Les problèmes d'assimilation sont d'autant moins graves que l'immigration est essentiellement urbaine et qu'elle se dirige par conséquent vers les milieux où le brassage est de plus en plus efficace. Les seuls échecs relatifs de cette assimilation en milieu urbain seraient peut-être d'ordre social : les étrangers et les descendants d'étrangers sont particulièrement nombreux parmi les classes dirigeantes du Chili et il serait facile d'y voir la marque d'une insidieuse ségrégation capable d'émousser à la longue la traditionnelle hospitalité et l'ouverture d'esprit d'un peuple qui a su se garder de tout sentiment de xénophobie.

En fait on reste confondu devant la folle diffusion de la langue espagnole qui, sauf en Araucanie et dans quelques confins désertiques particulièrement pauvres, a définitivement éliminé les langues indigènes. Rien qui rappelle au Chili la permanence de nos parlers régionaux ou une résistance comme celle de la langue d'oc dans les régions méridionales de la France. Ce triomphe de l'espagnol est à inscrire à l'actif du métissage. Il tient aussi à la faiblesse des langues vernaculaires : visitant en 1860 les **Changos** de la région côtière du désert d'Atacama, le naturaliste allemand Philippi notait que ces peuplades dont la civilisation matérielle était des plus rudimentaires parlaient déjà l'espagnol. Il faudrait tenir compte aussi d'une double tradition, espagnole et chilienne. Les Espagnols eurent toujours à cœur d'instruire les Indiens dans la religion chrétienne et de les faire accéder aux bienfaits de la civilisation européenne dont la langue espagnole était le véhicule. Quant au gouvernement chilien il fut toujours l'un des plus démocratiques de l'Amérique latine et à ce titre un des plus préoccupés par les problèmes de la scolarisation.

L'efficacité du métissage et la parfaite diffusion de la langue espagnole font l'originalité du Chili : par rapport aux pays de plantations tropicales comme les Antilles, l'Amérique centrale et le Brésil qui ont accueilli une forte population noire, par rapport aux pays largement indiens des Andes centrales où s'est maintenu l'usage des langues indigènes, par rapport enfin à «l'Amérique européenne» qui s'est installée en Argentine et en Uruguay avec le déferlement des immigrants.

II. LES STRUCTURES DÉMOGRAPHIQUES

La formation du peuple chilien telle que nous l'avons évoquée jusqu'ici, aussi bien dans ses processus de métissage que dans la modestie des courants migratoires venus de l'extérieur a eu pour corollaire, tout au long de l'histoire et jusqu'à nos jours, une sorte de régularité dans la croissance démographique du pays.

A. Évolution de la population

L'évolution de la population chilienne est assez bien connue grâce à des recensements qui se sont échelonnés de façon régulière depuis le début du XIXe siècle : 1813, 1835, 1843, 1854, 1865, 1875, 1885, 1895, 1907, 1920, 1930, 1940, 1952, 1960 et 1970, au total 15 recensements depuis 1813 avec une périodicité qui obéit depuis 1835 à un rythme quasiment décennal puisque les périodes intercensales n'ont jamais dépassé 13 ans. C'est un fait qui mérite d'être souligné et qui suffirait d'affirmer, s'il en était besoin, le sérieux des institutions chiliennes et la place bien particulière de ce pays parmi les nations d'Amérique latine.

Que nous enseignent ces recensements ? Deux faits essentiels. D'abord que la population du Chili a connu une croissance rapide et d'une remarquable régularité depuis le début du XIXe siècle. Les quelques disparités que l'on observe entre les taux de croissance des différentes périodes intercensales peuvent être imputées au coefficient d'erreur des recensements tout autant qu'aux accidents de parcours de l'évolution démographique. On notera ensuite que la croissance qui avait tendance à s'accélérer depuis quelques décennies s'est sensiblemnt ralentie au cours de la période intercensale 1960-1970 :

Le ralentissement de la croissance démographique au cours de la période intercensale 1960-1970 a surpris la plupart des observateurs. En 1969, on estimait, par extrapolation des courbes de croissance ou par des sondages sans doute mal conduits, que la population du Chili s'élevait à 9 672 000 habitants. Or le recensement de 1970 a donné un chiffre de 8 853 000 habitants. La différence n'est pas un simple détail et le taux de croissance du Chili qui avait été de 2,56 % par an entre 1952 et 1960 est tombé à 2,17 % entre 1960 et 1970. Si les résultats, encore provisoires du recensement de 1970 étaient confirmés cela voudrait dire que le Chili est passé dans les tous derniers rangs des états latino-américains du point de vue de la croissance démographique. On estime en effet que de 1965 à 1970 les taux de croissance de population américaine ont été les suivants :

3,84 % pour le Costa Rica
5,58 %   ''   Vénézuéla
3,49 %   ''   Méxique
3,41 %   ''   Équateur
3,22 %   ''   Paraguay
3,12 %   ''   Pérou
2,95 %   ''   Colombie
2,85 %   ''   Brésil
2,41 %   ''   Bolivie
1,48 %   ''   Argentine
1,23 %   ''   Uruguay

RECENSEMENT	POPULATION
1835	1 010 336
1843	1 083 801
1854	1 439 120
1865	1 819 223
1875	2 075 971
1885	2 507 005*
1895	2 695 627
1907	3 231 022
1920	3 730 235
1930	4 287 445
1940	5 023 539
1952	5 932 995*
1960	7 375 200*
1970	8 853 140

N. B. Quelques précisions ou rectifications doivent d'ailleurs être apportées à ce tableau : d'une part les deux provinces du Grand-Nord (Tarapaca et Antofagasta) n'y figurent qu'après leur annexion au Chili, c'est-à-dire à partir du recensement de 1885. Dautre part, des erreurs assez grossières ont été commises en 1952 et 1960 de telle sorte que le Service National de la Statistique a dû rectifier les chiffres officiels de ces deux recensements en les portant respectivement à 6 277 000 et 7 810 000 habitants.

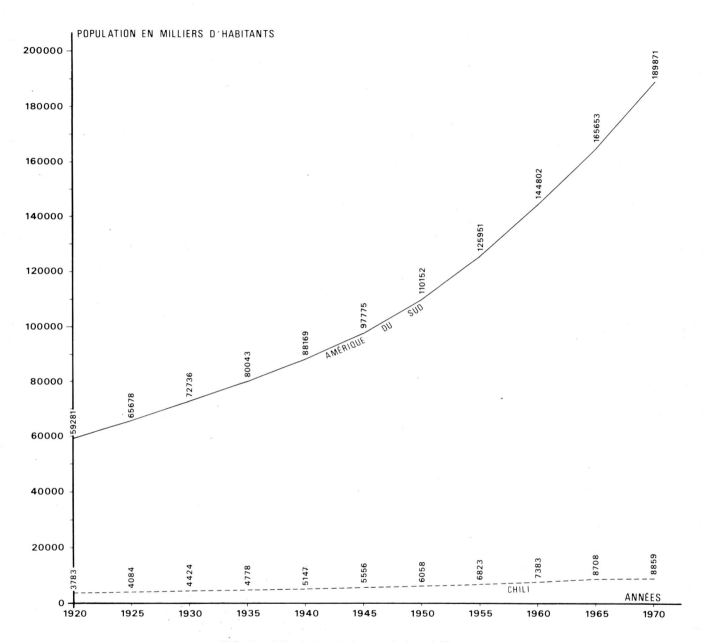

FIG. 5 — L'évolution de la population chilienne

B. Le mouvement naturel

La croissance de la population chilienne résulte presqu'uniquement de l'accroissement naturel puisque le solde migratoire est pratiquement nul et qu'il n'est même pas exclu qu'il ait été légèrement négatif dans les toutes dernières années. Or, l'évolution des taux de mortalité et surtout de natalité est très significative.

Le taux de mortalité a sans doute diminué de façon très sensible au cours des dernières décennies pour se situer à 12,3 ‰ en 1960 et peut-être à 8,9 ‰ en 1970 (données provisoires du recensement). Cette amélioration résulte notamment de l'abaissement de la mortalité infantile qui était l'une des plus fortes du monde il y a une quarantaine d'années avec 224 décès avant un an pour 1 000 naissances mais qui n'était plus que de 128 ‰ en 1960 et d'environ 80 ‰ en 1970. Ces progrès, pour importants qu'ils soient, placent le Chili dans une position assez médiocre tout au moins par rapport aux pays développés. Certaines maladies y restent redoutables comme la tuberculose avec 29,6 décès pour 100 000 habitants en 1969, (l'un des taux les plus élevés du monde), et l'espérance de vie à la naissance est assez modeste, environ 59 ans (56 ans pour les hommes et 61 ans pour les femmes).

En fait c'est l'évolution du taux de natalité qui est la plus importante. Ce taux était au début du siècle supérieur à 45 ‰ mais il a diminué lentement jusque vers 1964 passant de 38 ‰ dans les années 1930 et à 35 ‰ dans les années 1950. Cette diminution s'est accélérée après 1964 et l'on estimait que le taux de natalité était de 28,4 ‰ en 1968. Les causes d'une telle évolution sont assez mal connues : on invoque surtout le développement des pratiques contraceptives dans les milieux urbains dont l'importance numérique n'a cessé de croître aux dépens du monde rural.

C. La structure par âge

Cette évolution est cependant trop récente et la natalité reste trop élevée pour avoir sérieusement affecté la pyramide des âges qui est encore d'une remarquable régularité. La population chilienne est une population jeune : les moins de 15 ans représentent 39,1 % de la population totale, les adultes de 15 à 64 ans en représentent 55,3 % et les personnes âgées de 65 ans et plus 5,6 %. On notera cependant que la diminution du taux de mortalité, tant infantile que générale, se traduit, en l'état actuel des choses par une légère transformation de la pyramide où l'on voit diminuer la place relative des adultes entre 15 et 64 ans, c'est-à-dire de la population en âge de travailler. Cette tranche d'âge qui représentait 59 % de la population totale en 1940 n'en représentait plus que 55,3 % en 1970.

Il semble donc en fin de compte que la croissance de la population chilienne se soit quelque peu ralentie au cours des dernières années. Faut-il le regretter ? Sans doute le poids démographique du Chili risque-t-il de manifester un certain recul par rapport à d'autres pays latino-américains. Il reste cependant que la croissance de la population est aussi rapide que celle de la production de biens et que le Chili est en proie au chômage et au sous-emploi. C'est dans l'étude de l'économie chilienne que ces problèmes trouveront leur juste portée.

III. LA RÉPARTITION GÉOGRAPHIQUE DE LA POPULATION

Avec 8 853 000 habitants pour 742 000 km^2 la population du Chili a une densité d'un peu moins de 12 hab./km^2. Mais ce chiffre est une pure abstraction sans grande portée géographique étant donné la grande irrégularité de la répartition des hommes sur l'ensemble du territoire.

A. Les contrastes

Cette irrégularité peut être saisie à différentes échelles. On peut d'abord la faire apparaître par grands ensembles géographiques. On verra alors que la densité de la population connaît ses valeurs les plus élevées au Chili central, entre l'Aconcagua et le Bio-Bio et qu'elle diminue progressivement de part et d'autre de cette région, vers le nord et vers le sud.

Le Chili central a une densité moyenne de 53,1 hab./km^2 avec des variations considérables entre les différentes provinces. Le secteur le plus peuplé est évidemment la province de Santiago dont la densité atteint 137,8 hab./km^2. La diminution est très rapide vers le nord : 4 hab./km^2 pour le Petit Nord, 2,2 hab./km^2 pour le Grand Nord. Elle est un peu plus progressive en direction du sud : 29 hab./km^2 pour Concepcion et La Frontière, 11,7 hab./km^2 pour l'ensemble des Pays des Lacs et de Chiloe, 0,5 hab./km^2 pour la Patagonie.

Le fait à retenir est la concentration des hommes dans le Chili central qui rassemble environ la moitié de la population chilienne, la province de Santiago représentant à elle seule 34,6 % de la population totale du pays, la province de Valparaiso 8,2 % et celle de Concepcion 7,6 %.

Spectaculaire à l'échelle du territoire national, les contrastes de densité ne le sont pas moins à l'intérieur de chaque région ou même à l'échelle locale. L'«*Organisation des États Américains*» a publié récemment une carte de la distribution de la population urbaine et rurale au Chili. La population, sauf pour les espaces urbains figurés par des cercles proportionnels à leur importance, y est représentée par des points dont la localisation est extrêmement précise puisque l'on est descendu au-dessous de l'échelle de la commune, jusqu'au niveau des «districts», c'est-à-dire, des quartiers. On voit sur cette carte que la population du Chili central, la plus nombreuse et la plus intéressante par la présence de grandes villes et d'espaces ruraux densément occupés, se répartit de façon très inégale et que cette répartition obéit aux effets de la concentration urbaine, sur lesquels nous aurons à revenir, et d'autre part aux conditions naturelles, c'est-à-dire, au relief et accessoirement aux possibilités d'irrigation. La carte de la population reproduit trait par trait la carte du relief : la Grande Cordillère est vide, la Cordillère de la Côte et les Plans Côtiers sont très faiblement occupés, les hommes se concentrent dans le sillon longitudinal et dans les principales vallées. Si le découpage des districts avait été plus nuancé on aurait même vu que l'habitat s'arrête tout net, du moins dans la moitié nord du Chili central, au pied des montagnes, au pied du moindre relief et qu'il se concentre tout entier dans les plaines alluviales.

La répartition de la population chilienne est donc, pour une bonne part, la conséquence directe des conditions naturelles, à l'échelle locale aussi bien qu'à l'échelle nationale. Il est temps de revenir sur un fait essentiel : la faible extension de l'espace utile, de la terre des hommes, limitée à la fois par la montagne et par le climat. Sur les 742 000 km^2 du Chili, 542 000 sont impropres à l'installation des hommes parce qu'ils correspondent au désert ou à la Cordillère. Si le nord du Chili a d'aussi faibles densités de population c'est parce qu'il réunit ces deux facteurs limitatifs dont un seul, le désert, serait suffisant à écarter les hommes s'il ne renfermait pas de remarquables richesses minières. Si la Patagonie est elle aussi presque vide c'est parce qu'il n'y a plus de plaines, parce que la monta-

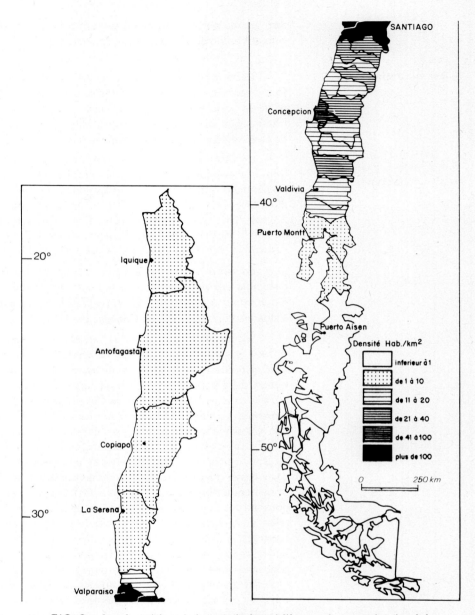

FIG. 6 — La répartition de la population chilienne : la carte des densités

gne plonge directement dans la mer et aussi parce qu'il n'y a pas d'été et par conséquent plus d'agriculture possible autrement que de façon sporadique. Le rôle de la nature est donc à certains égards écrasant ; mais l'histoire a eu elle aussi son importance : le Chili s'est formé à partir de la zone centrale et singulièrement à partir de Santiago. On ne saurait nier que la diminution des densités de part et d'autre du Chili central et surtout vers le sud où les conditions naturelles restent longtemps assez favorables, ne corresponde pour beaucoup à cette circonstance d'ordre historique.

B. Les migrations internes et le développement urbain

La mobilité est une tradition du peuple chilien. Elle a joué un rôle incontestable dans le métissage et dans la formation de l'unité nationale. Tout au long de son histoire le Chili a connu d'assez extraordinaires va-et-vient, non point de masse, mais individuels. Les causes en sont multiples. Les grands espaces faiblement doués exigent de fréquents déplacements ou du moins un étalement de l'exploitation sur de grandes distances. La tradition amérindienne était une tradition de sédentarité encore assez précaire aggravée quelquefois par la médiocrité des techniques d'exploitation du milieu naturel. Plus profondément peut-être le régime foncier à base de **latifundia** est à inscrire parmi les causes de la mobilité chilienne parce que la masse des agriculteurs, n'étant pas propriétaires, n'était pas enracinée. Sans doute faudrait-il également tenir compte du sens de l'aventure, du sens pionnier si développé parmi les Chiliens, un sens pionnier renforcé par l'attrait de la mine et l'espoir de découvrir quelque filon permettant d'accéder d'un coup à la richesse. Le Chili a connu ainsi des va-et-vient incessants entre l'agriculture et les mines et d'un bout à l'autre du territoire national. Il faudrait évoquer le personnage folklorique du **roto,** sorte de chemineau toujours disponible pour l'aventure. Il faudrait évoquer aussi l'instabilité des **inquilinos** et même celle des petits propriétaires facilement mobilisés par l'attrait des salaires dans les périodes fastes de l'exploitation minière.

En fait il en est résulté pendant longtemps un certain équilibre car il s'agissait d'un va-et-vient plutôt que de courants migratoires à sens unique. Le mouvement vers les mines s'est traduit par une série de «fièvres» plutôt que par un peuplement systématique du désert. Quant à la croissance urbaine elle a été relativement modérée jusque vers 1920, et si elle est devenue plus rapide par la suite, elle est restée régulière encore et pratiquement sans à-coups jusque vers 1960. Cette régularité est liée au fait que la croissance des villes devait autant à l'accroissement naturel interne qu'aux mouvements migratoires. C'est seulement au cours des dernières décennies, et singulièrement depuis 1960, que cet équilibre a été rompu.

La croissance galopante des villes est devenue depuis lors un des faits majeurs de la démographie chilienne. Selon les données statistiques officielles la population urbaine du Chili représente 68,2 % de la population totale du pays. L'utilisation de ce chiffre exige quelques précautions. Il s'agit en effet de la population vivant dans les «aires urbaines», c'est-à-dire dans des espaces urbains définis comme des «centres peuplés d'une certaine importance démographique et administrative, généralement agglomération principale d'une commune» ou comme «des centres peuplés qui sans avoir la catégorie de ville ou de village possèdent des services publics ou municipaux suffisants pour avoir, fonctionnellement, des caractéristiques urbaines». C'est là une définition à la fois souple et moins arbitraire sans doute que les définitions fondées sur la population globale des communes. Elle s'adapte parfaitement aux tendances actuelles des villes et à la compénétration des espaces urbains et des espaces ruraux. Mais elle est peu habituelle et comme telle peu susceptible de permettre des comparaisons. Il nous faut donc rechercher d'autres critères pour apprécier l'urbanisation réelle du Chili. Les villes de plus de 20 000 habitants représentaient 54,7 % de la population totale en 1960 tandis que les villes de plus de 100 000 habitants en représentaient 33,3 %. Le Chili compte une agglomération multi-millionnaire, Santiago ; deux agglomérations de plus de 500 000 habitants : Valparaiso-Viña-del-Mar et l'agglomération de Concepcion ; une ville de plus de 100 000 habitants, Antofagasta et quatorze villes de 50 000 à 100 000 habitants. Cette importance des villes est un fait récent. Les villes de plus de 20 000 habitants représentaient 28 % de la population totale en 1920, 36,4 % en 1940, 54,7 % en 1960. On est, cette fois, en présence d'un exode rural très rapide et même d'un mouvement allant des petites villes vers les grandes métropoles. Les provinces en croissance rapide sont toutes des provinces fortement urbanisées : Santiago, Concepcion, Valparaiso, Antofagasta. Inversement les provinces rurales sont stagnantes ou en régression.

CHAPITRE III

LE CLIMAT DU CHILI CENTRAL

Au cœur de l'été la découverte du Chili central a pour le géographe quelque chose de déconcertant. Le ciel immuablement bleu, le contraste entre des plaines irriguées d'un vert intense et des versants montagneux grillés par le soleil, les affinités xérophiles de la végétation, le vert sombre des feuilles persistantes, les cactées : autant de signes révélateurs d'une nature méditerranéenne. Mais les lumières en demi-teintes, les lointains voilés, la relative fraîcheur des températures, l'épaisseur du couvert végétal dans les zones d'ombre et les formes du relief adoucies par un manteau de roches décomposées sont autant d'impressions qui nous situent fort loin des paysages habituels de la Méditerranée. Cette dualité c'est aussi et d'abord celle du climat : un climat méditerranéen, à certains égards des plus schématiques, mais également un climat de façade océanique ouverte sur des eaux froides et adossée à un gigantesque front montagneux.

I. LA SIMPLICITÉ DES RYTHMES MÉDITERRANÉENS

Situé entre 33° et 37° de latitude Sud, le Chili central est tout entier dans la zone méditerranéenne de l'hémisphère austral. Sa caractéristique fondamentale est donc une alternance entre des hivers relativement pluvieux et des étés rigoureusement secs.

A. Les précipitations

Nulle part au monde, peut-être, le rythme climatique méditerranéen n'est plus schématique qu'il ne l'est ici :

Janvier	: 1,6 mm	Juillet	:	77,2 mm
Février	: 2,9 mm	Août	:	57,4 mm
Mars	: 4,3 mm	Septembre	:	29,8 mm
Avril	: 13,6 mm	Octobre	:	14,9 mm
Mai	: 60,2 mm	Novembre	:	6,4 mm
Juin	: 86,2 mm	Décembre	:	4,7 mm

Santiago n'offre donc que 4 mois humides échelonnés sur la fin de l'automne et le début de l'hiver tandis que la sécheresse de l'été y est absolue depuis le mois de décembre jusqu'au mois de mars.

La simplicité de ce rythme va de pair, comme il est habituel dans les pays de climat méditerranéen, avec une remarquable irrégularité des précipitations annuelles. La moyenne est à Santiago de 352,4 mm mais on a observé 820 mm en 1900 et 66 mm en 1924 ce qui fait un rapport de 1 à 12 entre les années les plus sèches et les années les plus humides. On a calculé qu'il y avait de façon approximative 13 années sèches, c'est-à-dire inférieures à la moyenne pour 7 années humides supérieures à cette même moyenne. Les années que l'on pourrait considérer comme «normales», ou en d'autres termes comme proches de la moyenne, ne sont pas particulièrement nombreuses, la courbe de fréquence des précipitations annuelles établie sur 100 ans faisant apparaître deux maximum correspondant l'un à des précipitations de l'ordre de 300 mm, l'autre à des précipitations de l'ordre de 600 mm.

B. Les types de temps

Les types de temps sont dans le Chili central d'une remarquable simplicité. En se fondant non point sur les situations barométriques mais simplement sur les apparences, sur le temps directement observable, on pourrait tout ramener à trois types fondamentaux : deux types de temps d'hiver, l'un à ciel uniformément bleu, l'autre à ciel uniformément couvert et un type de temps d'été à ciel immuablement dégagé.

De fait le ciel de Santiago n'a rien à voir avec le caractère changeant et la diversité de nos ciels océaniques ni même avec les caprices des ciels de Provence ou du Maghreb. Au Chili central l'orage est pratiquement inconnu et la tempête est si rare qu'il suffit d'un vent de force moyenne pour arracher des arbres dont les racines n'offrent qu'une faible résistance parce qu'elles se sont développées dans un milieu habituellement trop calme. On ne connaît guère les nuages non plus, du moins au sens de nuages assez individualisés pour donner de beaux ciels : tout ce que l'on connaît, par mauvais temps, c'est une couverture uniformément grise.

Cette simplicité des états visibles du ciel ne se retrouve qu'imparfaitement dans les situations barométriques et dans le jeu des masses d'air qui sans être aussi variés que dans d'autres régions du monde comportent cependant un certain nombre de situations caractéristiques.

a) Les centres d'action de l'atmosphère et les masses d'air

Le fait fondamental est l'existence de hautes pressions quasi-permanentes sur le Pacifique à proximité des côtes chiliennes. Cet anticyclone du Pacifique-sud oriental a son centre quelque part entre 30° et 40° de latitude, hiver comme été. C'est à bien des égards l'équivalent de l'anticyclone des Açores bien qu'il semble moins sujet que celui-ci à des expansions ou à des rétractions rapides, mieux délimité qu'il est par la Cordillère des Andes, barrière assez impérieuse pour former une discontinuité presque absolue, sauf à une très haute altitude, entre les deux versants du bâti montagneux. Il ne peut y avoir dans ces conditions que peu d'interférences avec les centres d'action continentaux situés au-dessus de l'Argentine ou du Brésil.

La stabilité de l'anticyclone Pacifique favorise la formation de masses d'air étendues et homogènes dont deux revêtent une particulière importance.

La masse d'air tropicale maritime se situe sur le Pacifique en face du Petit Nord et du Chili central. Bien que formée sur un océan tiède cette masse d'air jouit d'une grande stabilité parce que l'air anticyclonal est affecté d'un mouvement de subsidence et parce qu'il se refroidit au fur et à mesure qu'il se déplace vers l'Est et qu'il se rapproche du courant de Humboldt.

La masse d'air polaire maritime située plus au sud est une masse d'air humide et froide. Le contact entre les deux masses d'air ou front polaire voit circuler des dépressions qui se déplacent en provenance de l'Ouest-Nord-Ouest. Si l'anticyclone est relativement stable le front polaire est affecté au contraire de fortes oscillations : il se trouve en été vers 50° de la latitude Sud tandis qu'il passe en hiver aux abords du Cap Horn. Sa position est telle, en toute saison, qu'il n'intéresserait guère le Chili méditerranéen s'il n'était sujet à des remontées exceptionnelles en direction du nord et si le blocage des dépressions par la Cordillère ne déviait leur trajectoire vers le Chili central alors même que le front occupe une position beaucoup plus méridionale.

b) Les types de temps d'été

L'été se caractérise essentiellement par un type de temps très stable, c'est «la situation normale d'été» telle qu'elle a été définie par Schneider. L'anticyclone Pacifique est alors centré devant le littoral chilien entre 35° et 40° de latitude sud. Il est extrêmement étendu. Les autres centres d'action de l'atmosphère sont d'une part les basses pressions australes situées vers 70° de latitude sud c'est-à-dire trop loin pour jouer un rôle important et d'autre part les basses pressions d'origine thermique du nord de l'Argentine et du sud bolivien qui prennent place entre 20° et 25° de latitude sud, mais dont l'influence est elle aussi très limitée en raison de l'écran opposé par la Cordillère.

Cette situation peut durer pendant des mois. Elle donne des vents très légers du secteur Sud-Ouest qui font place, dans le sillon longitudinal, à des brises alternées. A Santiago la brise de vallée, attirée par les versants surchauffés de la Haute Cordillère se lève au début de l'après-midi. Dans les saisons intermédiaires ce mouvement de convection fait apparaître sur les sommets de magnifiques cumulus, mais au cœur de l'été l'air est tellement sec en altitude que la Cordillère demeure constamment dégagée. La brise de montagne se lève au début de la nuit et provoque un très vif rafraîchissement de la température. C'est ce qui explique que les amplitudes diurnes atteignent à Santiago, pendant le mois de janvier, une valeur moyenne de 18°.

c) Les types de temps d'hiver

L'hiver est une période nettement moins stable. La situation la plus fréquente reste assez semblable à celle d'été. C'est la «situation normale d'hiver», de Schneider. L'anticyclone Pacifique occupe une position peu différente de celle de l'été et il est en général un peu plus puissant (1032 milibars). Seul son encadrement a changé. Le Nord-Ouest argentin est devenu le siège de hautes pressions centrées vers 20°-25° de latitude sud tandis que de basses pressions règnent au loin sur l'Atlantique brésilien vers 30°-35°. Quant aux basses pressions australes elles ont remonté vers le nord jusque vers 60° de latitude mais pas assez pour influencer le Chili central.

Cette situation donne un beau temps clair avec des vents faibles de prédominance Sud-Ouest ou même sans vent. Les nuits sont assez froides (4° à 5° à Santiago) mais le réchauffement diurne est important et les températures s'élèvent aux environs de 15° dans le début de l'après-midi.

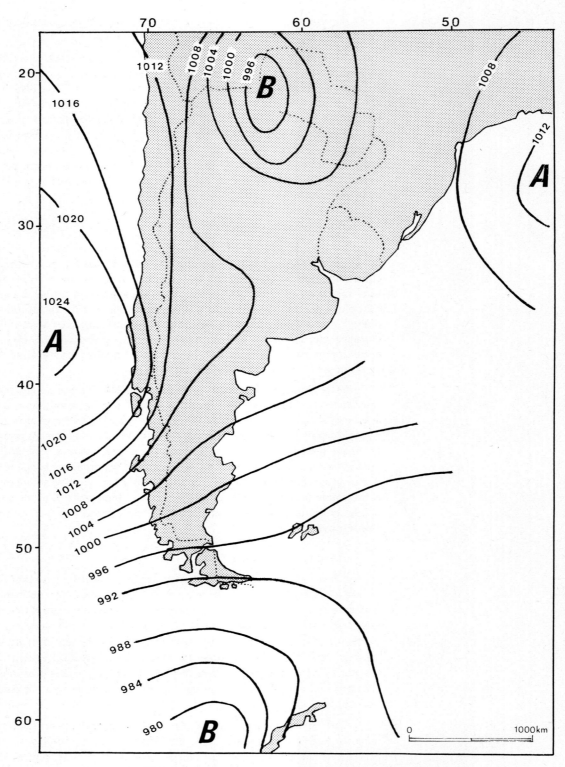

FIG. 7 — Les types de temps d'été : «situation normale»
d'après H. SCHNEIDER
A : Anticyclone — B : Dépression — Pression atmosphérique exprimée en milibars

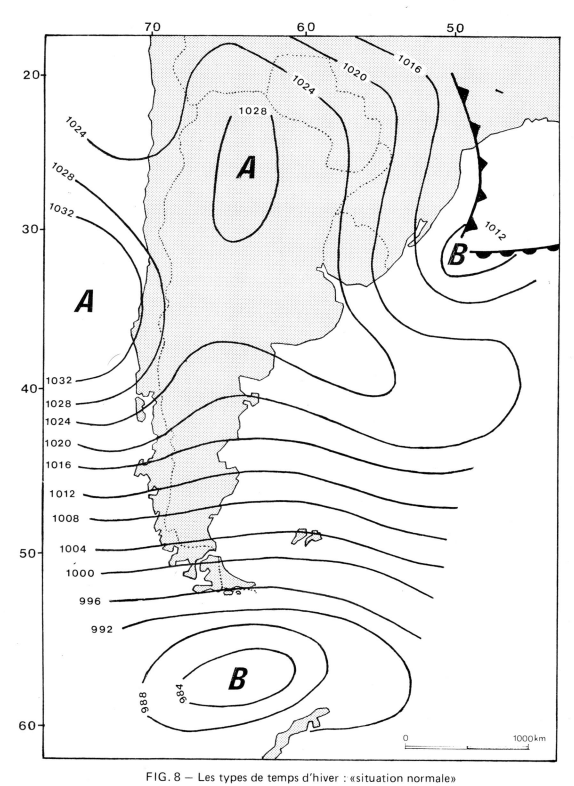

FIG. 8 — Les types de temps d'hiver : «situation normale»
d'après H. SCHNEIDER
A : Anticyclone — B : Dépression — Pression atmosphérique exprimée en milibars

Ce type de temps fort agréable est parfois interrompu par des périodes pluvieuses très semblables dans leurs manifestations apparentes sinon dans leur origine. Les périodes pluvieuses de Santiago constituent au total un type de temps très particulier. Le ciel se charge peu à peu sans qu'apparaissent des nuages épais mais par un voile de stratus qui s'obscurcit très lentement, durant plusieurs jours. Il peut arriver que cet obscurcissement n'aboutisse pas à la pluie et l'on a pu dire que Santiago était «une ville de pluie difficile». Difficile à venir, la pluie de Santiago est assurément plus difficile encore à supporter : torrentielle et continue, apportée par un voile nuageux devenu presque noir, sans vent ou avec des vents très modérés, sans aucune manifestation orageuse, elle est d'une désespérante monotonie et d'une opiniâtreté redoutable. Ce type de temps peut durer cinq à six jours. Il est heureusement assez rare et Santiago ne compte en moyenne que cinquante jours de pluies par an.

En fait ce type de temps pluvieux peut correspondre à plusieurs situations barométriques. On en retiendra essentiellement deux. La première est celle de pluies frontales liées à des dépressions du Pacifique sud qui se déplacent en suivant le front polaire. Il s'agit en somme d'un processus très semblable à nos perturbations frontales de l'Europe occidentale. L'autre situation est liée à la formation d'une goutte d'air froid ou plus exactement à l'invasion, en altitude, d'air polaire maritime donnant des pluies particulièrement torrentielles et souvent très froides.

L'hiver se présente ainsi comme une alternance de beau temps et de périodes, généralement plus courtes, de pluies ou de temps couvert. Cette alternance obéit-elle à un rythme ? En d'autres termes les pluies interviennent-elles à des dates plus ou moins fixes ? C'est un peu ce qu'affirme un chercheur comme César Caviedes qui a étudié fort attentivement les types de temps de Valparaiso et qui croit y avoir trouvé l'origine d'expressions populaires comme «en Abril aguas mil» (En avril des eaux par milliers), «veranito de la San Juan» (L'été de la Saint-Jean), «Lluvia matapajaritos» (Les «pluies tueuses d'oiseaux» qui sont du début d'octobre). Ces expressions ou ces dictons populaires sont-ils beaucoup plus justifiés que ne le sont nos croyances en l'été de la Saint-Martin dont Caviedes retrouve d'ailleurs l'équivalent au Chili ? Il est difficile de le dire, d'autant plus que le premier de ces dictons paraît hérité de la tradition espagnole. En fait certaines périodicités semblent bien établies comme cette fréquence d'un temps anticyclonal accompagné de brises légères qui fait du mois de septembre le mois des cerfs-volants. En tout état de cause ces rythmes de détail dont la réalité demeure douteuse et la nature mal connue sont de peu d'importance au regard de l'opposition entre la sécheresse de l'été et la relative pluviosité des saisons froides.

II. L'OCÉAN ET LES CORDILLÈRES

Le climat du Chili central apparaît donc comme un climat méditerranéen particulièrement schématique par ses rythmes saisonniers plus encore que par la douceur de ses températures ou que par la modicité de ses précipitations ; et l'on serait tenté de voir dans cette emprise des rythmes fondamentaux la marque d'une prédominance des facteurs zonaux du climat et le signe distinctif d'une sorte de climat méditerranéen à l'état théorique.

Sans doute le contact élémentaire entre la terre et la mer est-il pour quelque chose dans la simplicité des contrastes saisonniers et des types de temps, mais le rôle des conditions locales et des facteurs géographiques du climat n'en reste pas moins essentiel pour la compréhension des rythmes eux-mêmes. Les eaux froides de l'océan abaissent la température des couches inférieures de l'atmosphère dont elles augmentent ainsi la stabilité, et cet air froid poussé par les vents d'ouest aborde le continent où il va se réchauffer à nouveau et s'éloigner de son point de saturation. Autant de conditions favorables à la stabilité du beau temps, spécialement en été. Le climat du Chili central est donc moins un climat méditerranéen à l'état pur qu'une sorte de climat méditerranéen dont les rythmes essentiels sont accusés par la géographie locale.

Il reste surtout que s'il est méditerranéen par ses rythmes le climat du Chili central doit aux facteurs géographiques la plupart de ses autres caractéristiques.

A. Le courant de Humboldt

Le courant de Humboldt est l'un des faits majeurs de la nature chilienne. On sait que les eaux du Pacifique austral sont affectées d'une vaste dérive d'ouest en est, d'un *drift,* qui aborde les côtes chiliennes vers 40° de latitude sud et qui se subdivise pour donner naissance le long des rivages à deux courants divergents de sens contraire : le courant de Patagonie vers le sud et le courant de Humboldt vers le nord. En fait les origines du courant de Humboldt sont beaucoup plus complexes car il s'agit non seulement d'un courant au sens habituel du terme mais aussi d'un mouvement ascendant des eaux froides en profondeur, d'un *upwelling* qui se traduit en surface par une puissante anomalie négative des températures : la moyenne est de 15° en été et de 13° en hiver pour les eaux superficielles de la baie de Valparaiso et il peut arriver que l'isotherme de 10° touche la côte aux environs immédiats de la ville en plein été. La mer est rarement «bonne» sur les plages du Chili central.

Les basses températures de l'océan se traduisent à leur tour par une fraîcheur générale du climat qui serait plus sensible sur la côte qu'à l'intérieur sans les effets combinés de l'altitude. La moyenne annuelle est de 14,4° à Valparaiso et de 14,2° à Santiago. C'est surtout en été que cette fraîcheur est remarquable puisque la moyenne du mois le plus chaud, celui de janvier, est de 17,6° à Valparaiso et de 20,6° à Santiago ce qui donne des amplitudes annuelles particulièrement faibles, respectivement de 6,1° et 11,9°.

Les eaux froides de l'Océan Pacifique donnent par ailleurs une humidité atmosphérique élevée, des brumes et des condensations occultes. L'humidité du littoral n'est à vrai dire que le prolongement vers le sud des **camanchacas** du littoral désertique. Il s'agit d'une humidité froide, sans rapport avec celle que l'on observe parfois sur les rivages de la Méditerranée, car elle provient non pas d'une évaporation à la surface de la mer mais d'une saturation en vapeur d'eau des basses couches de l'atmosphère brutalement refroidies au contact de l'océan. En général ces brumes se dissipent assez vite en abordant le continent plus chaud. En hiver elles peuvent envahir les Plans Côtiers et même le versant occidental de la Cordillère de la Côte mais en été elles disparaissent complètement ou se retirent en direction de la mer où leur front est affecté d'un mouvement de va-et-vient qui les fait stationner pendant la journée à quelques kilomètres vers le large et qui les ramène sur les plages dans la soirée ou dans la nuit. Les brumes littorales font de la Cordillère de la Côte une véritable limite climatique : l'humidité relative est en moyenne de 80 % à Valparaiso où elle est assez constante pendant toute l'année avec un minimum de 72 % en février. Sans doute ne saurait-on affirmer que l'air soit extrêmement sec à l'intérieur du pays puisque l'humidité relative est encore de 71 % à Santiago avec des lointains qui restent assez souvent voilés. Mais les effets d'une évaporation agissant sur des terres copieusement irriguées sont peut-être plus importants ici que l'influence du Pacifique. Du moins peut-on constater que la sécheresse de l'air est très grande en montagne, au-dessus de 900 mètres, surtout en été : à San José de Maipo la valeur moyenne de l'humidité atmosphérique n'est plus que de 58 %.

B. Le relief et les climats locaux

Ces limites climatiques et ces variations en altitude attirent l'attention sur l'influence du relief et sur les climats locaux.

Le relief, ou plus exactement l'altitude, agit d'abord sur les températures. En fait le gradient thermique est très faible jusque vers 1000 mètres et, sur une coupe d'est en ouest, l'inversion des températures est une règle quasi générale en été :

	Moyenne Annuelle	Moyenne mois de janvier
Valparaiso	14,4°	17,6°
Santiago	14,4°	20,6°
San José	13 °	18,9°

Rien de très surprenant dans un tel dispositif puisque les effets du courant de Humboldt s'atténuent progressivement vers l'intérieur en même temps que se manifestent des influences continentales génératrices d'étés chauds, circonstances auxquelles il faudrait ajouter les causes locales d'inversion des températures par glissement de paquets d'air froid le long des versants montagneux. C'est seulement au-dessus de 1000 m que le gradient des températures devient important et que l'on passe progressivement du climat méditerranéen au climat montagnard. Au col de la Cumbre (3835 m) la moyenne annuelle est de — 1° et celle du mois le plus froid, le mois de juillet, de — 8°.

Le relief intervient aussi sur les précipitations, à la fois par l'altitude et par l'exposition. L'augmentation des précipitations en altitude est incontestable jusque vers 4000 ou 4500 m. Sans doute diminuent-elles plus haut, mais on ne dispose à cet égard que de données insuffisantes.

L'abaissement des températures et l'augmentation des précipitations se traduisent en montagne par d'abondantes chutes de neige. Les précipitations du Chili central étant presqu'exclusivement hivernales la haute Cordillère ignore pratiquement la pluie : trois chutes de pluie en 10 ans au col de la Cumbre. La couverture neigeuse tient près de 4 mois au-dessus de 2000 m et on la trouve normalement en juin aux environs de 1500 m.

L'influence du relief sur les températures et sur les précipitations détermine une grande diversité de climats locaux que l'on peut grouper en trois grands domaines. La haute montagne avec ses températures très basses, ses précipitations exclusivement neigeuses et sa sécheresse atmosphérique en serait le premier. Le second recouvrirait l'essentiel du Sillon Longitudinal et de ses abords : c'est le plus méditerranéen avec des nuances continentales qui atténuent la fraîcheur de l'été sans donner pour autant la moindre nébulosité. Le troisième domaine enfin serait celui du littoral caractérisé par une forte humidité relative, par des étés remarquablement frais et par la faiblesse des amplitudes annuelles.

Il est évident qu'à l'intérieur de chacun de ces trois domaines les nuances restent nombreuses. Plus importantes encore que les oppositions entre versants au nord et versants au sud qui n'offrent pas sous ces latitudes trop basses la vigueur qu'on leur connaît dans nos montagnes européennes, apparaissent les oppositions entre versants au vent et versants sous le vent : la petite ville de Til-Til, située au pied de la Cordillère de la Côte à une cinquantaine de kilomètres au nord de Santiago a des étés particulièrement chauds et des précipitations annuelles dont la moyenne tombe à 271 mm.

III. L'EMPREINTE DU CLIMAT

Ce climat très original a profondément marqué les paysages du Chili central.

A. Les eaux

Le régime des eaux dépend d'un jeu entre la rétention des neiges hivernales en Haute Cordillère et les pluies méditerranéennes du bas-pays.

a) Les glaciers

Les glaciers sont très étendus dans la Cordillère du Chili central et contrairement à ce que l'on pourrait imaginer ils ne le sont pas moins dans le nord de la région, où ils couvrent 342 km^2 pour le seul bassin hydrographique du Rio Maipo, que dans le sud où leur développement est quelque peu contrecarré par l'abaissement général de la montagne.

Ces glaciers sont à bien des égards très différents de ceux des Alpes. Ils en diffèrent d'abord par leur alimentation, en ce sens qu'il n'y a guère de névés persistants au Chili central où la neige, lorsqu'elle n'est pas sublimée ou emportée par le vent, est transformée en glace par recongélation quotidienne des eaux de fusion. Ils sont également différents des glaciers alpins par leur température : ce sont des glaciers froids que ne recouvre aucun névé protecteur et qui se maintiennent au-dessous de zéro degré dans toute leur masse de telle sorte que l'on n'y trouve guère d'écoulement interglaciaire ou sous-glaciaire. Ils sont différents aussi par leur lenteur liée peut-être à la médiocrité de leur alimentation mais tout autant à leur faible plasticité ; cette lenteur explique sans doute la rareté des crevasses. Ils sont également différents par l'énormité de leur charge en produits détritiques de toutes sortes. Ils sont différents enfin par leur longueur puisqu'ils descendent fréquemment jusqu'à plus de 1000 m au-dessous de la ligne d'équilibre qui sépare, on le sait, la zone d'alimentation de la zone d'ablation.

b) Les cours d'eau

Dans la Haute Cordillère les cours d'eau sont des torrents glaciaires tout à fait typiques. Leur débit se caractérise par un maximum d'été et par des variations diurnes très importantes liées aux effets alternés d'un intense refroidissement nocturne dans une atmosphère très sèche et d'un rapide réchauffement diurne sous une insolation presque verticale dont aucun nuage ne vient atténuer la vigueur. Tel torrent que l'on traverse aisément en début de matinée charrie en fin de journée des flots infranchissables d'eau boueuse.

Les principaux torrents du Chili central conservent un régime glaciaire ou nival dans toute la Basse Cordillère et jusque dans le Sillon Longitudinal. C'est ainsi qu'à la sortie de la montagne le Maipo est un énorme torrent dont le débit moyen de 102 m³/s recèle de considérables fluctuations. L'étiage se situe en plein hiver, au mois d'août, avec une moyenne de 48,5 m³/s tandis que le maximum intervient en plein été au mois de janvier avec 210 m³/s.

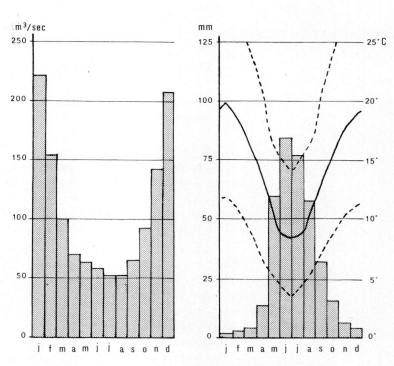

FIG. 9 — Climat et hydrologie au Chili central

Le régime du Maipo à La Obra - Précipitations atmosphériques et températures à Santiago (en tirets, moyenne des températures mensuelles maximales et minimales)

Il va sans dire que les débits sont extrêmement variables d'une année à l'autre : pour le Maipo 73 m³/s en moyenne pendant l'année 1925 avec 5 mois au-dessous de 30 m³/s en face des 184 m³/s de l'année 1942 dont le mois de janvier a accusé 465 m³/s.

Tout cela sans parler des crues. Très mal étudiées, ces crues n'interviennent jamais en été, c'est-à-dire pendant la saison des hautes eaux moyennes, mais essentiellement à la fin de l'hiver et au début du printemps, lorsque de grosses averses tombent sur une Basse Cordillère encore enneigée. Elles sont alors spectaculaires. Sauf en quelque point particulièrement exposé comme Isla de Maipo, le fleuve est trop encaissé pour déborder mais il envahit partout un lit majeur qui peut s'étaler, dans la plaine, sur une largeur d'un kilomètre tandis que les canaux d'irrigation, mal contrôlés, se déversent dans les rues de Santiago.

Plus à l'aval, dans la traversée de la Cordillère de la Côte et des Plans Côtiers, l'influence des pluies hivernales devient prédominante sur le régime des cours d'eau, mais l'étude des débits devient ici à peu près impossible car elle est faussée par l'irrigation qui saigne à blanc les rivières et livre leurs eaux à l'évaporation.

On notera que toute la partie essentielle du Chili central, c'est-à-dire dans les plaines du Sillon Longitudinal, le régime des cours d'eau est strictement opposé à celui des pluies. Il n'est pas nécessaire d'insister sur le parti que peuvent tirer d'une telle situation les cultures irriguées. Nulle part ailleurs dans le monde la sécheresse estivale du climat méditerranéen n'est compensée par une telle abondance d'eaux montagnardes.

B. L'habillage des formes

a) La décomposition des roches

C'est encore au paysage climatique qu'il convient de rattacher l'habillage des formes : dépôts détritiques de versants, enveloppe de roches décomposées qui atténuent un peu partout la dureté des reliefs, couverture végétale enfin dont l'épaisseur est quelque peu surprenante sous des cieux méditerranéens.

La Haute Cordillère répond assez bien à l'idée que l'on peut se faire d'une montagne très élevée sous un climat semi-aride. Au-dessus de 2000-2500 m on entre dans un monde presqu'exclusivement minéral à demi enfoui sous les débris de sa propre destruction : un paysage où la roche saine, en dépit de l'extrême jeunesse du modelé et de l'ampleur des dénivellations n'apparaît que sur les pentes les plus raides.

Ce qui surprend davantage c'est que ce caractère «enveloppé» du relief se retrouve, augmenté même par la faiblesse relative des dénivellations en basse montagne et par conséquent dans un domaine climatique franchement méditerranéen. Il s'agit cette fois d'une enveloppe d'altérites ou d'une sorte d'éluvion superficiel qui recouvre presque partout la roche saine et qui a migré en partie vers le pied des versants où se sont accumulées de puissantes formations colluviales. L'épaisseur du matériel de décomposition que l'on trouve au Chili central jusque sur des pentes assez raides s'explique peut-être par la persistance d'une certaine humidité atmosphérique à travers toutes les variations climatiques du quaternaire. C'est cette même persistance qui a permis sans doute à des îlots de forêts hygrophiles de se maintenir jusqu'à nos jours aux portes du désert alors que les précipitations annuelles ne sont que de l'ordre de 200 mm.

b) La végétation

Si la végétation doit être regardée comme l'une des marques essentielles du climat, ce qui étonne le plus au Chili central c'est l'épaisseur du **matorral**, variante chilienne du maquis méditerranéen qui recouvre les versants de basse montagne aussi bien dans les Andes que dans la Cordillère de la Côte, avec une vigueur à laquelle ne préparent guère les 350 mm de pluie de la capitale chilienne.

Cactus cierge

Il faut y voir sans doute l'indice d'une évaporation modérée, liée elle-même à la relative fraîcheur des températures estivales, à la faiblesse des vents et peut-être aussi à l'humidité atmosphérique d'origine océanique. Un tel ensemble de circonstances est inévitablement fragile et très dépendant des conditions locales, ce qui entraîne une certaine diversité dans la richesse et dans les aspects du **matorral**.

On opposera tout d'abord, en particulier dans la Cordillère de la Côte, les versants à l'ombre (face au sud) et les versants au soleil (face au nord). Cette opposition ne laisse pas de surprendre sous une latitude où les rayons solaires sont en été assez proches de la verticale. Elle indique que beaucoup de plantes sont voisines ici de leurs limites climatiques. Les versants à l'ombre sont recouverts d'un **matorral** arborescent très épais qui prend par endroits des apparences quasiment forestières ; des arbres comme le **quillay** et le **maïten** ou de grands arbustes comme le **litre** y abondent et l'on peut trouver sous les couverts quelques plantes franchement hygrophiles, comme les capillaires. Les versants au soleil portent au contraire un **matorral** beaucoup plus bas, plus riche en épineux ou en plantes buissonnantes comme les flourensia (*Flourensia turifera*) et surtout en cactus cierges (*Cereus chilensis*) dont la localisation est assez stricte pour que leur abondance suffise à indiquer le nord.

On fera aussi une place à part au fond des grands ravins protégés du soleil par leur encaissement et dont le **matorral** prend des allures de forêt-galerie, avec une abondance de **peumos** et de **quillays**.

On opposera encore le versant occidental de la Cordillère de la Côte au reste du pays. La plus grande humidité atmosphérique et les températures plus égales y donnent une végétation plus dense. On y trouve une espèce rare, le magnifique palmier chilien (*Jubaea chilensis*) dont il ne reste plus que des exemplaires épars en dehors des deux palmeraies d'Ocoa et de Cocalan. D'autres espèces, peu représentées vers l'intérieur, abondent ici, tel le **molle** qui appartient à la famille des faux poivriers ; d'autres enfin, comme le **canelo**, sont résolument hygrophiles et annoncent déjà la forêt australe.

On pourrait multiplier les nuances à l'infini, évoquer, sur les hauts sommets de la Cordillère de la Côte, face au vent d'ouest, la présence de quelques boisements de **robles** à feuilles caduques (*Nothofagus obliqua*) ou encore, dans les Andes, les transitions vers la steppe d'altitude.

Si les versants montagneux sont le domaine du **matorral** et de ses variantes, les plaines avec leurs **cerros-islas** et de façon plus générale toutes les zones subhorizontales offrent des paysages beaucoup plus découverts.

La formation végétale la plus caractéristique, celle qui remplace le **matorral** est désormais l'**espinal**, brousse homogène d'**espinos** (*Acacia cavenna*), généralement assez claire pour permettre le développement d'un beau tapis herbacé qui se dessèche avec l'été. L'**espinal** confère incontestablement au paysage une apparence d'aridité. Son écologie est pourtant loin d'être évidente. S'il apparaît dans des secteurs comme le nord du bassin de Santiago et les montagnes de Chacabuco qui sont manifestement assez secs, on le trouve aussi sur les Plans Côtiers et sur les grands cônes colluviaux qui raccordent la Cordillère de la Côte aux plaines alluviales. On serait tenté d'invoquer alors la profondeur des sols et peut-être une certaine lenteur du drainage. En fait, il semble que l'**espinal** ne soit bien souvent qu'une forme dégradée du **matorral** ou plutôt le résultat d'une sélection opérée par l'homme qui protège une plante appréciée pour la qualité de son charbon de bois et dont on pense qu'elle favorise les pacages en prolongeant, grâce à son ombre légère, la végétation herbacée du printemps.

Car voilà bien le fait essentiel : à l'exception peut-être de quelques **espinales** liés à la sécheresse, à l'exception aussi de broussailles à **chilcas** et de quelques steppes littorales à opontia, la végétation est en dehors des versants montagneux soit une végétation dégradée comme la steppe à **penca,** artichaut sauvage qui couvre de vastes étendues sur les Plans Côtiers, soit une végétation franchement artificielle comme celle des plaines irriguées.

On ne saurait dire cependant que la flore de la plaine, pour artificielle qu'elle soit, ne porte pas la marque du climat. Jamais peut-être la dualité climatique du Chili central n'a été plus évidente qu'à travers cette végétation importée d'Europe et des pays subtropicaux. L'irrigation ayant résolu le problème de l'eau, la fraîcheur des étés permet la croissance dans les parcs de Santiago, de hêtres et de sapins qui ne supporteraient pas la canicule du Midi de la France. Aux feuilles persistantes et à la croissance hivernale du **matorral** s'opposent ainsi les peupliers et les saules pleureurs de la plaine avec leur dépouillement de saison froide. Mieux encore : à ces plantes européennes, rendues possibles par la fraîcheur de l'été, se mêlent, dans les jardins de la capitale, les orangers et les avocatiers rendus possibles par la douceur des hivers.

CHAPITRE IV

LE RELIEF DU CHILI CENTRAL

Une étude très attentive du Chili central se justifie pleinement, en ce qui concerne le relief, par deux circonstances favorables. La première veut que nous trouvions ici les paysages les plus vigoureux et les plus ordonnés de tout le Chili : nulle part ailleurs les altitudes ne sont plus élevées, les dénivellations plus impressionnantes, les grandes unités du relief plus vigoureuses. La seconde circonstance favorable veut que le relief du Chili central soit à présent assez bien connu, en particulier parce que les recherches géologiques, qui avaient longtemps dépendu de la prospection minière et qui pour cette raison s'étaient surtout développées dans le Grand Nord, ont fait ici des progrès décisifs au cours de la dernière décennie.

I. LES ASPECTS DU RELIEF

Remarquablement ordonné le relief du Chili central est dans ses grandes lignes d'une notoire simplicité. Il se résume en deux faits essentiels : d'une part sa disposition par bandes longitudinales avec les Andes, la Dépression Intermédiaire, la Cordillère de la Côte et les Plans Côtiers, d'autre part par l'abaissement progressif vers le sud, abaissement qui affecte la totalité des bandes longitudinales à l'exception peut-être des Plans Côtiers. Cet abaissement atténue peu à peu les contrastes entre les différentes unités du relief : le nord de la région est un pays de cordillères et de fossés, de plaines très plates et de montagnes abruptes sans transition et pratiquement sans collines, alors que le sud offre déjà en dépit de l'ordonnance générale de ses reliefs, des paysages moins contrastés et plus nuancés.

A. Les Andes

L'abaissement progressif du relief en direction du sud invite à aborder les Andes par le secteur septentrional du Chili central qui est l'un des points forts de toute la Cordillère sud-américaine dont il porte d'ailleurs le plus haut sommet.

a) Les Andes de Santiago

Les Andes chiléno-argentines constituent en effet à la latitude de Santiago une montagne qui est à la fois extraordinairement élevée puisque l'Aconcagua atteint 7000 m et que l'on trouve 6 sommets de plus de 6000 m sur les pourtours du seul bassin hydrographique du Rio Maipo, et remarquablement étroite puisque moins de 130 km séparent la Dépression Intermédiaire du Chili central de la Dépression Subandine de l'Argentine. Beaucoup plus hautes que les Alpes occidentales les Andes chiléno-argentines sont, à la latitude de Santiago, moins larges qu'elles. A se limiter aux versants chiliens on en retiendra quatre aspects essentiels.

— *La massiveté et la raideur*

Les Andes sont une montagne peu articulée, une véritable muraille s'élevant d'un jet au-dessus du bassin de Santiago. Elles évoquent à cet égard beaucoup plus les Pyrénées que les Alpes. La massiveté est accentuée par la lourdeur de beaucoup de sommets et par l'importance de hautes surfaces évoluées, comparables elles-aussi à certains reliefs de maturité de la montagne pyrénéenne. Sans doute pourrait-on déceler une certaine prédominance des orientations Nord-Sud non seulement dans les lignes de crêtes mais parfois sous la forme de blocs allongés qui sont comme des ébauches de massifs autonomes. Ces petits massifs restent cependant trop mal dégagés du reste de la montagne pour que l'on puisse parler de véritables articulations.

— *L'importance des vallées transversales*

C'est un simple corollaire de l'absence de toute véritable articulation de relief. Les tracés longitudinaux, Nord-Sud ou Sud-Nord, correspondent en général à de petits affluents que collectent de gros torrents orientés d'est en ouest. Les principales vallées des Andes de Santiago descendant ainsi de la frontière argentine à la Dépression Intermédiaire perpendiculairement à l'orientation générale de la Cordillère. Ce sont donc des vallées courtes et à forte déclivité.

Ce sont pourtant des vallées larges et à fond plat. Elles permettent de pénétrer jusqu'au cœur de la Cordillère sans avoir à passer, sauf de très rares exceptions, par des gorges ou par des étroits : en remontant presqu'en ligne droite la vallée du Maipo et de son affluent le Rio Volcan on parvient jusqu'au pied des crêtes frontières par un large couloir dont le fond est une plaine alluviale qui porte des cultures aussi longtemps que le climat le permet. En parcourant ce couloir on ne trouve qu'une seule interruption : une seule gorge et d'ailleurs bien modeste puisqu'elle n'excède pas quelques centaines de mètres de long.

Ces vallées qui marquent la puissance de l'érosion naissent à l'amont au pied de véritables murailles qui portent sur leur sommet les crêtes frontières. Des murailles impressionnantes puisque à 12 km du volcan San José et de ses 5830 m le lit du Rio Volcan n'est plus qu'à 2000 m d'altitude. C'est là que réside la véritable dissymétrie des Andes chiléno-argentines : le versant chilien n'est pas tellement plus court que le versant argentin mais il est plus raide et plus vigoureux parce que le niveau de base local constitué par la Dépression Intermédiaire est plus bas, et parce que l'incision remontante des grandes vallées s'est enfoncée beaucoup plus profondément vers l'amont, au cœur du bâti montagneux.

— *L'opposition entre une zone interne et une zone externe*

Dans les Andes de Santiago, ce que nous appelons zone interne, est une bande de 10 à 25 km de large située le long de la frontière argentine. Ce n'est pas une zone axiale car les crêtes frontières qui constituent l'axe de la Cordillère sont, à tous égards, une limite morphologique et géologique.

La zone interne se caractérise par son altitude : c'est là que se trouvent tous les sommets de plus de 4000 m. Elle se caractérise aussi par la vigueur de son relief, une vigueur qui correspond à coup sûr à une tectonique particulièrement intense avec des couches redressées jusqu'à la verticale donnant des crêtes Nord-Sud alignées en ordre serré et séparées par des vallées profondes.

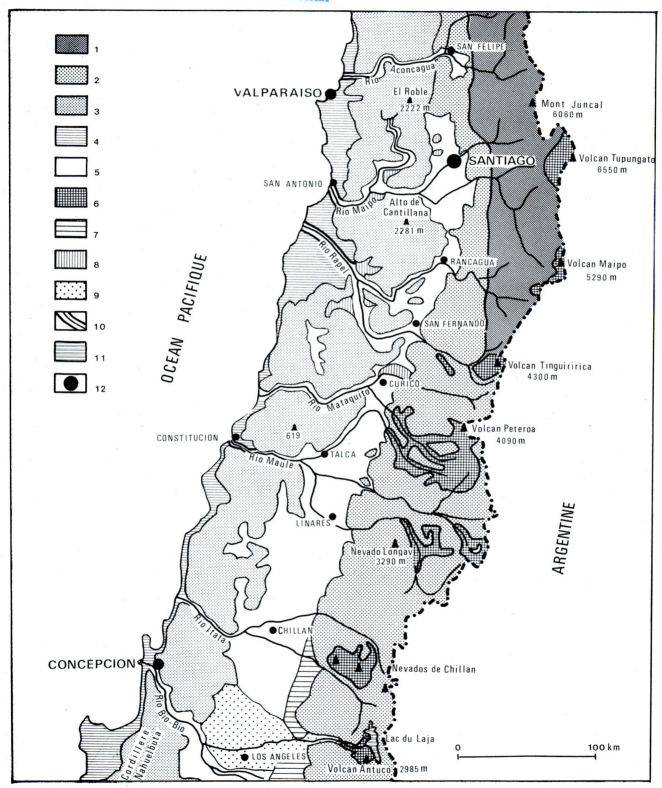

FIG. 10 — Le Chili central

1. Cordillère interne — 2. Cordillère externe — 3. Cordillère côtière — 4. Plaines côtières — 5. Dépression centrale — 6. Épanchements volcaniques quaternaires — 7. Piedmont de la montagne — 8. Cendres volcaniques — 9. Sables noirs — 10. Gorges — 11. Lac — 12. Agglomération urbaine

La zone interne se caractérise aussi par la fraîcheur des formes glaciaires. Il reste un peu partout des glaciers importants : 342 km^2 pour le seul bassin du Rio Maipo. Mais c'est surtout la morphologie glaciaire héritée du quaternaire qui retient l'attention par sa fraîcheur et sa puissance. Dans la région du Maipo les auges gardent un modelé de détail presqu'intact jusque vers 1200 m d'altitude.

A cette zone interne des Andes s'oppose point par point la zone externe. Elle est beaucoup plus basse, les sommets se situant généralement vers 2500 3000 m. Son relief est beaucoup moins vigoureux, moins nettement orienté, plus massif. Entre les vallées transversales qui descendent d'est en ouest prennent place des interfluves assez confus où l'on trouve souvent les restes de vieilles surfaces évoluées qui se combinent au calme relatif de la structure pour donner des ébauches de paysages tabulaires ou subtabulaires. La vigueur essentielle du relief résulte désormais des grands couloirs d'érosion des grandes vallées, elles-mêmes de plus en plus larges vers l'aval mais toujours aussi profondément incisées. Dans ces amples couloirs qui traversent la zone externe en direction de l'ouest il ne reste cependant aucun modelé glaciaire de détail et aucun indice irréfutable d'un passage récent des glaciers.

— *Le volcanisme*

La présence du volcanisme serait une quatrième caractéristique fondamentale des Andes de Santiago. Les crêtes frontières sont en effet ponctuées de volcans alignés du nord au sud. On peut y distinguer plusieurs générations reconnaissables à un degré de démantèlement plus ou moins avancé. Ces volcans constituent la plupart des plus hauts sommets : l'Aconcagua et le Tupungato sont des volcans anciens très démantelés tandis que trois volcans restent encore actifs : le Tupungatito, le San José et le Maipo.

b) La modification des paysages vers le sud

En direction du sud les paysages andins subissent progressivement trois modifications fondamentales.

La Cordillère s'abaisse. Les derniers sommets de plus de 4000 m sont le Volcan Peteroa (4090 m) et sur le versant argentin, le Cerro Domuyo (4670 m) qui se situent respectivement à 35° et 37° de latitude sud. Entre le nord et le sud du Chili central la montagne andine passe ainsi de l'échelle himalayenne à l'échelle pyrénéenne. Il est inutile d'insister sur toutes les conséquences d'un tel changement.

Les étages climatiques s'abaissent eux-aussi, non seulement les étages de végétation mais aussi les étages morpho-climatiques et tout particulièrement la limite des glaciations quaternaires. Bien que l'on manque d'études détaillées on peut tenir pour probable que dans le sud du Chili central les glaciers quaternaires ont débouché dans le sillon longitudinal ou s'en sont approchés de très près. Cet abaissement des limites climatiques tend ainsi à compenser, du point de vue de la morphogénèse, l'abaissement général de l'édifice andin : la richesse en forme glaciaire est au moins aussi grande dans le sud de la région qu'elle ne l'est dans le nord.

La troisième transformation des paysages en direction du sud vient de ce que le volcanisme récent et actuel y prend de l'ampleur tout en se rapprochant progressivement du Sillon Longitudinal. Au lieu de cônes isolés jalonnant les crêtes frontières on passe peu à peu à des ensembles de cônes et de volcanisme fissural largement étalé qui peuvent atteindre dans l'extrême sud de la région les

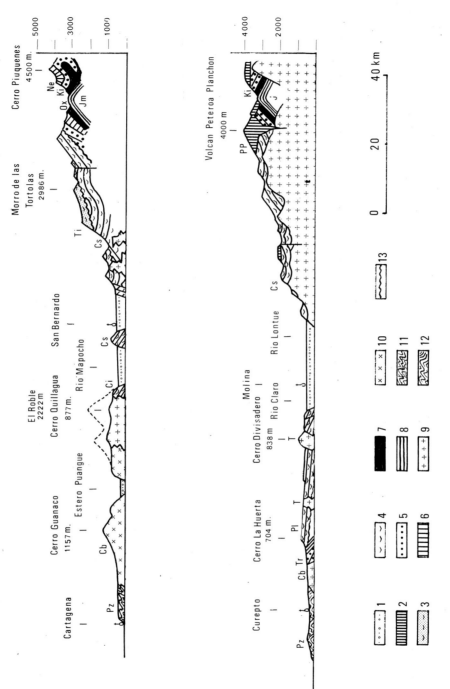

FIG. 11 — Deux coupes géologiques dans le Chili central

1. Alluvions quaternaires — 2. Andésites plio-pléistocènes (PP) — 3. Andésites du Tertiaire inférieur (Ti) — 4. Andésites du Crétacé supérieur (Cs) — 5. Grès du Kimméridgien (Ki) et du Trias (Tr) — 6. Calcaire du Néocomien (Ne) — 7. Gypse et anhydrites de l'Oxfordien (Ox) — 8. Pélites du Jurassique (J) — 9. Granodiorites du Crétacé et du Tertiaire (T) — 10. Granites du Carbonifère (Cb) — 11. Gneiss et micaschistes métamorphiques du Paléozoïque (Pe) — 12. Schistes épimétamorphiques du Paléozoïque (Pz) — 13. Discordance

abords de la Dépression Intermédiaire. A l'intérieur de la montagne ce volcanisme récent a souvent perturbé les données morphoclimatiques ; il a encombré sinon fossilisé les grands couloirs d'érosion qui ont ainsi perdu de leur vigueur. Au pied de la Cordillère, d'autre part, l'accumulation des produits éruptifs et particulièrement des cendres a donné comme une zone de transition entre les Andes et le Sillon Longitudinal : c'est la Montaña, sorte de piémont dégradé aux allures de collines. Cette Montaña est un relief assez complexe : il ne s'agit pas d'une accumulation volcanique directe mais de produits éruptifs qui ont été remaniés et transportés par les différents agents d'érosion et notamment par les glaciers quaternaires. Il ne s'agit pas non plus d'un simple piémont détritique mais plutôt du remplissage d'un couloir, d'ailleurs très irrégulier, compris entre les Andes proprement dites et des alignements de petits îlots montagneux qui émergeaient au-dessus de la plaine dans le Sillon Longitudinal.

B. L'avant-pays

Entre les Andes et le Pacifique s'étend un pays varié et contrasté puisque l'on y discerne encore trois des grandes unités longitudinales du relief chilien : le Sillon Longitudinal, la Cordillère de la Côte et les Plans Côtiers. C'est la partie la plus vaste du Chili central, beaucoup plus large, surtout vers le sud, que ne le sont les Andes chiliennes réduites à la seule retombée occidentale de l'édifice montagneux. Cet ensemble de paysages variés où se compénètrent les plaines et les montagnes doit pourtant être considéré, à bien des égards, comme un tout et comme une sorte d'avant-pays, non point au sens que donneraient à cette expression les géologues mais au sens beaucoup plus immédiat sinon plus réel que peuvent lui donner les géographes et les géomorphologues : un pays situé à l'avant d'une montagne dont il n'a cessé de recevoir les eaux, les alluvions, les formations détritiques et les produits éruptifs, un pays aussi que doivent traverser, avant de venir buter sur l'énormité de l'écran montagneux tous les effluves du Pacifique véhiculés par la circulation générale de l'atmosphère en direction de l'est.

a) Le Sillon Longitudinal

Le Sillon Longitudinal ou Dépression Intermédiaire est plus connu ici sous le nom de «Valle Central». C'est un gigantesque fossé d'effondrement qui s'allonge sur plus de 1100 km depuis le seuil du Tabon au nord de Santiago jusqu'à Puerto Montt. L'accident tectonique déborde donc très largement le cadre du Chili central et nous le retrouverons, vers le sud, dans toute la région de la Frontière et dans tout le Pays des Lacs. A se limiter au Chili central nous retiendrons deux faits essentiels.

— *L'abaissement et l'élargissement du sillon en direction du sud*

Ce n'est qu'un aspect de l'abaissement général du pays mais cet abaissement revêt une signification particulière. Tout au nord, dans la région de Santiago, le fossé d'effondrement est encore irrégulier et comme mal venu. La plaine est hérissée de pointements montagneux parfois très vigoureux : ce sont les **cerros-islas,** ainsi appelés parce qu'ils émergent comme des îles au-dessus du remblaiement alluvial. Il arrive même par deux fois que les Cordillères se rejoignent individualisant ainsi deux bassins autonomes : celui de Santiago et celui de Rancagua.

Vers le sud au contraire, le fond du sillon, beaucoup plus déprimé, a été entièrement enseveli sous les accumulations détritiques et sous les alluvions. Plus de pointements montagneux mais une plaine beaucoup plus large : près de 100 km à Chillan alors qu'elle n'en a que 30 à Santiago. Une plaine beaucoup plus basse aussi : alors que Santiago est encore à 550 m d'altitude Chillan n'est plus qu'à 110.

— *La modification des caractères du remblaiement en direction du sud*

Cette modification tient sans doute à des conditions morphoclimatiques différentes mais aussi au fait que la Cordillère d'où viennent les matériaux de remblaiement est beaucoup plus haute au nord qu'au sud tandis que le volcanisme récent et actuel est beaucoup plus puissant au sud qu'au nord.

Au nord, dans les bassins de Santiago et de Rancagua, la plaine est la plupart du temps une plaine d'ennoyage où les rivières ne sont que très peu incisées quand elles ne coulent pas à fleur de terre. La partie supérieure d'un remblaiement généralement très régulier est constitué par des limons reposant sur des cailloux roulés. En dehors des **cerros-islas** les seules parties en saillie sont soit de grands cônes profondément démantelés qui marquent la sortie des principales vallées andines et qui déterminent ainsi une assez forte dissymétrie de remblaiement, soit de hautes terrasses de cendres volcaniques dominant d'une vingtaine de mètres le niveau général de la plaine.

Au sud, le plancher alluvial est beaucoup plus irrégulier et de façon générale nettement plus incisé par les cours d'eau. D'énormes épandages de sables, de graviers et de cendres volcaniques marquent la puissance de l'accumulation détritique au moment des paroxysmes éruptifs et peut-être glaciares.

b) La Cordillère de la Côte et les Plans Côtiers

— *La Cordillère de la Côte à la latitude de Santiago*

Sans être à la même échelle que les Andes, la Cordillère de la Côte est à la latitude de Santiago une montagne assez vigoureuse dont les plus hauts sommets dépassent encore les 2000 m. Vue de la capitale, elle apparaît avec la raideur de ses pentes et la régularité de ses lignes sommitales comme un mur qui barre l'horizon du côté de l'ouest. Pourtant derrière ce mur d'une raideur toute andine se dissimule une montagne très originale et très articulée, débitée en massifs et en chaînons par de vastes plaines où l'on discerne sans difficulté la marque de la tectonique. On remarque en particulier des fossés d'effondrement affectés de ramifications orthogonales qui leur donnent un tracé général en dents de rateau. Certains de ces fossés peuvent être immenses, telle la vallée du Puangue, sorte de réplique du Sillon Longitudinal dans l'axe même de la Cordillère de la Côte.

Cette montagne ouverte est d'autre part une montagne dissymétrique ; les plus hauts sommets et les aspects les plus massifs se situent à l'est, juste au-dessus du bassin de Santiago. A l'ouest au contraire la montagne se résoud peu à peu en un système de chaînons sans cesse plus bas dont les sommets horizontaux annoncent déjà les Plans Côtiers : ce sont les Péné-Cordillères.

Au total une montagne assez vigoureuse avec des systèmes de pentes assez raides, mais une montagne toute pénétrée par la plaine. Cette omniprésence de la plaine, d'une plaine d'effondrement devenue une plaine d'ennoyage, fait de cette Cordillère de la Côte un monde très peu montagnard.

— *La Cordillère de la Côte vers le sud*

Comme les Andes et comme le Sillon Longitudinal, la Cordillère de la Côte s'abaisse vers le sud et perd définitivement ses aspects de montagne : le Rio Rapel franchi, l'altitude n'atteint plus jamais les 1000 m. Les surfaces d'aplanissement qui, à la latitude de Santiago, n'acquéraient une réelle importance que tout à l'ouest, vers les Plans Côtiers, finissent par recouvrir en direction du sud la quasi-totalité de la Cordillère de la Côte. L'aspect fondamental devient alors un aspect de plateaux ou, quand la dissection est suffisamment avancée, un aspect de collines.

— *Les Plans Côtiers*

Dernière bande longitudinale du relief chilien, les Plans Côtiers sont de vastes surfaces horizontales étagées sur plusieurs niveaux entre 400 ou 500 m d'altitude et les rivages actuels. Le nombre et la hauteur de ces niveaux varient considérablement d'un point à l'autre du Chili central. A la latitude de Santiago nous avons pu discerner une «surface principale» qui est à 200 m d'altitude sur la rive droite du Maipo, tandis qu'elle est à 250 m plus au nord, aux approches de Valparaiso, et à 300 m plus au sud, vers l'embouchure du Rapel. Il s'agit donc d'une surface déformée et d'ailleurs affectée de nombreux épicycles qui y ont inscrit d'appréciables dénivellations. Au-dessus de cette «surface principale» les niveaux plus anciens sont très démantelés et peuvent être rattachés aux Péné-Cordillères. Au-dessous de cette surface les niveaux plus récents sont des aplanissements beaucoup plus étroits qui peuvent être considérés comme des terrasses littorales au sens habituel du terme.

L'originalité essentielle des Plans Côtiers tient à leur relation avec les autres éléments du relief chilien : paliers intermédiaires entre la Cordillère de la Côte et le niveau de la mer, ils sont au contraire un véritable bastion, une véritable barrière, par rapport aux grandes plaines intérieures. Les grandes rivières comme le Maipo et le Rapel qui traversent la Cordillère de la Côte par de larges couloirs qui sont en fait des ramifications du Sillon Longitudinal, se heurtent aux Plans Côtiers comme on se heurte à un mur. Elles ont dû s'y enfoncer en trait de scie et les seules véritables gorges du Chili central se trouvent, de façon paradoxale, dans ces Plans Côtiers alors que les fleuves ne coulent plus qu'à 50 ou 100 m d'altitude.

II. LA MISE EN PLACE DES ARCHITECTURES D'ENSEMBLE

Les Andes constituent une montagne très originale dont l'orogénèse, en dépit des travaux récents, pose encore beaucoup d'énigmes. Nous choisirons une fois de plus pour aborder l'étude de ces problèmes le nord du Chili central, c'est-à-dire les Andes de Santiago et leur avant-pays.

Un examen rapide de la carte géologique montre que la disposition en grandes bandes longitudinales qui était celle du relief réapparaît, mais sans coïncidence exacte, dans les affleurements géologiques qui se répartissent eux aussi en quatre ensembles :

1) Sur la côte, des couvertures peu étendues et sporadiques de terrains sédimentaires qui sont du Tertiaire moyen et supérieur.

2) Sur les Plans Côtiers et dans la Cordillère de la Côte de vastes affleurements de matériel granitique ; des affleurements granitiques beaucoup moins étendus peuvent également apparaître dans les Andes.

3) Sur le rebord interne de la Cordillère de la Côte dans le Sillon Longitudinal et surtout dans les Andes dont elles constituent la plus grande partie, des roches sédimentaires et volcaniques plissées qui sont surtout du Mésozoïque.

4) Sur les crêtes frontières des postiches de volcanisme récent, du Tertiaire supérieur ou du Quaternaire.

Paysage de plaine agricole du «Valle Central»

Le Cerro El Plomo domine le bassin de Santiago

De ces quatre ensembles, il en est deux, le premier et le dernier, qui n'occupent que très peu d'espace de sorte que la carte géologique du Chili central se partage pour l'essentiel entre le granite ou plus exactement le batholite, et les roches sédimentaires ou volcaniques plissées du Mésozoïque.

A. Le batholite

Un vaste affleurement de roches plutoniques occupe d'un seul tenant toute la moitié occidentale de la région, du moins à la latitude de Santiago : la quasi totalité des Plans Côtiers et la plus grande partie de la Cordillère de la Côte à l'exception de sa retombée sur la Dépression Intermédiaire. Des affleurements semblables mais beaucoup plus limités et comme sporadiques apparaissent dans les **cerros-islas** du bassin de Santiago et surtout dans les Andes. L'ensemble de ces affleurements appartient à ce que l'on appelle le batholite andin. On retrouve ce batholite tout au long du territoire chilien en affleurements assez continus pour que l'impression soit celle d'un substratum à peu près général. Son matériel est d'ailleurs très varié : depuis les granites vrais jusqu'au gabbros avec prédominance des termes intermédiaires c'est-à-dire des diorites et surtout des grano-diorites.

L'âge du batholite reste encore très controversé. Sa mise en place s'est accompagnée de phénomènes de contact et notamment de métamorphisme dans tous les terrains sédimentaires et volcaniques du Chili central, exception faite des seules couvertures littorales non plissées qui sont du Tertiaire supérieur. On peut donc affirmer qu'une partie tout au moins du batholite est récente, aussi récente que les plus récents des terrains plissés c'est-à-dire du Crétacé supérieur ou de l'Eocène. Mais il ne s'ensuit pas que tout le batholite se soit formé en une seule fois et que tous ses éléments soient aussi jeunes : des analyses de radio-activité ont donné des âges allant du Pré-Jurassique au Crétacé supérieur et selon toute vraisemblance on est en présence d'une mise en place très prolongée, d'une certaine continuité faite peut-être de paroxysmes et de calmes relatifs.

De cette histoire compliquée on retiendra surtout l'opposition entre l'est et l'ouest. A l'est, c'est-à-dire dans les Andes, les affleurements sont des affleurements sporadiques qui correspondent peut-être au niveau supérieur du batholite ou à ses parties proéminentes. Il s'agit en général de grano-diorites à caractère intrusif très net qui semblent révéler une histoire relativement simple : sinon une seule intrusion du moins un nombre limité d'épisodes intrusifs. A l'ouest au contraire, c'est-à-dire sur les Plans Côtiers, le batholite est beaucoup plus complexe. Une érosion par phases répétées et prolongées l'a décapé de toutes ses couvertures plissées et a mis à jour ses niveaux les plus profonds. La matériel plutonique qui affleure est ainsi un matériel très complexe qui a enregistré une histoire géologique très longue : plusieurs intrusions et certainement aussi des épisodes répétés d'anatexie. De cette anatexie il reste, sur les Plans Côtiers, quelques lambeaux de schistes cristallins incomplètement digérés qui semblent flotter sur le batholite. Ces lambeaux deviennent plus nombreux en direction du sud et, à partir de 34° de latitude, ils finissent par constituer, le long du Pacifique, une bande continue qui va en s'élargissant jusqu'à réduire de façon très considérable les affleurements de matériel plutonique.

B. Les formations sédimentaires et volcaniques plissées

Des formations sédimentaires et volcaniques plissées, ou du moins fortement ployées et disloquées, constituent l'ensemble géologique le plus étendu et le plus original du Chili central. Nous y distinguerons deux domaines.

a) La zone interne des Andes et des sédiments marins

La partie la plus ancienne des formations sédimentaires et volcaniques plissées apparaît dans la zone interne des Andes. On y trouve une forte proportion de sédiments d'origine marine : sédiments qui, nous le verrons, font totalement défaut dans les assises plus récentes. Parmi ces sédiments d'origine marine il en est un qui mérite de retenir notre attention : c'est le gypse qui affleure de façon à peu près continue sur plus de 300 km du nord au sud avec une puissance moyenne de 100 m pouvant atteindre localement près de 300 m. L'origine marine de la plupart des dépôts permet ici, grâce à l'abondance des fossiles, une datation précise : les couches les plus anciennes sont du Bajocien et les plus récentes des formations marines sont du Néocomien, exactement de l'Hauterivien. Il s'agit dans l'ensemble de dépôts concordant aux caractéristiques d'une transgression marine.

Ce dépôt fut pourtant perturbé par un accident majeur : au Kimméridgien un volcanisme d'une ampleur inusitée ensevelit les fosses marines sous des dépôts détritico-volcaniques d'une puissance invraisemblable : 5500 m.

L'ensemble de ces couches anciennes qui vont du Jurassique au Crétacé Inférieur sont très fortement plissées notamment à proximité du gypse où les superpositions anormales ne sont pas rares.

b) Le domaine détritico-volcanique

Les sédiments du Jurassique et du Néocomien, sédiments dans lesquels les dépôts marins jouent un rôle important, n'occupent en surface qu'une zone extrêmement étroite : pas même la totalité de la zone interne des Andes mais une simple bande d'une quinzaine de kilomètres de large le long de la frontière argentine.

A la latitude de Santiago le reste des Andes, le Sillon Longitudinal et la retombée orientale de la Cordillère de la Côte constituent un autre domaine caractérisé par un autre type de matériel où alternent des formations volcaniques et des dépôts terrigènes continentaux provenant du démantèlement de ces formations volcaniques. C'est ce que l'on pourrait appeler le domaine détritico-volcanique.

— L'échelle stratigraphique

L'échelle stratigraphique est très difficile à établir dans ces formations. D'abord parce qu'elles sont stériles, de telle sorte qu'au lieu d'identifier les couches par leurs fossiles caractéristiques, il faut les reconnaître à leur aspect ou à leur faciès avec tous les dangers que peut représenter la notion de faciès caractéristique. Ce procédé est d'autant plus hasardeux que les formations détritico-volcaniques sont très souvent discontinues parce que liées à tel ou tel centre éruptif.

Les notions de discontinuité stratigraphique et de discordance prennent elles-mêmes, dans ces conditions, un caractère aléatoire très particulier : une lacune stratigraphique, même si elle est soulignée par une phase d'érosion prolongée peut n'avoir d'autre cause que la double irrégularité, spatiale et temporelle, des éruptions volcaniques tandis qu'une discordance angulaire peut être extrêmement localisée ou s'expliquer par de simples différences dans le pendage initial des épanchements volcaniques.

Les travaux les plus récents distinguent généralement dans les Andes de Santiago deux discordances permettant d'identifier trois formations qui sont en allant de la plus ancienne à la plus récente : la formation Colimapu qui repose en concordance sur les sédiments marins du Néocomien et qui est essentiellement détritique avec quelques bandes de gypse lagunaire, la formation Abanico et finalement la formation Farellones qui sont toutes deux beaucoup plus nettement volcaniques. En fait une extrême prudence s'impose : les discordances sur lesquelles s'appuie cette nomenclature ne sont pas très nettes ni très continues et ce ne sont pas les seules. En tout état de cause l'âge de ces formations reste incertain : la datation de la fin du dépôt de Farellones varie selon les auteurs du Sénonien à l'Eocène. Incertitude grave puisqu'il s'agit de formations dont la puissance totale est de quelques 9000 m et de formations qui affleurent sur la plus grande partie du Chili central.

— *La structure*

La structure de la zone externe est beaucoup plus calme que celle de la zone interne. Elle semble d'autre part de plus en plus calme au fur et à mesure que l'on se rapproche des assises supérieures : la formation Farellones est souvent subtabulaire, ployée plutôt que plissée.

La zone externe des Andes présente une bande médiane, tectoniquement déprimée où s'est conservée la formation la plus récente, celle de Farellones, et de part et d'autre de cette bande, des zones tectoniquement plus hautes où affleurent les formations plus anciennes. Au-dessus du bassin de Santiago ces formations plus anciennes donnent le massif de San Ramon de structure assez tourmentée. En fait dans toute la zone externe des Andes le fait structural essentiel est donné par de grandes failles qui recoupent les plis sous de faibles incidences et qui semblent plus récentes qu'eux. C'est une de ces failles qui marque le contact de la Cordillère avec le bassin de Santiago.

Les **cerros-islas** du bassin de Santiago et la Cordillère de la Côte offrent pour l'essentiel une structure monoclinale à pendage vers l'est qui fait affleurer des formations de plus en plus anciennes au fur et à mesure que l'on se rapproche du Pacifique. Ce pendage est très variable. Exceptionnellement il peut être assez fort sur la retombée de la Cordillère de la Côte au-dessus du bassin de Santiago où se situe une grande flexure. Ici encore il faut souligner l'existence de grandes failles, d'orientation variée cette fois, et souvent disposée en réseaux orthogonaux.

C. L'orogénèse et l'évolution du relief

En l'état actuel des études géologiques on n'a trouvé dans la région de Santiago aucun terrain auquel on puisse attribuer, à coup sûr, un âge plus ancien que le Bajocien. Cela ne veut pas dire que l'histoire géologique du pays a commencé avec le Jurassique et il est hors de doute qu'il y eut au Primaire une puissante chaîne de montagnes dont les vestiges affleurent sur le versant argentin des Andes et sur les Plans Côtiers du Petit Nord. Si on laisse de côté ces gondwanides ou proto-Andes hercyniennes qui semblent avoir été démantelées au Trias, c'est à partir du Jurassique que l'on peut essayer de retracer la véritable orogénèse des Andes du Chili central.

La plupart des auteurs ont vu jusqu'à ce jour dans les plissements andins une orogénèse classique et très complexe comprenant d'abord une phase transgressive avec formation d'un géosynclinal : c'est la transgression jurassique et néocomienne interrompue seulement par l'épisode kimmeridgien. Ensuite une série de phases plissantes qui seraient notamment attestées par les trois discordances reconnues au-dessus de la formation Colimapu, au-dessus de la formation Abanico et au-dessus de la formation Farellones. A ces trois discordances correspondraient trois phases de plissements que l'on n'hésite pas à dater du Sénonien Inférieur, de la fin du Crétacé ou du début du Tertiaire, et finalement de l'Eocène.

Nous n'insisterons pas sur les nombreuses incertitudes que laisse subsister un tel schéma : aux incertitudes concernant les datations s'ajoutent les doutes concernant l'existence d'un véritable géosynclinal lorsque les dépôts continentaux l'emportent de façon si écrasante sur des dépôts marins correspondant pour la plupart à des mers peu profondes.

Sans entrer dans la discussion de ces problèmes on peut penser que l'histoire des Andes du Chili central est faite d'une alternance entre des périodes de paroxysme et des périodes de calme orogénique, les paroxysmes se traduisant par le plissement des couches sédimentaires et marines, en particulier au contact des gypses et par de grandes cassures génératrices d'un volcanisme d'une puissance extraordinaire tandis que les calmes sont marqués par de simples réajustements locaux donnant des cassures de déséquilibre de caractère isostatique. On pourrait alors imaginer qu'après la phase orogénique du Primaire une période de calme aurait couvert l'ensemble du Jurassique et du Néocomien en donnant une série de fossés où aurait pénétré la grande transgression marine qui est attestée un peu partout dans le monde à la même époque. A cette période de calme aurait succédé une période de paroxysme s'étendant jusque à la fin du dépôt de Farellones : ce sont les «Plissements Andins». Ils ont donné des plis très vigoureux dans la zone interne des Andes et ailleurs d'importantes dislocations, le tout sans phases très nettes ni surtout très continues. Une nouvelle période de calme à partir du Tertiaire moyen serait responsable de la plus grande partie des reliefs actuels, de grandes cassures de réajustement individualisant les Cordillères et les fossés.

Nous retiendrons de ce schéma que le relief du Chili central résulte pour l'essentiel des mouvements verticaux et des grandes cassures intervenues après la dernière phase du paroxysme orogénique, celle qui a affecté les dépôts de la formation Farellones.

Assez énigmatique dans les Andes où l'on ne trouve aucune couverture sédimentaire datable au-dessus de la formation Farellones, l'évolution du relief après les plissements andins est beaucoup plus explicite dans la Cordillère de la Côte et sur les Plans Côtiers. Elle commence par un aplanissement à peu près général du pays, par une quasi-pénéplanation dont on retrouve peut-être la trace sous forme de petites surfaces sommitales dans la Cordillère de la Côte, à 2000 m d'altitude. Cet épisode d'aplanissement pourrait être du Tertiaire Inférieur : un aplanissement éogène.

Il semble que la Cordillère de la Côte se soit ensuite soulevée par saccades avec deux pulsations particulièrement importantes que l'on peut mettre en relation avec deux discordances très nettes dans les sédiments marins de la zone littorale : la première serait alors de l'Oligocène et la seconde du Pliocène Inférieur. C'est surtout la seconde qui dut être décisive, le soulèvement s'accompagnant à la fois de cassures en réseau orthogonal donnant des dépressions en dents de rateau et d'un gauchissement vers le sud décelable sur toute la largeur du Chili central, depuis le Pacifique jusqu'aux Andes.

Le soulèvement de la Cordillère de la Côte a déclenché une érosion très puissante et une intense dissection des versants en particulier dans les zones de faiblesse tectonique. Cette phase d'enfoncement des thalwegs fut pourtant de courte durée car elle fut bientôt paralysée par un affaissement de l'ensemble de l'édifice montagneux, aggravé en direction du sud par la persistance du gauchissement : vallées et dépressions furent alors partiellement comblées par un remblaiement en forme d'ennoyage.

Le long de la Côte, cependant, une étroite frange littorale connut une évolution toute différente, l'affaissement, sans doute très faible, était rapidement compensé par une nouvelle phase de soulèvements prolongés bien que d'ampleur modérée. Ce sont ces soulèvements littoraux, compliqués de gauchissements tantôt vers le Sud, tantôt vers le Sud-Est, tantôt vers l'Est qui sont responsables de l'altitude et de la déformation des Plans Côtiers, plus hauts, on le sait, que les plaines intérieures et entaillés pour cette raison par des gorges épigéniques. Quant à la surface des Plans Côtiers elle peut être, suivant les cas, d'origine continentale ou marine, les effets du glacio-eustatisme se combinant de toute évidence à ceux de la tectonique. La plus haute et la plus étendue de ces surfaces serait peut-être celle du Villafranchien.

III. LE MODELÉ QUATERNAIRE

Les grandes lignes du relief se trouvant en place, à quelques retouches près, à la fin du Tertiaire, le Quaternaire est surtout responsable du modelé de détail. C'est un champ d'étude immense dont il ne saurait être question de présenter ici un tableau systématique. On se bornera à évoquer quelques aspects particulièrement significatifs ou originaux.

A. Les incidences cataclysmiques

Il faudrait insister tout d'abord sur les conditions très particulières dans lesquelles s'est élaboré le modelé quaternaire dans une région où le déroulement normal de la morphogénèse, c'est-à-dire le jeu des processus morpho-climatiques, a été constamment perturbé par de véritables accidents à caractère cataclysmiques liés au volcanisme ou à la sismicité.

a) Les dépôts de cendres

Parmi ces accidents l'un des plus spectaculaires est constitué par des émissions de cendres donnant des dépôts extrêmement variés aussi bien par leur puissance que par leur nature. On peut y trouver de simples retombées éoliennes passant à des lapilli aux abords immédiats des cônes volcaniques. On y trouve aussi de petits lahars élémentaires qui ont pu dépasser de quelques centaines de mètres la base des volcans. Les dépôts de cendres les plus caractéristiques et les plus imposants semblent pourtant le résultat d'immenses coulées, assez semblables sans doute à des coulées boueuses, qui se terminaient vers l'aval par de vastes épandages frontaux à caractère semi-lacustre. Ces coulées, alimentées dans la zone interne des Andes par des éruptions à caractère explosif, étaient capables de progresser sur d'énormes distances en suivant le fond des grandes vallées dont elles pouvaient même remonter à contre-pente les principaux affluents. En relation avec une phase d'éruptions explosives du volcan Maipo, une de ces coulées, ou une série de ces coulées, est ainsi parvenue jusqu'au pied des Plans Côtiers, à 20 km seulement du Pacifique et a ennoyé une grande partie de la vallée du Puangue.

b) Le complexe d'éboulement sismique

Le complexe d'éboulement sismique est une forme beaucoup plus modeste. Son échelle est le plus souvent celle d'un arc morainique avec lequel on l'a d'ailleurs très souvent confondu.

Le point de départ de cet ensemble de formes est un éboulement de versant assez volumineux pour barrer une vallée. Derrière le barrage les eaux torrentielles s'accumulent donnant un lac dont la durée peut être variable : certains disparaissent en quelques heures, d'autres persistent quelques mois, d'autres enfin se maintiennent pendant des années. Avant de disparaître complètement ces lacs sont soumis à des vidanges partielles parfois très brutales par défonçage du barrage qui est attaqué par l'érosion linéaire et par le sapement latéral quand il n'est pas exposé à une rupture brutale par imbibition progressive et par solifluction en masse du matériel éboulé. De ces processus résulte la morphologie du complexe du barrage sismique qui comprend trois éléments : à l'amont des terrasses sableuses correspondant à d'anciens deltas sous-lacustres ; ces terrasses sont emboîtées selon les variations du niveau du lac sous l'effet des vidanges successives. Au décollement le barrage proprement dit, de topographie tourmentée, situé en contrebas de l'abrupt de décollement. A l'aval des terrasses de décharge liées aux brusques vidanges. Ces terrasses, très plates et à forte déclivité longitudinale, sont formées dans un matériel hétérométrique généralement grossier et peu émoussé qui correspond au simple étalement torrentiel de la masse éboulée.

B. Le modelé glaciaire

La hauteur de la Cordillère compensant les effets de la latitude il est normal que le modelé glaciaire joue ici un rôle très important : les glaciers actuels couvrent 342 km² dans le seul bassin hydrographique du Rio Maipo mais les glaciers du Quaternaire furent, il va sans dire, beaucoup plus étendus.

a) La chronologie glaciaire

Beaucoup d'auteurs ont voulu retrouver dans les Andes de Santiago les quatre glaciations alpines. Les arguments que l'on a pu avancer jusqu'ici en faveur d'un tel schéma nous semblent extrêmement fragiles.

Les recherches attentives qui ont été menées dans le bassin hydrographique du Rio Maipo et dans celui du Rio Cachapoal ne nous ont permis de reconnaître jusqu'à ce jour que deux phases glaciaires suivies d'une brève récurrence tardiglaciaire pour le Maipo et une seule phase glaciaire suivie elle aussi d'une récurrence tardiglaciaire pour le Cachapoal.

Dans la vallée du Maipo la première phase, que l'on a appelée glaciation externe parce qu'elle est sortie des limites de la zone interne des Andes, a pu descendre jusque vers 1100 m à mi-chemin entre la frontière et le bassin de Santiago. Elle a laissé de belles formes d'ensemble, des auges, des verrous, des dépôts proglaciaires mais tout le modelé de détail a disparu, qu'il s'agisse de stries, de cannelures ou de roches moutonnées.

Plus récente et moins puissante, la deuxième phase glaciaire du Maipo est restée enfermée dans la zone interne des Andes. Au cours de cette phase le glacier du Rio Volcan est descendu jusqu'à 1300 m d'altitude mais celui du Maipo s'est maintenu beaucoup plus haut, aux environs de 1700 m. Les formes laissées par cette phase glaciaire sont beaucoup plus fraîches de telle sorte que le modelé de détail est très souvent intact.

Quant à la récurrence tardi-glaciaire elle est restée cantonnée dans la haute cordillère au-dessus de 2000-2200 mètres. Intervenant sous un climat sec et froid elle a donné des glaciers très couverts se terminant la plupart du temps en de véritables coulées de boue qui débouchaient des auges affluentes pour barrer les vallées principales totalement déglacées.

b) Les formes glaciaires

La plupart des formes glaciaires du Chili central sont d'une grande originalité lorsqu'on les compare aux formes alpines. Cette originalité, qui est pour l'essentiel un fait climatique, s'atténue progressivement en direction du sud de sorte que c'est dans les Andes de Santiago qu'il faut en rechercher les manifestations les plus nettes.

— Les formes d'érosion

On trouve dans la Haute Cordillère de Santiago de magnifiques auges glaciaires mais la plupart de ces auges ne présentent que très peu de gradins de confluence et très peu de verrous. L'explication d'une telle particularité s'explique sans doute par les caractéristiques du modelé pré-glaciaire. Il est probable en effet qu'il y avait là, avant les épisodes glaciaires, des vallées qui étaient à la fois très profondément creusées en raison des fortes déclivités et très largement calibrées en raison de la grande efficacité du sapement latéral dans les écoulements torrentiels des pays arides. On peut imaginer que ces vallées ressemblaient, avant le passage des glaciers, à ce que sont aujourd'hui les vallées subdésertiques du Petit Nord où le lit majeur largement étalé a fait reculer les versants jusqu'à donner des ébauches de profil en auge. Installés dans ces amples vallées qui étaient déjà calibrées et en quelque sorte trop largement calibrées pour eux les glaciers semblent n'avoir qu'assez peu travaillé. Les rares verrous correspondent assez souvent à des affleurements granitiques qui étaient sans doute modelés en bassins ou en alvéoles avant le passage des glaciers. Tout se passe alors comme si les glaciers en s'étalant dans ces bassins et en se «décalibrant» y avaient perdu toute leur force d'érosion jusqu'à laisser en saillie, c'est-à-dire en verrou, ce qui auparavant était en creux.

— Les formes d'accumulation

Elles sont beaucoup plus originales encore. Il faut en rechercher la cause dans les caractères particuliers des glaciers andins qui furent presque toujours des glaciers très chargés pour différentes raisons tenant à la fois à la vigueur des systèmes de pentes et à la permanence de climats relativement secs laissant les versants montagneux dépourvus de couverture neigeuse pendant une grande partie de l'année. A l'avant de ces glaciers on passait progressivement de la glace chargée de boue à la boue chargée de glace, puis à la boue à l'état pur, le glacier étant ainsi prolongé vers l'aval par d'énormes phénomènes de glacio-solifluction.

Il est normal que dans ces conditions les Andes de Santiago offrent peu d'exemples d'arcs morainiques de type alpin puisque ces arcs supposent une transition très rapide de la glace au système torrentiel en phase de poussée glaciaire ; au lieu de cela les phases de poussée se traduisent ici par une recrudescence de la glacio-solifluction : c'est exactement ce qui s'est passé au moment de la récurrence tardi-glaciaire.

— Les combinaisons de formes

L'action combinée de l'érosion et de l'accumulation aussi bien que la combinaison des formes glaciaires avec d'autres formes antérieures ou postérieures à la glaciation donnent également des reliefs très particuliers.

Les gradins de confluence qui sont si fréquents dans les Alpes sont exceptionnels dans les Andes de Santiago et leur commandement est toujours très faible. A haute altitude, au-dessus de 2000 m, les confluences sont presque toujours marquées par des langues de glacio-solifluctions tardi-glaciaires qui sortent des vallées affluentes pour barrer plus ou moins complètement les auges principales. A plus faible altitude les confluences sont en général des confluences très banales, sans gradins et sans formes spécifiques bien que l'on puisse y trouver quelquefois de petits gradins à demi-ensevelis sous de la moraine d'ablation abandonnée par le glacier au cours de son retrait.

Les verrous donnent également lieu à de très remarquables combinaisons de formes. Ils sont la plupart du temps recouverts et à demi-ensevelis par des formations détritiques d'origine variée. On y reconnaît des dépôts morainiques souvent très épais qui correspondent soit à une simple moraine d'ablation abandonnée sur place au moment de la déglaciation soit à un stationnement du glacier à l'amont du verrou avec émission de langues de glacio-solifluction frontale. On y trouve également des éboulis et des dépôts de versants qui ont été mis en place après le retrait définitif des glaces.

A l'aval du verrou ces dépôts variés ont été assez souvent remaniés par les eaux torrentielles et étalées en de vastes cônes de déjections qui rachètent partiellement la dénivellation entre le sommet du barrage et le fond de la vallée. A l'amont, des lacs s'étaient en général formés au moment de la déglaciation mais ces lacs ont été très rapidement comblés par une accumulation détritique et torrentielle d'une grande efficacité et transformés en **vegas**, c'est-à-dire en plaines plus ou moins marécageuses et parsemées de petits lacs résiduels. C'est l'origine de ces belles prairies estivales qui sont la providence des troupeaux transhumants au cœur d'une montagne totalement aride.

Le profil transversal des auges, tel qu'il apparaît actuellement avec son allure de berceau, est sans doute le résultat le plus fréquent, sinon le plus original, des combinaisons de formes glaciaires et post-glaciaires. Dans ce profil la roche en place et son modelé glaciaire sont en grande partie cachés par des dépôts de versant qui peuvent s'élever jusqu'aux deux-tiers de la hauteur totale de l'auge. On y reconnaît facilement l'œuvre des processus péri-glaciaires qui ont travaillé après le retrait définitif des glaces et qui continuent de travailler sous nos yeux : des cônes d'éboulis, des cônes de laves détritiques, des cônes d'avalanches et aussi des cônes de déjections torrentielles, le tout emboîté ou superposé au gré des fluctuations climatiques de la période post-glaciaire.

C. Les plaines d'ennoyage et les «rinconadas»

En l'état actuel des recherches la morphogénèse récente est beaucoup moins bien connue dans l'avant-pays que dans la Cordillère. On sait que la mise en place des Plans Côtiers et de leurs gorges épigéniques s'est faite au Quaternaire ancien ou à la fin du Tertiaire. Les niveaux littoraux plus récents, ceux où l'on pourrait déceler la marque du glacio-eustatisme, n'offrent pas au Chili central la régularité qui a permis leur interprétation chronologique dans la région tectoniquement plus stable du Petit Nord.

On ne saurait pourtant passer sous silence l'un des paysages les plus caractéristiques du Chili central parce qu'à la fois les plus fréquents et les plus originaux : les plaines d'ennoyage de la Cordillère de la Côte avec leurs ramifications en forme de golfe que l'on appelle ici les **rinconadas**. On se rappelle que la Cordillère de la Côte, cassée, débitée en blocs puis violemment disséquée comme conséquence des grands mouvements de surrection a subi ultérieurement un affaissement d'ensemble. Cet affaissement lié peut-être à un mouvement de subsidence, s'est traduit par des phénomènes d'ennoyage qui semblent en certains cas s'être prolongés jusqu'à nos jours. On est ainsi en présence de plaines très élémentaires n'offrant guère d'emboîtement de formes, tout étant noyé sous les apports les plus récents.

Au-dessus de ces plaines les versants eux-mêmes qui avaient été très fortement disséqués ont cessé d'évoluer ou n'ont plus évolué que d'une manière beaucoup plus lente. Tout s'est passé comme si une morphogénèse en pleine jeunesse avait été brutalement paralysée par les effets de la subsidence : l'enfoncement linéaire des thalwegs s'est trouvé considérablement affaibli, laissant le champ libre sur des versants qui restaient raides à la décomposition des roches sous des paléoclimats encore énigmatiques ou à de grands ravinements plus ou moins emboîtés qui ont «craché» au fond des **rinconadas** d'immenses glacis colluviaux.

CHAPITRE V

LA FORMATION DES ESPACES RURAUX DU CHILI CENTRAL

Creuset de la nation et de l'état, le Chili central est resté longtemps un pays essentiellement rural où se sont élaborées au cours de quatre siècles d'histoire des formes originales de propriété et d'utilisation du sol qui ont été transportées par la suite partout où les Chiliens ont étendu leur peuplement, en particulier dans les contrées méridionales de la Frontière.

Sans doute ces structures agraires héritées du passé ont-elles abouti, par les excès des **latifundia**, à une crise et finalement à une réforme agraire qui vient de faire table rase de la grande propriété terrienne. Quels que soient cependant l'importance et même les aspects spectaculaires d'une réforme dont nous étudierons plus tard le déroulement et les problèmes, le poids du passé est encore considérable dans les campagnes chiliennes. Le régime légal de la terre a changé et des mutations fondamentales sont en cours dans les mentalités et dans le comportement des hommes ; mais les paysages ruraux sont à peu près intacts et avec eux tout ce qui est inscrit dans la répartition de l'habitat, dans les équipements et dans l'irrigation. Les découpes des exploitations elles-mêmes, les limites des anciennes propriétés et le quadrillage des vastes **potreros** n'ont guère été bouleversés et donnent encore la trame des unités d'exploitation et de culture. Le passé n'explique pas seulement la crise dont est sortie la Réforme Agraire : il reste visible dans le paysage de tout le Chili central et indispensable à sa compréhension.

I. LES ÉTAPES DU DÉVELOPPEMENT RURAL

Ce passé, il faut le prendre à ses sources, c'est-à-dire à l'arrivée des Espagnols, et le situer dans le cadre d'une économie hispano-américaine où le Chili a toujours occupé une place un peu à part.

A. Les vicissitudes de l'économie — Il est impossible de comprendre l'évolution historique du Chili et la lente élaboration de ses structures économiques et sociales sans évoquer le rôle qu'eurent, au début de la Conquête, les industries extractives, essentiellement la recherche de l'or, et les problèmes de main-d'œuvre.

Tout a été dit sur l'importance des métaux précieux et de la main-d'œuvre indigène dans la colonisation espagnole. Or, le Chili se trouvait à cet égard dans une situation très particulière que l'on pourrait bien, a posteriori, considérer comme une sorte de piège : pays andin, prolongement naturel du Pérou et de la Bolivie qui avaient révélé de substantielles richesses, il ne pouvait manquer d'être considéré par les conquérants, venus du nord précisément, comme une sorte de terre promise. Mirage que devaient confirmer, sur place, les premières découvertes et la présence de gros villages indiens assez facilement soumis. Aux portes du Pérou, centre de la domination espagnole, le Chili fut donc précocement conquis, prospecté, occupé dans l'espoir d'un El Dorado et dans l'euphorie d'une nature pleine d'attraits.

Les déboires vinrent ensuite, assez vite d'ailleurs, à une époque où la colonie était encore bien fragile et bien peu nombreuse mais où elle avait du moins le mérite d'exister. Les déboires, cela veut dire le faible rendement des mines et la constatation que les ressources en main-d'œuvre étaient des plus limitées.

On dut rapidement convenir que le Chili n'était pas très riche en métaux précieux et que là n'était pas son avenir. Cet échec constaté quelles options s'offraient encore à la colonisation espagnole ? Il n'était pas question de fournir à l'Europe les produits tropicaux dont elle manquait, en particulier les épices, comme allaient le faire les Antilles ou le Brésil. Ni le climat ni la main-d'œuvre ne se prêtaient à une telle orientation. Il ne restait à vrai dire qu'une possibilité : réaliser une véritable colonisation en transplantant au Chili l'élevage et les cultures de l'Europe. Pour mener à bien une telle entreprise les obstacles à surmonter étaient considérables : la méfiance de la métropole, le manque de main-d'œuvre, et aussi l'absence de débouchés car il fallait bien envisager de vendre pour être en mesure d'acheter ce qu'il n'était pas possible de produire sur place. Ces obstacles furent progressivement surmontés et il y a là un fait unique dans l'histoire de la colonisation ibérique : une agriculture de type européen qui s'est élevée au rang d'exportateur dès la période coloniale. Le Chili apparaît ainsi comme une sorte de précurseur de l'Argentine, de l'Uruguay et du Brésil méridional.

Cette colonisation et cette mise en place d'une économie rurale de type européen se sont faites par étapes. La première étape fut celle d'un élevage très extensif. Les bovins, bétail européen introduit en Amérique Latine dès l'arrivée des Espagnols, ne pouvaient être élevés au Chili pour leur viande puisque le marché local, le seul qui fût facilement accessible, était alors insignifiant. La seule utilité d'un tel élevage devait être recherchée dans la commercialisation des peaux et des suifs. Il n'était pas besoin dans ces conditions d'un bétail soigné ni d'un élevage très contrôlé. Les animaux vivaient à peu près à l'état sauvage et les seules interventions des hommes se limitaient à les marquer en opérant un tri, (c'est l'origine du **rodeo**), puis, le moment venu, à les abattre. Cet abattage, c'était la **matanza**, la «tuerie» : les hommes à cheval forçaient à la course les bêtes affolées dont ils coupaient les jarrets avec une faux montée au bout d'un long manche, après quoi des aides, les **peones**, achevaient les bêtes immobilisées que l'on traînait enfin jusqu'à des abris de branchages où elles étaient dépecées et où l'on séparait les graisses. Cet élevage qui n'exigeait aucun aménagement du sol et qui pouvait être pratiqué par des populations très clairsemées a été la base de l'économie rurale du Chili central pendant la plus grande partie du XVIIe siècle.

La deuxième étape fut celle de l'agriculture céréalière. Elle supposait une population plus nombreuse et un marché de consommation plus étoffé que ne l'avait été jusqu'alors le marché chilien. Ces préalables furent progressivement réalisés dans le courant du XVIIe siècle. L'augmentation de la population fut acquise par une poussée démographique interne doublée de quelques contingents d'immigration. Quant au marché de consommation il fut trouvé dans l'essor des mines péruviennes et surtout de Lima qui tendait à devenir la capitale d'un continent. On a fait grand état, pour expliquer cette ouverture du marché péruvien, des tremblements de terre qui auraient compromis la céréaliculture locale. En fait il est difficile de croire que de tels cataclysmes auraient eu des conséquences aussi décisives si la culture du blé n'avait été, en elle-même, très fragile sous des latitudes tropicales. Toujours est-il que le Chili devint le grenier de la vice-royauté et le premier pays céréalier du continent.

L'Indépendance vint compromettre pendant quelque temps ce commerce en direction du Pérou. Mais le Chili entreprit la recherche de nouveaux débouchés, allant jusqu'à se doter d'une marine, et réussit à vendre son blé en Californie ou en Australie au moment de la découverte de l'or, sans renoncer d'ailleurs de façon définitive au marché péruvien. C'est ainsi qu'au moment de la conversion industrielle de l'Europe le Chili se trouvait être l'un des rares pays du monde à disposer d'excédents agricoles exportables. Des excédents d'autant plus abondants que deux faits vinrent augmenter la production dans la deuxième moitié du XIXe siècle : d'une part de grands travaux d'irrigation qui amenèrent les eaux de la Cordillère des Andes dans toutes les plaines et jusque dans les bassins intérieurs de la Cordillère de la Côte, d'autre part la pacification de l'Araucanie qui ouvrit à la colonisation et à la céréaliculture de vastes terres pratiquement vierges.

Dès 1865 le Chili avait fait la conquête du marché anglais. Il exporta ainsi une part considérable de sa récolte jusqu'à la première guerre mondiale, avant de succomber devant la concurrence des pays neufs, mieux dotés que lui en grands espaces homogènes : l'Argentine, les États-Unis et le Canada.

Ce déclin des exportations de blé annonçait cependant une troisième phase de l'économie rurale : celle de la diversification des cultures liée cette fois à la croissance du marché intérieur et en particulier des villes autant sinon plus qu'à la demande extérieure. Les cultures fruitières et maraîchères, l'élevage laitier, les fleurs, les cultures industrielles apparurent dans des rotations moins sommaires qu'auparavant et dans le cadre d'une agriculture devenue cyclique pour mieux s'adapter aux fluctuations du marché.

Telle serait, brossée à grands traits, l'histoire de l'utilisation du sol au Chili central. Or, c'est parallèlement à ces vicissitudes et en relations avec elles que l'on a vu se constituer et se transformer la propriété terrienne.

B. La formation de la propriété terrienne

L'intérêt pour la propriété du sol a été assez tardif au Chili central. Les premières installations espagnoles furent assises sur les concessions minières et sur les **encomiendas** qui ne supposaient ni l'une ni l'autre une appropriation de la terre. Le bénéficiaire d'une **encomienda** à qui l'on remettait un groupe d'indiens dont il pouvait utiliser la main-d'œuvre à charge pour lui de leur assurer une protection et une formation chrétienne n'était en aucune manière fondé à considérer comme siennes les terres de ses indiens. Dans ces premiers pas de la colonie le bien foncier se limitait d'une part au **solar** que chaque espagnol recevait en ville pour y construire sa maison et d'autre part à la **chacra** qu'il faisait cultiver dans les environs immédiats pour satisfaire aux besoins de la table familiale.

Dans la région de Santiago ce n'est guère qu'à partir de 1600 que l'on vit se multiplier les véritables **mercedes de tierra**, (concessions de terre), qui ouvraient l'histoire de la propriété terrienne.

La première phase de cette histoire de la propriété fut presque purement juridique. Elle correspondait encore à la prédominance des mines. C'est dire que si l'on sollicitait des **mercedes de tierra** c'était davantage en prévision de l'avenir que par nécessité immédiate. Aussi bien se contentait-on le plus souvent, lorsqu'on avait obtenu une terre, d'en prendre possession au cours d'un acte rituel, la **toma de posesion**, qui consistait à se promener sur son bien en présence de témoins et à y réaliser quelque déprédation pour mieux affirmer la réalité de ses droits. Les propriétés ainsi constituées étaient pour la plupart des propriétés de forme géométrique, très artificielles, découpées comme à l'emporte-pièces dans les plaines alluviales. Leur superficie était modeste au regard des énormes **latifundia** qui devaient apparaître dans la période suivante : le plus souvent une centaine d'hectares, très exceptionnellement un millier. Bien qu'elles n'aient pas toujours donné lieu à une occupation réelle du sol, encore moins à une utilisation effective, les **mercedes de tierra** eurent pourtant un résultat appréciable : en réduisant la surface des terres appartenant aux Indiens elles achevèrent un démantèlement des structures sociales traditionnelles qui avaient été largement amorcé par l'**encomienda**.

La deuxième phase de l'histoire de la propriété fut celle de la concentration. Elle a couvert toute la première moitié du XVIIe siècle et peut être assimilée, en gros, à la phase de l'élevage extensif. Au cours de ces quelques décennies la formation des grands domaines a été le résultat de plusieurs processus convergents. Un certain nombre de propriétaires, plus intéressés que les autres par l'exploitation de leur bien ou moins heureux dans la recherche minière, se portèrent acquéreurs de terres que leurs voisins laissaient dans un abandon à peu près total. Ces mêmes propriétaires s'employèrent ainsi à obtenir, avec beaucoup de ténacité quelquefois, la concession de tout ce qui n'avait pas été encore attribué, c'est-à-dire de tous les espaces qui restaient vacants à proximité de leur domaine. Les exploitations ainsi constituées se limitaient encore pour la plupart aux plaines alluviales où avait été tracée la grande majorité des **mercedes de tierra**. Un pas décisif fut franchi lorsque les propriétaires s'arrogèrent finalement le droit d'utiliser puis d'occuper, sans aucune base juridique, tous les versants montagneux encadrant les terres qu'ils avaient rassemblées dans les plaines ou dans le fond des vallées. Ainsi se constituèrent les **haciendas**, énormes propriétés pouvant couvrir de 5 à 20 000 hectares autour de Santiago, jusqu'à 200 000 hectares dans la Cordillère, véritables microcosmes dont les limites s'appuyaient sur les crêtes montagneuses comme sur autant de frontières naturelles.

La troisième phase de l'histoire de la propriété fut celle de la stabilité et de l'élaboration des structures sociales. Elle a couvert deux siècles, depuis le milieu du XVIIe siècle jusqu'au milieu du XIXe et a coïncidé en gros avec la période du blé. Dans un pays qui était encore assez faiblement peuplé, le développement de la céréaliculture ne pouvait manquer de poser des problèmes de main-d'œuvre qui furent assez aigus pendant toute la fin du XVIIe siècle et au début du XVIIIe. La solution de ces problèmes fut apportée par le système de l'inquilinage dont les origines spontanées sont d'une désarmante simplicité. Les Espagnols tardivement arrivés au Chili ne trouvant plus de terres disponibles furent contraints, pour pratiquer l'agriculture, de devenir **inquilinos**, c'est-à-dire «locataires» de quelques recoins de **haciendas** ou de quelques champs dont les propriétaires n'avaient pas de meilleure utilisation. Dans la plupart des cas ces nouveaux venus durent s'endetter très lourdement pour s'installer, pour aménager la terre et pour l'ensemencer. Comme ils furent par la suite incapables de rembourser ces dettes ils prirent l'habitude de payer en prestations de travail ce qu'ils ne pouvaient acquitter en argent ou en nature et passèrent progressivement sous la dépendance des grands propriétaires terriens. C'est ainsi que l'inquilinage devint peu à peu une sorte de servage dont les règles furent appliquées à l'ensemble de la main-d'œuvre rurale et dont on oublia les origines jusqu'à imaginer qu'il était un héritage de l'**encomienda** dans laquelle on avait déjà voulu voir, sans plus de preuves, la cause de la prédominance des grands domaines.

Assurées de leur récolte, de leur marché et de leur main-d'œuvre, les grandes **haciendas** furent pendant deux siècles d'une remarquable stabilité. Il y eut pourtant quelques exceptions. Des zones de morcellement apparurent de façon spontanée dès la seconde moitié du XVIIIe siècle dans les secteurs les plus pauvres et les plus isolés du Chili central : dans les parties les plus montagneuses de la Cordillère de la Côte, sur les bords incertains des grands cours d'eau ou encore sur les Plans Côtiers dépourvus de toute possibilité d'irrigation. Il semble que ces exceptions soient liées à la médiocrité même de la terre et aux carences d'une économie rurale dont les rendements furent toujours trop faibles pour que les excédents commercialisables permettent la constitution d'un pécule familial. Les partages successoraux, qui purent se faire ailleurs sur la base de compensations en argent sans que l'on ait à porter atteinte à l'intégrité des domaines, aboutirent ici, par manque de ressources, au démantèlement des exploitations. Ces aires de morcellement restèrent cependant de peu d'importance et confinées la plupart du temps dans les secteurs les plus déshérités. Elles n'ont rien de commun avec les subdivisions qui allaient se multiplier au cours de la période suivante.

La quatrième phase de l'histoire de la propriété est en effet la phase de la subdivision. Elle s'est développée depuis le milieu du XIXe siècle et surtout après 1880. Le déroulement très rapide de cette vague de subdivision a suivi les routes à partir des centres urbains et a affecté surtout les zones irriguées. C'est dire que nous sommes en présence d'un processus radicalement différent des morcellements de carence de la période précédente. Il a coïncidé avec la diversification de l'agriculture et aussi avec une dégradation des structures sociales traditionnelles. Si beaucoup de ces subdivisions résultèrent encore du jeu des héritages, les terres restant alors entre les mains d'une même aristocratie foncière, il y eut aussi des morcellements par vente ou exceptionnellement par l'intervention de l'Etat qui ont amené les unes et les autres de nouvelles classes de propriétaires, assez souvent d'origine citadine. Ce qui est remarquable c'est qu'il n'y eut aucune promotion réelle des **inquilinos** dont la situation s'est plutôt dégradée : dans le cadre d'exploitations moins étendues les propriétaires eurent tendance en effet à remplacer les avantages en nature qu'ils consentaient à leurs **inquilinos** et en particulier le droit de cultiver un lopin de terre, par des salaires que les structures politiques du Chili permettaient de maintenir à des niveaux très bas. Ainsi se développa un prolétariat rural dont les rangs furent grossis par les plus déshérités des petits propriétaires qu'avaient vu apparaître les morcellements de carence du siècle précédent.

II. LES TYPES D'EXPLOITATIONS A LA VEILLE DE LA RÉFORME AGRAIRE

Dresser un tableau de la propriété terrienne à la veille de la Réforme Agraire n'est pas chose facile. Les types d'exploitations étaient évidemment très nombreux et très nuancés de telle sorte que toute classification sur les seules caractéristiques du moment pourrait apparaître comme très arbitraire si elle n'était confirmée dans une large mesure par les enseignements que nous fournit l'histoire de la vie rurale.

A. Les grands domaines

Les grands domaines tels qu'ils se présentaient à la veille de la Réforme Agraire étaient l'héritage le plus direct de la période coloniale. C'étaient de grandes propriétés qui avaient échappé en tout ou en partie aux démembrements, aussi bien à ceux de type ancien qu'à ceux de l'époque actuelle.

a) **Les estancias**

Les **estancias** de la Grande Cordillère seraient à mettre à part. Ce sont à peine des exploitations agricoles. Certaines d'entre elles ne comportent aucune installation permanente et la plupart n'ont que trois ou quatre maisons d'**inquilinos** groupées autour de l'habitation du maître qui se situe le plus bas possible vers l'aval. Les principales ressources de ces **estancias** sont constituées par le **matorral** des basses pentes qui sert à la fois de pacage et de réserve de bois et surtout par les **vegas** de haute montagne qui peuvent porter de splendides pâturages d'été. L'économie a été longtemps fondée sur la transhumance vers ces **vegas** qui recevaient non seulement les troupeaux de l'**estancia** mais aussi du bétail qui arrivait du bas-pays et que l'on recevait moyennant l'acquittement d'un droit d'entrée. Cette transhumance est aujourd'hui en régression. Elle se faisait autrefois, au temps de son apogée, entre la plaine et la Cordillère. La plaine irriguée porte à présent des cultures fourragères qui permettent d'alimenter le bétail en étable et les pâturages de montagne n'attirent plus désormais que des troupeaux clairsemés venus de secteurs sans possibilité d'irrigation c'est-à-dire de la Cordillère de la Côte ou les Plans Côtiers et plus encore des noyaux de petites propriétés où l'espace fait défaut autant que l'eau.

b) **Les haciendas**

Si les **estancias** ne sont qu'une exception liée au milieu très particulier de la Cordillère les **haciendas** représentent au contraire ce qu'il y a de plus parfait dans l'héritage de la période coloniale. Ce sont en effet de grands domaines dont l'origine se confond avec celle de la propriété terrienne au Chili central et qui ont traversé intacts toutes les vicissitudes de l'histoire rurale. A la veille de la Réforme Agraire on les trouvait de préférence dans les zones peu ou pas irriguées, dans les parages les plus isolés de la Cordillère de la Côte ou sur les Plans Côtiers. C'était en fait de véritables survivances.

Ce caractère de survivance apparaît tout d'abord dans les modalités de l'utilisation du sol et de la production. La base de cette économie est l'association du blé et de l'élevage extensif. On pourrait y voir la permanence d'une tradition ibérique apportée au Chili par les premiers colons espagnols dont une bonne partie était originaire du Sud-Ouest de la péninsule. Il est de fait que la parenté du Chili central avec l'Andalousie ou mieux encore avec l'Extrêmadoure est à bien des égards remarquable. La cadre géographique est assez semblable : des sols cristallins, de grandes propriétés, de faibles densités de population. Les systèmes de cultures sont tout aussi ressemblants : des champs arborés, où le chêne liège de l'Extrêmadoure trouve son équivalence dans le **quillay** ou dans l'**espino** du Chili, portent une grande diversité d'assolements à jachère herbeuse prolongée, parmi lesquels le **barbecho-costino** des régions côtières du Chili central qui n'est peut-

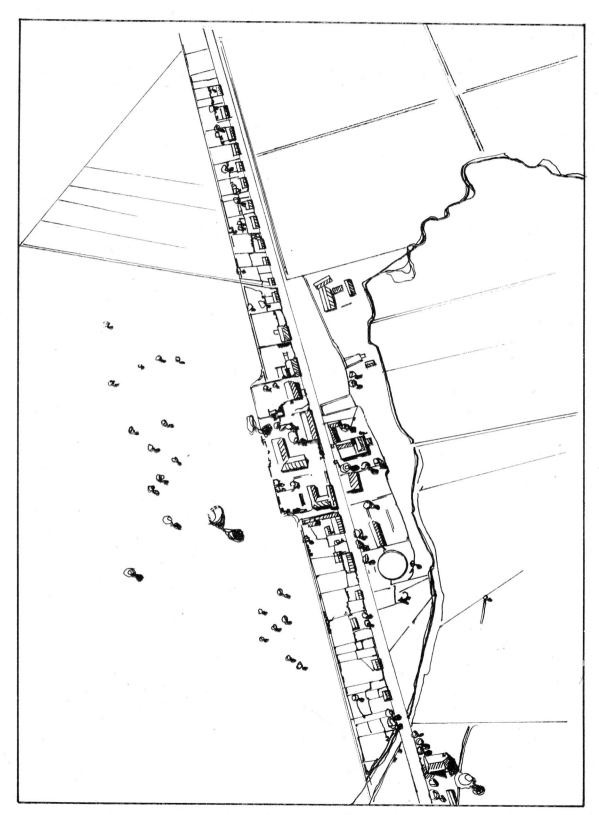

FIG. 12 — L'hacienda du Chili central
d'après une photo aérienne de R. SANTANA-AGUILAR

être qu'une variante du **tercio** espagnol. L'élevage y est associé à la céréaliculture. C'est généralement un élevage de gros bétail bien que les moutons puissent être prépondérants dans certains secteurs des Plans Côtiers. Au blé et au bétail s'ajoutent assez souvent des ressources complémentaires tirées du **matorral** qui sert aussi de pacage : du charbon de bois, du bois de chauffage et de menus ramassages.

Le caractère de survivance se manifeste aussi dans les structures sociales. C'est ici qu'il faut voir ce qu'était l'inquilinage à la veille de la Réforme Agraire. Après plus de deux siècles d'élaboration et de pratique l'organisation de l'inquilinage était devenue à peu près stéréotypée. Chaque famille d'**inquilino** recevait des **regalias**, c'est-à-dire des avantages en nature qui se composaient généralement de la **posesion**, une petite maison entourée d'un jardin, de l'attribution chaque année de deux ou trois hectares de terre cultivable et du droit de faire pacager quatre ou cinq vaches sur le territoire de la **hacienda**. En contrepartie la famille de l'**inquilino** devait mettre à la disposition du propriétaire un **peon obligado**, littéralement un «travailleur forcé», du lever au coucher du soleil, pendant un nombre déterminé de jours ou pendant toute l'année. Ce **peon obligado** recevait en outre un salaire dérisoire et la plupart du temps un médiocre repas.

En fait les **inquilinos** vivaient surtout de deux ou trois hectares de terre qu'ils pouvaient cultiver en toute liberté. Il y pratiquaient une culture essentiellement vivrière dont la base était la **chacra**, polyculture où se mêlaient le maïs, les haricots et les pommes de terre. On voit aussi l'opposition qui apparaissait dans le cadre des grands domaines entre l'agriculture spéculative des propriétaires qui était une agriculture de tradition espagnole à base de blé et l'agriculture vivrière des **inquilinos** qui était une agriculture de tradition amérindienne à base de plantes américaines. Il faudrait apporter cependant quelques nuances. En dehors de la **chacra** les **inquilinos** cultivaient aussi, à l'intérieur de la **posesion**, quelques arbres fruitiers et des légumes dans une polyculture intégrale donnant toutes les apparences du désordre et de l'improvisation et dans un extraordinaire mélange d'espèces rendu possible par les mérites du climat chilien : poiriers, pruniers, pêchers, abricotiers, orangers, citronniers, avocatiers, etc ... à quoi il faudrait ajouter que l'élevage pratiqué par les **inquilinos** dépassait assez souvent, de façon plus ou moins avouée, les quatre ou cinq têtes de gros bétail auxquels leur donnaient droit les **regalias**. Au total la condition des **inquilinos** n'était pas forcément mauvaise. Elle dépendait davantage sans doute de la richesse du sol et des possibilités de vente, c'est-à-dire de la proximité des marchés de consommation, que des clauses mêmes de leur contrat ou que des libéralités du propriétaire. Une famille d'**inquilinos** disposant de deux ou trois hectares de terre irriguée, d'un petit troupeau, des ressources de la **posesion** et du travail salarié de quelques uns de ses membres, vivait aussi bien et sans doute mieux que la plupart des petits propriétaires des secteurs de morcellements anciens.

Si l'inquilinage était le fondement de toute véritable **hacienda** il n'était pas l'unique mode de faire-valoir. Le métayage lui était souvent associé et il existait toutes sortes de transitions et de compénétrations entre les deux systèmes, les **inquilinos** se procurant un complément de ressources en exploitant en métayage quelques pièces de terre. Aux époques de pointe d'autre part et notamment pour la moisson, les **haciendas** recevaient des ouvriers occasionnels, ceux qu'on appelait, parce qu'ils ne faisaient pas partie du domaine, des **forasteros** ou des **afuerinos**. Sur les marges de ces immenses propriétés enfin, vivait en général une population flottante de bûcherons et de charbonniers qui travaillaient à leur compte en payant un «droit de porte» pour faire sortir leur production.

Le caractère de survivance des **haciendas** se retrouvait aussi dans l'habitat. L'habitat c'était essentiellement **las casas**, petit centre de peuplement groupant la maison du maître, les bâtiments d'exploitation et la plus grande partie des maisons d'**inquilinos**. La maison du maître était en général une bâtisse solide et austère, sinon sans charme. La plan était le plus souvent à cour ouverte, toutes les pièces donnant sur une galerie extérieure par laquelle se faisaient toutes les circulations. Les murs épais étaient en **adobe** et le toit, dont les grosses tuiles romaines avaient été trop souvent remplacées par la tôle ondulée, soulignait l'allure trapue de ce bâtiment collé au sol. La seule concession que l'on ait faite au plaisir de vivre était un grand parc carré que l'on avait quelquefois planté dans la deuxième moitié du siècle dernier avec des espèces exotiques et que l'on avait entouré d'un mur d'**adobe** afin de le séparer des bâtiments d'exploitation et des maisons d'**inquilinos**.

Alignées au long d'un chemin ces maisons d'**inquilinos** qu'entourait leur petit jardin étaient plus stéréotypées encore que la maison des maîtres : un rectangle composé de deux pièces en équerre et d'un petit auvent. Les murs étaient d'**adobe** mais la tôle ondulée avait depuis longtemps remplacé les toits de chaume. Un peu à l'écart de cette minuscule maison une hutte de torchis servait de cuisine. L'ensemble était quelquefois complété par un four à pain élevé à l'air libre.

Les grandes **haciendas** constituaient au total de véritables microcosmes très fortement hiérarchisés. A leur tête le propriétaire, celui qu'on appelait «le patron», généralement assisté d'un administrateur. Cet administrateur qui appartenait souvent à la même classe sociale que les propriétaires pouvait assurer la gestion effective de la **hacienda** lorsque le patron avait pris l'habitude de résider trop fréquemment hors de ses terres. Le majordome était le chef du personnel : c'est lui qui formait les équipes de travail et qui distribuait les tâches. Le **capataz** avait la responsabilité des troupeaux. Le portier, enfin, le **llavero**, veillait sur les remises et sur les magasins. Beaucoup de **haciendas** étaient dotées de tous les services considérés comme nécessaires non seulement à la vie quotidienne de la population mais aussi à sa vie civique : une cantine gérée au nom du propriétaire ou un magasin donné en régie vendait un peu de tout, une chapelle desservie en permanence ou une fois l'an au moment de la mission permettait de se mettre en règle avec l'Église et avec l'État-civil, dans les secteurs les plus isolés, l'école elle-même et le poste de carabinier, en dépit de leur caractère public, étaient inséparables de ces microcosmes dont ils partageaient la vie.

Si les **haciendas** étaient des survivances, les **fundos** constituaient au contraire à la veille de la Réforme Agraire la forme la plus dynamique de la grande propriété terrienne du Chili central. L'expression elle-même dont la signification primitive était assez vague, le «fonds» ou le «bien foncier», était apparue dans les dernières décennies du siècle dernier au moment où s'amorçaient la subdivision moderne des grands domaines. Les **fundos** sont ainsi de grandes propriétés issues d'une **hacienda** la plupart du temps à la suite d'un partage successoral, exceptionnellement à la suite d'une subdivision par vente.

Les **fundos** doivent à ces circonstances d'être essentiellement multiformes et difficiles à définir. Ils conservaient en général, du moins dans leurs grandes lignes, les structures sociales de la **hacienda** et en particulier l'inquilinage mais,

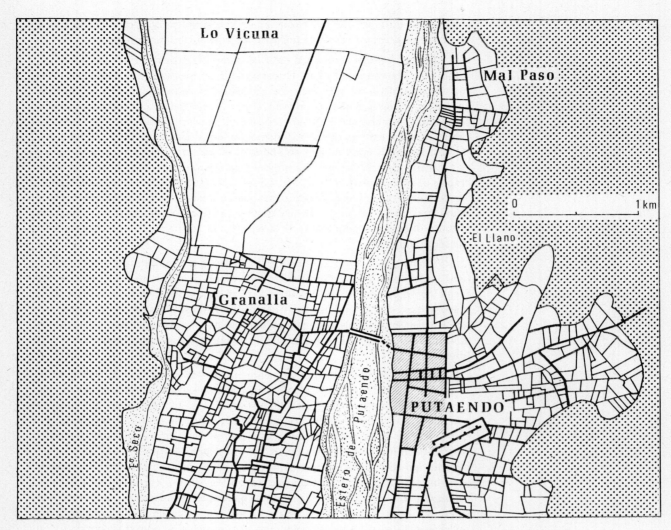

FIG. 13 — Le contraste des structures foncières dans la vallée de Putaendo (Chili central)

comme les terres disponibles n'étaient plus illimitées, les contrats d'inquilinage tendaient à diminuer la part des avantages en nature et à augmenter celle des salaires. Les **fundos** gardaient aussi une certaine fidélité à la culture du blé et à l'élevage extensif mais ils recherchaient parallèlement une production plus diversifiée, mieux adaptée aux vicissitudes du marché et par conséquent plus cyclique. Ce goût ou cette nécessité de l'initiative s'inscrivaient finalement dans des équipements plus modernes, dans des maisons plus confortables et moins stéréotypées, marquées elles aussi par des modes changeantes, dans de grands silos, dans un matériel agricole maintenu à la pointe du progrès. Ces **fundos** dont la superficie pouvait varier d'une centaine à un millier d'hectares étaient sans aucun doute la réalité essentielle des campagnes chiliennes à la veille de la Réforme Agraire mais les difficultés que l'on éprouve à les définir ou à en donner une image d'ensemble montrent à l'évidence qu'ils étaient la manifestation d'une structure foncière en voie de mutation.

B. Les petites propriétés

Les petites et moyennes propriétés qui contrastent si fortement avec les grands domaines sur le plan cadastral de certains secteurs du Chili central, se répartissent en fait en deux types radicalement différents dont la mise en place a correspondu à deux circonstances très précises de l'histoire rurale.

a) Les morcellements anciens et le petit paysannat

Les morcellements qui se sont déclenchés dès le XVIIIe siècle dans certains secteurs isolés en particulier dans la Cordillère de la Côte se sont poursuivis depuis lors au rythme des partages successoraux jusqu'à donner parfois de minuscules lopins de terre. On se rappelle les caractères essentiels de ces morcellements liés le plus souvent à la médiocrité des ressources et à une économie d'autoconsommation c'est-à-dire en fait au paysannat. Car voilà bien l'essentiel : ces aires de morcellement ancien ont donné le seul véritable paysannat de tout le Chili central.

L'économie paysanne intègre ici, à l'échelle familiale, les deux traditions de l'agriculture chilienne, l'ibérique et l'indienne. Elle combine en effet trois éléments qui gardent chacun leur place bien définie : le blé, l'élevage extensif et la **chacra**. Dans ces régions montagneuses et d'irrigation déficiente le blé est une culture sèche que l'on pratique sur des pentes quelquefois assez raides de telle sorte que l'on trouve ici, dans le cadre de la petite propriété, les seuls problèmes sérieux de conservation des sols de tout le Chili central. Les mêmes causes produisant les mêmes effets, une pression démographique excessive aboutit aux mêmes dégradations que dans beaucoup de secteurs du monde méditerranéen : rotations douteuses, racourcissement des jachères, emblavures inconsidérées et finalement érosion d'une terre exposée à toutes les violences du climat. L'élevage, essentiellement du gros bétail mais aussi quelques chèvres, utilise les chaumes, les jachères et surtout le **matorral**. La **chacra** enfin, et les arbres fruitiers, sont cultivés autour de la maison dans un désordre qui n'est pas sans rappeler la **posesion** des **inquilinos**. Il resterait à dire que les partages successoraux ont abouti à une telle pulvérisation de la propriété qu'il n'a pas toujours été possible de matérialiser des limites sur les versants montagneux qu'on dut laisser dans l'indivision. Ces indivisions ont évolué quelquefois vers des ébauches de communautés de versants, un minimum d'organisation étant indispensable à l'utilisation des pacages, à l'exploitation du bois et aux petits ramassages qui constituent d'intéressantes ressources d'appoint.

Pour diversifiée qu'elle soit cette petite économie paysanne est en pleine crise. Il n'est pas possible de subsister sur les lopins de terre de quelques ares qui ne méritent même plus d'être considérés comme des exploitations rurales. Ce petit paysannat qui a dû chercher depuis très longtemps des ressources complémentaires dans le travail salarié sur les grands domaines du voisinage et qui a fourni des contingents massifs à l'émigration temporaire ou définitive vers les villes et vers les centres miniers est de plus en plus acculé à une condition de sous-prolétariat rural. Ce n'est pas par hasard si la prise de conscience politique des campagnes chiliennes a été beaucoup plus précoce ici qu'elle ne le fut ailleurs, beaucoup plus précoce souvent que chez les **inquilinos**, plus étroitement encadrés sinon plus satisfaits de leur sort.

b) Les parcelles de l'agriculture spécialisée

Un deuxième type d'exploitation familiale est né des morcellements modernes liés à la valorisation des terres et localisés par conséquent à proximité des grandes villes ou au long des grandes voies de communication. Il ne s'agit pas cette fois de partages successoraux mais de ventes par lots ayant mis en place une nouvelle classe de petits propriétaires terriens, souvent d'origine citadine ou étrangère.

La surface de ces lots, très variable, oscille en général entre une dizaine et une cinquantaine d'hectares. Leur forme géométrique, les clôtures, le caractère hétéroclite des maisons donnent à ces lotissements agricoles un aspect quelque peu banlieusard. La diversité de la production, presque toujours spécialisée, défie toute tentative d'énumération. On y trouve des cultures maraîchères et plus encore des cultures fruitières, mais aussi de l'élevage laitier pratiqué en étable avec des coupes de luzerne ou avec des aliments achetés à l'extérieur, des élevages de volailles qui sont de véritables batteries de poules pondeuses. La rentabilité de ces exploitations n'est pas moins variée que la gamme de leurs produits : il en est qui assurent à leurs propriétaires une existence aisée dans une maison confortable, mais il en est aussi qui les enferment dans le cadre d'une auto-consommation paysanne sans espoir de progrès. Il en est enfin qui sont de simples résidences secondaires où les classes moyennes des grandes villes se donnent l'illusion d'accéder à la dignité que confère la propriété terrienne.

C. Le problème agraire

L'histoire rurale avait donc abouti à la veille de la Réforme Agraire à un régime foncier sans doute très contrasté mais dont l'aspect essentiel était l'écrasante suprématie de la grande propriété.

Dans la vallée du Puangue que l'on peut considérer comme très illustrative puisqu'elle est une sorte de raccourci de la plupart des paysages ruraux du Chili central, les propriétés de plus de 500 hectares couvraient 90 % de la superficie agricole totale et les propriétés de plus de 5 000 hectares, 23 %.

Tout a été dit sur les inconvénients d'un tel système et sur son injustice criante. Le plus grave est peut-être la sous-exploitation liée à toutes sortes de raisons. D'abord au fait que les virtualités de ces grands domaines dépassent très largement les besoins du propriétaire et de ses proches de sorte que rien n'incite à augmenter la production. Ensuite aux difficultés qu'il y a à gérer de telles entreprises pour des hommes qui ne possèdent pas la plupart du temps une formation adéquate. Ensuite au manque de capitaux dans un pays où l'argent, quand il ne va pas à l'étranger, est investi dans les industries urbaines ou dans la spéculation

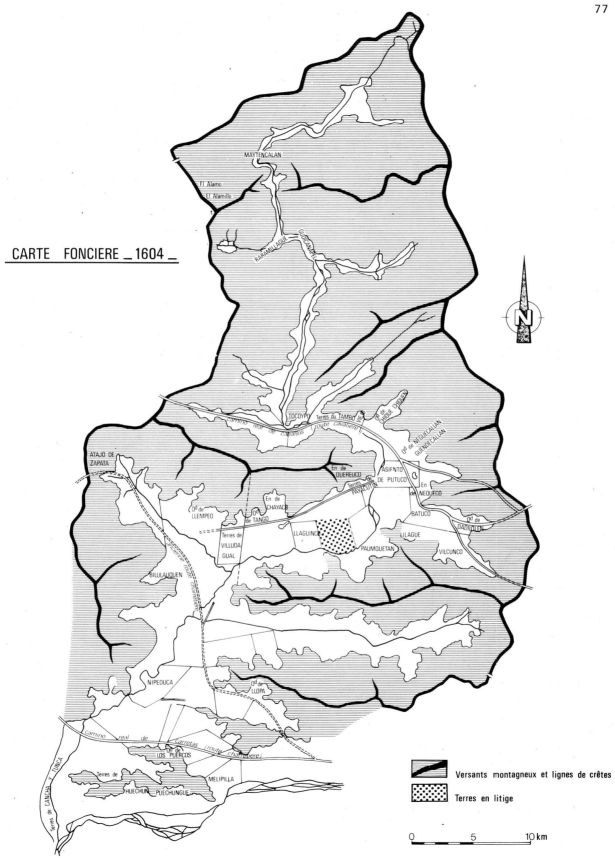

FIG. 14 — Les structures foncières de la vallée du Puangue en 1604

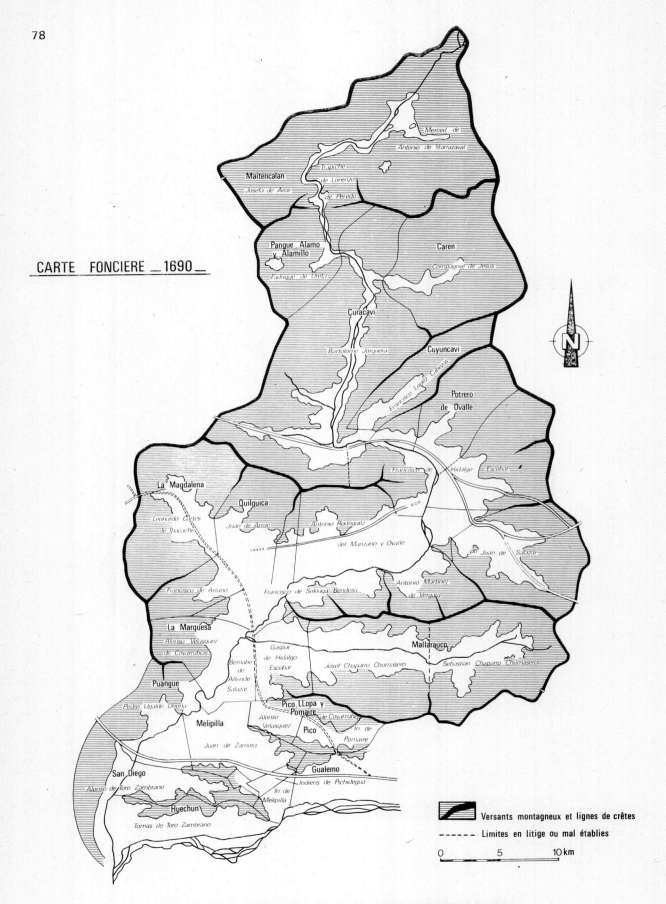

FIG. 15 — Les structures foncières de la vallée du Puangue en 1690

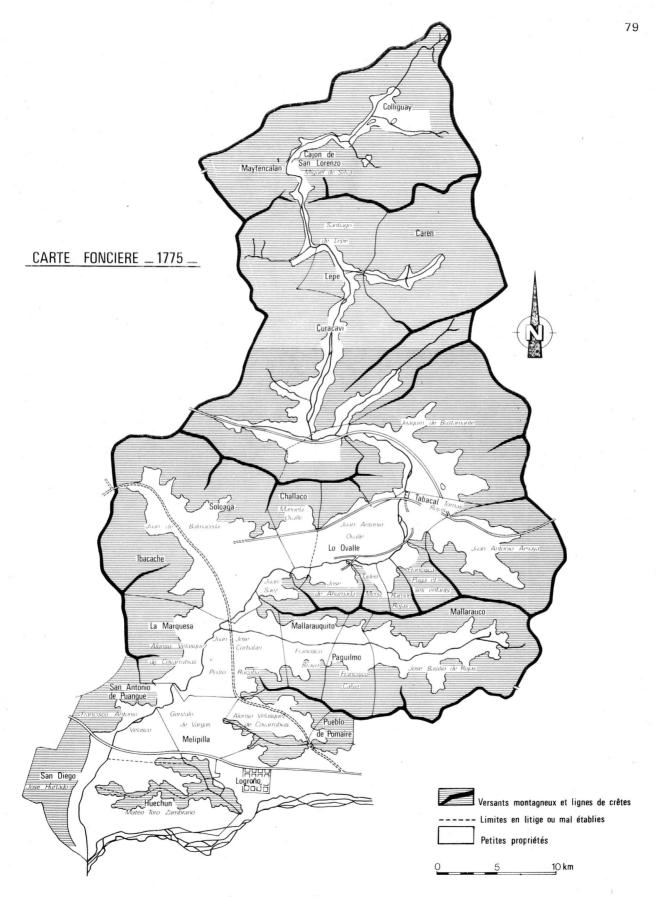

FIG. 16 — Les structures foncières de la vallée du Puangue en 1775

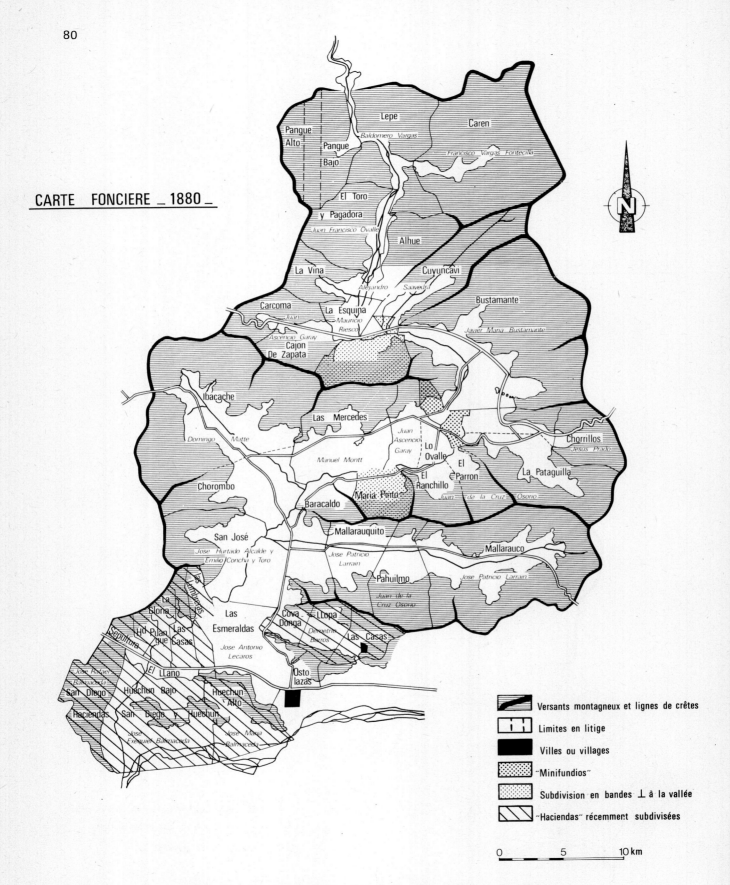

FIG. 17 — Les structures foncières de la vallée du Puangue en 1880

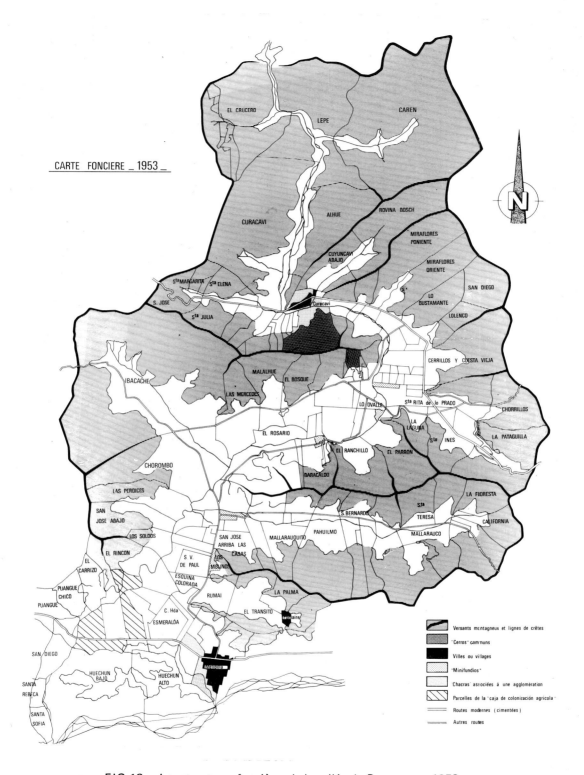

FIG. 18 — Les structures foncières de la vallée du Puangue en 1953

immobilière. Cette sous-exploitation peut être assimilée à un gaspillage de resources naturelles d'autant plus scandaleux que le Chili qui avait été longtemps exportateur de produits agricoles doit à présent acheter du blé et de la viande. Les campagnes chiliennes pourraient assurément nourrir plus de monde. Elles pourraient en nourrir davantage dans les villes chiliennes et même hors du Chili. Elles pourraient en nourrir davantage aussi sur place, dans les campagnes qui pourraient être beaucoup plus peuplées qu'elles ne le sont : il est très remarquable que la population des grands domaines n'ait guère varié au cours des dernières décennies sauf dans le cas où l'introduction des nouvelles cultures exigeait des renforts de main-d'œuvre. En d'autres termes la démographie des grands domaines a toujours été régularisée par les besoins en main-d'œuvre du propriétaire, l'accroissement naturel étant toujours compensé par l'émigration de la population excédentaire considérée comme indésirable.

La répartition de la propriété dans la vallée du Puangue

Dimension des propriétés	Pourcentage de la surface totale
Plus de 5 000 hectares	23 %
de 3 000 à 5 000 hectares	20 %
de 2 000 à 3 000 "	17 %
de 1 000 à 2 000 "	21 %
de 500 à 1 000 "	10 %
Moins de .... 500 "	10 %
TOTAL	100 %

En face de ce gaspillage cependant, l'autre aspect de la campagne chilienne, la très petite propriété paysanne et son prolétariat rural invitent à la prudence. On a vu comment la subdivision pouvait aboutir à une pulvérisation de la propriété et qu'il y avait sans doute un seuil à ne pas dépasser. Ce seuil est peut-être tout simplement celui du paysannat. Sans doute les zones de petites propriétés paysannes de la Cordillère de la Côte nourrissent-elles sur place davantage de monde que les grands domaines. Mais ces petits propriétaires sont souvent aux limites de la misère. Aux structures démographiques régularisées par le haut et par les exigences de la rentabilité qui sont les structures démographiques caractéristiques des **haciendas** et des **fundos** s'opposent les structures démographiques de la subsistance qui sont celles du paysannat. Les conditions de vie de ces petits propriétaires sont assez dures pour qu'on ait constamment le désir d'en sortir. Beaucoup de ces paysans finissent par grossir les rangs de la population flottante du Chili et les bons salaires qu'offrirent au début du siècle les exploitations de nitrate dans le Grand Nord, à 2 000 km du Chili central, avaient suffi à faire baisser de 20 % la population de certains secteurs de petites propriétés dans la Cordillère de la Côte de la région de Santiago.

CHAPITRE VI

L'ÉCONOMIE RÉGIONALE ET LES VILLES DU CHILI CENTRAL

Le climat de type méditerranéen, l'ordonnance des reliefs, les **fundos** et les **haciendas**, le long métissage enfin d'une population profondément hispanisée, font du Chili central le **nucleo central**, le noyau central du Chili, l'une des plus belles unités géographiques de toute l'Amérique latine. La région est trop vaste cependant pour que cette unité aille sans beaucoup de nuances, et même de contrastes, qui sont à la fois la cause et l'effet d'économies locales assez diversifiées et de focalisations urbaines où éclate chaque jour davantage l'écrasante suprématie de Santiago.

I. LES CONTRASTES DU PEUPLEMENT ET LA DIVERSITÉ DE LA VIE RURALE

Certaines des particularités locales du Chili central, toutes celles qui ont trait à la vie rurale et aux contrastes de peuplement, remontent à un passé déjà ancien, très souvent à la période coloniale. Elles sont encore marquées par une adaptation très élémentaire au milieu naturel, ce qui est sans doute normal dans un pays qui s'est élaboré en l'espace de quelques siècles et qui a été pendant longtemps un pays à peu près vide où les hommes ont pu, l'espace ne manquant pas, choisir les bons terroirs et laisser les moins bons sans avoir à contraindre laborieusement la nature, par la force des nécessités. Ce qui ne veut pas dire que le poids de l'histoire ne soit pas, lui aussi, considérable.

A. Les facteurs de diversité

a) Les aptitudes agricoles

La diversité de la vie régionale du Chili central est d'abord un simple effet des aptitudes agricoles, de la richesse naturelle du sol au sens le plus large du terme, c'est-à-dire de son aptitude à produire, compte-tenu du relief et des disponibilités en eau autant que de la qualité proprement dite du terrain.

La répartition des hommes nous a déjà révélé l'influence négative du relief : la montagne et même les basses pentes sont pratiquement négligées et, quelle que soit la partie du Chili central où l'on se trouve, le contraste est très fort entre les plaines et leur encadrement montagneux.

Le problème de l'eau est un autre facteur de diversité. Le climat est partout de type méditerranéen mais il n'est pas sans nuances. Les précipitations augmentent très vite vers le sud où la saison sèche se raccourcit : la part des cultures irriguées diminue très rapidement aussi bien en surface qu'en valeur de production. Ce retrait progressif de l'irrigation est bien sûr très inégal selon que l'on se heurte à plus ou moins d'obstacles : il est peu significatif dans le Sillon Longitudinal, où les facilités d'irrigation sont telles que l'on arrose presque partout, mais il est très spectaculaire dans la Cordillère de la Côte où l'on renonce assez facilement à utiliser des ressources en eau de toute manière assez modestes et très précaires. Une coupe d'Est en Ouest fait ainsi apparaître des contrastes de peuplement et d'utilisation du sol qui sont beaucoup plus forts à la latitude de Santiago, où les Plans Côtiers et la Cordillère de la Côte restent presque vides en dehors de la vallée du Puangue, qu'à la latitude de Chillan où les cultures sèches ont envahi toute la zone côtière alors que le Sillon Longitudinal a perdu de son opulence.

Car il faut aussi tenir compte de la nature du sol qui suffirait à elle seule à faire apparaître de profonds contrastes à l'intérieur même de la Dépression Intermédiaire. Toutes les plaines en effet sont loin d'être fertiles. On y trouve trois grandes catégories de terroirs. La première, de loin la plus riche, est représentée par des limons sur alluvions grossières. Ces limons prédominent au nord : dans la vallée de l'Aconcagua et dans les bassins de Santiago et de Rancagua. Ils sont moins étendus vers le sud où ils ne forment plus que des rubans plus ou moins larges de part et d'autre des principaux cours d'eau. La deuxième catégorie de sols superficiels est constituée par des cendres volcaniques qui apparaissent sous forme de hautes terrasses dominant d'une dizaine ou d'une vingtaine de mètres les plaines de limons. Pratiquement stériles, elles sont peu étendues dans les bassins de Santiago et de Rancagua mais très largement étalées au contraire dans toute la partie moyenne du Sillon Longitudinal, autour de Talca. La troisième catégorie de sols superficiels est enfin celle des sables qui sont déjà très importants dans la région de Talca et qui peuvent devenir prédominants tout au sud, au-delà de Chillan.

b) La part de l'histoire

En face de la diversité des conditions naturelles la part de l'histoire reste très grande. Elle tient à deux héritages. D'abord un héritage minier, assez comparable à celui du Petit Nord et peu adapté la plupart du temps aux conditions de l'économie moderne. Il s'agit en bien des cas d'une simple survivance, mais d'une survivance qui maintient encore des populations assez denses dans des régions par ailleurs peu douées. Il peut en résulter une vie locale à double face, à la fois minière et agricole, les mines contribuant à retenir les hommes sur la terre et favorisant ainsi par pression démographique excessive le développement de la très petite propriété paysanne. L'autre héritage est précisément celui qu'avaient laissé à la veille de la Réforme Agraire quatre siècles d'histoire de la propriété terrienne avec le contraste entre les grands domaines et les noyaux épars de petites propriétés paysannes mis en place par les morcellements de carence qui s'étaient déclenchés au XVIIIe siècle dans des secteurs de pauvreté ou d'isolement. Avec aussi toutes les nuances qui s'étaient manifestées plus récemment entre de vieilles **haciendas** traditionnelles résistant encore à l'écart des routes ou de l'irrigation et des **fundos** déjà moins vastes et plus ouverts aux innovations.

B. Les types locaux

Avec une densité qui approche aujourd'hui de 60 habitants par km², cinq fois plus que la densité générale du pays, le Chili central fait figure en Amérique latine de région densément occupée. Cette vision globale recouvre cependant de très considérables disparités. Sans parler de l'opposition entre les provinces essentiellement rurales et les provinces fortement urbanisées, comme celles de Santiago et de Valparaiso, on noterait encore, à s'en tenir aux aspects proprement ruraux, des différences entre le nord du Chili central, où la nature est sans doute plus riche et la mise en valeur plus intensive, et le sud où l'on décèle un peu partout les stigmates de l'isolement et de la routine. Les contrastes les plus élémentaires et les plus saisissants de la vie rurale sont cependant ceux qui résultent de l'opposition entre les grandes unités du relief.

a) Les Andes

Les Andes constituent un vide presque absolu aussi bien au nord qu'au sud. Avant la Réforme Agraire quelques énormes **estancias** s'étendaient sur des bassins hydrographiques entiers, même dans les Andes de Santiago où l'une d'entre elles occupait à elle seule tout le bassin du Rio Colorado qui est le principal affluent du Maipo. Sur ces **estancias** pouvant couvrir quelques dizaines, voire quelques centaines de milliers d'hectares, la population ne fut jamais qu'une population très clairsemée de bergers, de bûcherons, et de muletiers, au total une centaine de personnes dont la moitié tout au plus véritablement permanente.

Si l'on met à part les industries extractives et en particulier l'énorme mine de cuivre de Sewell, dans la Cordillère de Rancagua, les seules exceptions à ce vide montagnard sont les basses vallées alluviales à proximité de leur débouché sur le Sillon Longitudinal. Mais il s'agit alors de véritables plaines qui font pénétrer jusqu'au cœur de la Cordillère (San José de Maipo n'est qu'à 900 m d'altitude) des paysages et des formes d'économie qui n'ont rien de montagnard en dépit de l'utilisation très extensive du **matorral** des basses pentes pour le pacage des animaux ou pour le bois de chauffage.

b) Les Plans Côtiers

Les Plans Côtiers sont une autre région déshéritée. Les grands cours d'eau y coulent au fond de gorges épigéniques de telle sorte qu'il n'y a plus de plaines alluviales ni de possibilités d'irrigation. Le seul élément favorable, en dehors de l'uniformité de terroirs très horizontaux, est une humidité un peu plus forte qu'à l'intérieur grâce aux brumes du Pacifique et à des pluies un peu plus abondantes. Le paysage agraire traditionnel est ici un contraste entre d'immenses **haciendas** pratiquant une rotation très extensive blé-pacages à moutons et de très petites propriétés paysannes en taches éparses tirant parti des modestes avantages que peuvent offrir des sites privilégiés : élargissements locaux des gorges épigéniques, modestes **vegas** littorales à l'embouchure des petits cours d'eau, ou encore de simples sources, plus ou moins permanentes, notamment dans les dunes anciennes et dans les grès. Cette économie traditionnelle est en régression. Le blé et les moutons reculent devant les boisements en pins insignis ou en eucalyptus de sorte que les Plans Côtiers prennent assez souvent des allures forestières qui se renforcent progressivement du nord au sud où les pins insignis rejoignent et compénètrent les premières forêts spontanées annonciatrices des climats océaniques.

c) La Cordillère de la Côte

La Cordillère de la Côte offre des paysages déjà beaucoup plus nuancés. Les parties les plus riches sont situées dans les grandes plaines intérieures, en particulier dans celle du Puangue où les eaux andines pénètrent par de longs tunnels percés à grands frais à la fin du siècle dernier. A s'en tenir à la montagne proprement dite la diversité reste encore très grande. Dans le nord ce sont au moins trois types de paysages qui se partagent le domaine montagneux. D'abord de grandes **haciendas**, comme celles de la Haute Vallée du Puangue qui vivent de l'élevage extensif avec quelques ressources d'appoint à base de ramassage, en particulier les feuilles de **boldo** et l'écorce de **quillay**, le «bois de Panama» ; elles donnent de très faibles densités de population, un à deux habitants par km^2.

Ensuite des noyaux de très petites propriétés paysannes, comme dans les secteurs de Colliguay et de Caleu au Nord-Ouest de Santiago qui vivent d'une économie de subsistance à base de polyculture et d'élevage extensif avec quelques apports d'argent frais tirés du ramassage et du charbon de bois. Les densités de population sont beaucoup plus élevées, de l'ordre de 15 à 20 habitants par km^2 mais ces petits propriétaires doivent chercher du travail salarié dans les grands domaines des environs et l'émigration, temporaire ou définitive, est depuis longtemps nécessaire pour rétablir l'équilibre entre les ressources locales et la démographie.

Les secteurs miniers enfin offrent un troisième type de paysages, peut-être le plus original de tous. On y voit s'associer jusque dans le budget familial les ressources du sol et celles du sous-sol. Dans la région de Til-Til par exemple, l'élevage des chèvres et le peu d'argent frais que procure la culture sommaire du figuier de Barbarie trouvent un complément indispensable dans un pullulement de petites mines allant du cuivre et même de l'or jusqu'au matériel d'empierrement et à la simple exploitation des filons de quartz.

Dans le sud de la Cordillère de la Côte les contrastes s'estompent. Sans doute trouve-t-on encore beaucoup de grands domaines et quelques noyaux de très petites propriétés mais la véritable exploitation paysanne, de 10 à 50 hectares, revêt ici une importance réelle. Si le blé associé à l'élevage extensif reste prédominant dans les grandes exploitations, sur les terres paysannes la vigne s'associe à la polyculture pour assurer la subsistance d'une population assez dense groupée en de véritables villages. Cette économie cependant est, elle aussi, en régression. La population a diminué entre les deux derniers recensements et les forêts artificielles progressent lentement sur les grandes exploitations aux dépens du blé et de l'élevage extensif.

d) Les plaines

Les plaines enfin et singulièrement le Sillon Longitudinal concentrent l'essentiel des cultures et des populations agricoles. La diversité de la vie rurale y tient à la fois à la diversité des sols et à la plus ou moins grande proximité des marchés de consommation ou des grands axes de circulation. Elle tient aussi, bien que dans une moindre mesure, à l'histoire de la propriété foncière et à la présence de quelques noyaux de morcellements anciens dans les secteurs les plus pauvres.

L'agriculture traditionnelle à base de blé et de **chacra** est presque partout en régression devant une agriculture d'autant plus spécialisée que l'on se rapproche des grandes villes. Spécialisation cyclique d'ailleurs plutôt que locale, liée aux fluctuations du marché plutôt qu'aux particularités du terroir ou qu'aux aptitudes propres de chaque région.

Cette règle souffre cependant un certain nombre d'exceptions. Sur les sables et sur les cendres volcaniques la permanence de l'élevage extensif, ou au contraire son recul devant les boisements qui s'étendent dans le sud, ne sont que des spécialisations de carence. Beaucoup plus importantes mais encore très banales sont les spécialisations maraîchères et fruitières des abords de Santiago qui sont en relation avec un morcellement récent de la propriété et avec de très fortes densités de population. La vallée moyenne de l'Aconcagua, entre la Calera et Quillota est peut-être ce qu'il y a de plus nuancé et de plus original en fait de spécialisation locale de l'agriculture ; les cultures florales se mêlent aux fruits et aux légumes dans le secteur de la Calera tandis qu'un peu plus à l'aval, et en particulier dans les secteurs de morcellements anciens des environs de Quillota, la fruticulture subtropicale avec les agrumes, les pommes-canelle et surtout d'immenses avocatiers donne parfois au paysage des allures de boisement.

Il faudrait enfin évoquer parmi les spécialisations locales de l'agriculture les grands secteurs viticoles du Sillon Longitudinal. Il ne s'agit plus ici de vignes paysannes mais de grands domaines qui se sont spécialisés au cours des dernières décennies du XIXe siècle. Ces vignobles, créés de toute pièce avec des plants français, quelquefois même avec l'assistance technique de spécialistes bordelais, sont à tous égards différents de la viticulture paysanne des confins méridionaux de la Cordillère de la Côte : au lieu de petites pièces de vigne bien exposées sur les versants ensoleillés, ce sont d'immenses rectangles de limons irrigués. C'est pourtant ici que l'on obtient les vins de qualité qui font la renommée du Chili. Ici, cela veut dire les abords immédiats de la capitale, sur le piémont du **cerro** San Ramon, cela veut dire aussi la «plaine du Maipo», à l'aval du bassin de Santiago dans le secteur de Talagante, cela veut dire enfin, nettement plus au sud, les limons du Rio Lontue.

II. LES AXES DU DÉVELOPPEMENT

On voit la complexité de cette sorte de fond de carte que constituent la vie rurale et l'économie agraire du Chili central. Or, sur ce fond de carte, le développement économique moderne a fait surgir de nouveaux contrastes.

A. Les voies de communication

Les voies de communication du Chili central dessinent un réseau extrêmement simple dont l'armature apparaît sur la carte comme une sorte de T majuscule dont la barre verticale serait constituée par le Sillon Longitudinal et la barre transversale par la vallée de l'Aconcagua. Le Sillon Longitudinal est doté de deux liaisons grossièrement jumelées : une bonne ligne ferroviaire et une grande route moderne qui se prolongent l'une et l'autre vers le sud et bien au-delà des limites du Chili central. Quant à la vallée de l'Aconcagua il faut la regarder beaucoup moins comme un axe de circulation continu que comme une série de liaisons plus ou moins anastomosées dont le point de départ ne se trouve pas dans la vallée mais à Santiago : la grande route panaméricaine et le chemin de fer de Valparaiso empruntent la vallée moyenne en direction de l'ouest tandis que la route et le chemin de fer de Buenos-Aires empruntent la haute vallée en direction de l'est.

De cette armature en forme de T se détachent des embranchements, on dit au Chili des **ramales**, ferroviaires ou routiers. Ces voies secondaires, généralement médiocres, desservent les principales vallées transversales, notamment en direction de la Côte. Les plus importantes sont celles qui relient Santiago à ses ports : la route et la voie ferrée de San Antonio par la vallée du Maipo et surtout la route directe de Valparaiso qui traverse les deux chaînons principaux de la Cordillère de la Côte par deux tunnels successifs. En somme un schéma très simple assurant aux moindres frais une desserte acceptable.

On peut s'étonner de la faible place qu'occupent les Plans Côtiers dans ce réseau de communications. Les grandes facilités qu'ils semblent offrir pour des liaisons longitudinales et pour l'animation des petites villes côtières n'a servi à rien : ils ne portent aucune voie continue entre le nord et le sud. On peut penser qu'une telle négligence est liée à la pauvreté relative d'une région vouée à l'agriculture extensive. Il reste que la période coloniale avait longtemps hésité, pour relier la capitale aux régions australes, entre la voie naturelle du sillon longitudinal et celle des Plans Côtiers qui avait même joui tout au début d'une certaine préférence en raison de l'importance de Concepcion comme point d'appui de la pénétration espagnole. En fait l'irrigation a rapidement assuré la prédominance de l'axe intérieur dont le triomphe définitif fut confirmé par l'installation du chemin de fer. Dès lors l'itinéraire des Plans Côtiers a perdu son importance réelle et la côte elle-même a cessé d'être un axe de développement lorsque le cabotage, longtemps prospère, a déserté les petits ports du Chili central. L'histoire de cet axe économique du littoral est ainsi celle des occasions manquées. Son dernier soubresaut a été la grande période du blé à la fin du siècle dernier qui avait entraîné un regain du cabotage et même l'essor de petits chantiers navals d'où sortaient ces **lanchas maulinas** capables d'acheminer les grains jusqu'aux grands ports d'exportation, quelquefois même jusqu'aux marchés californiens. Il ne reste plus de cette éphémère activité que la marque des emblavures qui avaient été imprudemment étendues aux dépens du **matorral** jusque sur des pentes assez raides : la photographie aérienne révèle encore ces anciens champs de blé plus ou moins ravinés où la végétation naturelle n'a pas encore retrouvé son plein épanouissement. Il en reste aussi de petites villes endormies où des intérieurs bourgeois de fin de siècle, avec des plafonds trop hauts et un piano désaccordé, rappellent une prospérité sans lendemain.

B. Les mines

Sur le fond de carte que constitue la vie rurale les mines font apparaître d'autres centres de développement économique.

La vieille tradition minière du Chili central et du Petit Nord, celle des petites mines intimement associées à l'agriculture, garde assez d'importance pour dessiner un axe de diversification de la vie rurale qui coïncide grossièrement, dans toute la partie septentrionale du Chili central, avec la retombée de la Cordillère de la Côte sur la Dépression Intermédiaire. Il faut bien convenir cependant que cet axe, qui fut autrefois un axe d'animation, est plutôt devenu un axe de déclin et d'archaïsme.

Il en va tout autrement avec les grandes entreprises minières de l'époque moderne. Ce sont d'abord des mines de cuivre et en tout premier lieu la mine de Sewell (El Teniente) dans les Andes de Rancagua. Située à 3 000 m d'altitude la mine de Sewell produit environ 175 000 tonnes de cuivre et a fixé une population de plus de 20 000 personnes répartie entre la mine proprement dite, la fonderie de Caletones installée quelques kilomètres plus bas et la centrale électrique de Coya établie au fond de la vallée du Cachapoal, sans parler des bureaux de Rancagua. L'ensemble des installations de El Teniente est relié par une voie ferrée directe au port de San Antonio. La mine de El Teniente constitue l'un des plus beaux fleurons de ce que l'on appelle au Chili la grande industrie extractive, mais deux autres mines figurent encore dans la liste des mines moyennes : la Disputada, dans les Andes de Santiago qui fut créée par des capitaux français et la Africana, récemment ouverte dans la plaine aux portes mêmes de la capitale. A ces mines de cuivre enfin on pourrait ajouter les grandes fabriques de ciment qui travaillent directement sur les carrières : la Calera dans la vallée de l'Aconcagua et Cerro Blanco au nord du bassin de Santiago.

Tous ces axes de développement sur fond de vie rurale s'expriment finalement dans la mise en place du réseau urbain.

III. LES VILLES

C'est au Chili central que l'on trouve les deux plus grandes agglomérations du Chili : Santiago, la capitale et Valparaiso, le port. Concepcion elle-même, que nous étudierons par ailleurs, appartient encore à bien des égards à cette vieille région dont elle est historiquement inséparable.

Le Chili central est donc profondément marqué par la présence des métropoles chiliennes mais il est aussi marqué, à côté de ces organismes complexes dont le rôle déborde très largement le cadre régional, par tout un réseau de villes, moyennes et petites qui vivent encore au rythme de ses campagnes.

A. Le réseau des petites villes traditionnelles

L'essentiel de ce réseau urbain est hérité de la période coloniale et comme tel beaucoup moins spontané que créé.

a) La création des villes

On sait en effet ce que fut la création des villes dans les possessions espagnoles. Beaucoup de villes furent fondées pour l'exploitation des richesses minières ; le Chili central en offre quelques exemples. D'autres villes, les plus nombreuses en ce qui concerne le Chili, furent fondées comme de simples chefs-lieux : au début de la conquête, à seule fin d'affirmer la souveraineté de l'Espagne et de servir de point d'appui à sa pénétration, plus tard et notamment au XVIIIe siècle qui fut la grande période de l'urbanisation du Chili, avec une vocation plus étoffée de centres d'échange et d'administration au sein de zones rurales déjà suffisamment développées.

Quels emplacements l'Espagne a-t-elle choisi pour l'implantation de ces chefs-lieux ? Tout au début, des considérations de sécurité ou encore la présence de gros villages indiens et par conséquent de main-d'œuvre purent jouer un certain rôle. Mais par la suite ce sont des considérations bien différentes qui ont emporté la décision : d'une part la richesse de l'agriculture et la réussite de la colonisation rurale, d'autre part les facilités de rayonnement que pouvait offrir le tracé des voies naturelles. D'une façon comme d'une autre c'est la plaine qui s'est imposée et singulièrement le Sillon Longitudinal. Le réseau urbain du Chili central s'est donc présenté tout d'abord comme un alignement de villes égrenées dans l'axe de la Dépression Intermédiaire. On y a choisi le plus souvent la proximité des cours d'eau transversaux qui descendent directement de la Cordillère jusqu'à la mer et dont les vallées ouvrent un accès relativement commode aux Andes et surtout à la Côte. Ces gros torrents permettaient d'autre part l'irriga-

Santiago, le Rio Mapocho et un aspect du centre de la capitale

Santiago, quartier d'habitat marginal du centre ancien

tion des **chacras** indispensables à la subsistance des citadins tandis que leur franchissement était souvent assez malaisé pour justifier une étape dans les voyages du nord au sud. Proximité cependant ne veut pas dire rivage : les villes se sont toujours maintenues à une bonne distance de ces torrents trop fougueux et se sont installées de préférence en des sites qu'un léger enfoncement du lit majeur mettait à l'abri des inondations.

Le Sillon Longitudinal a donc été, dès la période coloniale, le grand axe du développement urbain. Il va sans dire cependant que toutes les villes n'étaient pas là. La vallée de l'Aconcagua a été précocement urbanisée elle aussi selon un schéma très semblable à celui du «Valle Central» tandis que de petits centres urbains étaient créés dans la Cordillère de la Côte ou plus exactement dans ses plaines intérieures.

Au total le Chili central a hérité de la période coloniale un réseau urbain extrêmement simple dont l'architecture étonnamment logique dénonce aujourd'hui encore tout à la fois le caractère de création systématique et la jeunesse.

b) Les fonctions urbaines

On retrouve quelque chose de cette simplicité première dans les activités traditionnelles de ces petites villes autour desquelles les campagnes gardèrent longtemps une double vocation : une vocation proprement terrienne, agricole et pastorale et une vocation minière concrétisée dans un pullulement de petites mines inséparables des autres aspects de la vie rurale.

— *La vocation terrienne*

La vocation terrienne a conféré à la petite ville chilienne des fonctions originales. La première en date fut sans doute la fonction résidentielle. Beaucoup de propriétaires terriens se firent bâtir dans la ville la plus proche une demeure souvent assez vaste qui fut quelquefois leur résidence principale mais plus souvent une résidence secondaire où ils passaient les fins de semaine et la morte saison afin de rompre leur isolement et de se regrouper. Cette fonction résidentielle que l'on a pratiquement oubliée aujourd'hui était restée bien vivante il y a une cinquantaine d'années encore.

La fonction commerciale eut, semble-t-il, plus de mal à prendre son essor, du moins sous sa forme de distribution et de détail. Il n'est pas difficile de voir tout ce qui put en entraver le développement. Les **haciendas** étaient de véritables microcosmes tendant à se suffire à eux-mêmes. Le pouvoir d'achat des **inquilinos** était dérisoire et leur horizon se bornait la plupart du temps aux limites du domaine sur lequel ils vivaient. Quant aux propriétaires c'est à Santiago, sinon à l'étranger, qu'ils cherchaient à se procurer ce qu'ils ne produisaient pas par eux-mêmes.

Ainsi c'est beaucoup moins par le commerce de détail et par le rôle de distribution que par le commerce de gros et par le rôle de ramassage que les centres urbains du Chili central ont pris la place dans la vie d'échanges. Avant la boutique c'est la vente des bestiaux à la criée, le **remate**, ou encore l'entrepôt céréalier et le moulin qui ont consacré la fonction commerciale des villes. Lorsque, par exception, le commerce de détail connut un développement plus précoce ce fut presque toujours en relation avec la vocation minière.

Valparaiso, la baie, le port et l'étagement de l'habitat sur les «cerros»

Valparaiso : montée vers le cerro dans le centre de la ville

— La vocation minière

Les mines, au Chili central, cela veut dire la montagne ou tout au moins la roche en place, les **cerros**, par opposition aux plaines alluviales. Les villes trouvent là une nouvelle dimension. Villes terriennes, elles restaient des villes de plaine, d'une plaine où se confinait toute l'agriculture, les marges montagneuses ne fournissant que l'appoint fort modeste du charbon de bois ou du bétail transhumant. Avec les mines au contraire, toute la montagne entre dans leur horizon économique et l'autre élément de leur site, le cadre montagneux, un peu oublié dans la vocation terrienne, reprend toute sa valeur. Car ces villes de plaines sont aussi, par leur site, des villes de bordure montagneuse, on dirait presque des villes de piémont, remarque doublement justifiée pour les villes de la Dépression Intermédiaire que dominent à la fois la Cordillère des Andes et celle de la Côte.

Il est certain que les mines ont joué, sinon dans le développement des villes, du moins dans la diversification de leurs fonctions, un rôle essentiel, hors de proportions avec leur importance économique réelle.

Ouvrier ou petit exploitant, le mineur chilien, traditionnellement mobile (on dirait volontiers vagabond), ne produisant rien de ce qu'il consomme, dépensant tout ce qu'il gagne, a toujours eu une vocation d'acheteur. Le commerce de détail fut toujours pour lui une nécessité et c'est lui, souvent, qui a fait apparaître dans les villes essentiellement terriennes du Chili central certains aspects de bazar où l'on croit reconnaître le désert minier.

Il y a plus important encore. Les mines ont renforcé la fonction traditionnelle de ramassage et d'expédition qui fut toujours celle des petits centres urbains. Elles ont surtout amorcé le développement industriel de villes qui étaient par ailleurs assez dépourvues de traditions artisanales en raison sans doute de l'habitude d'importer d'Espagne ou d'Europe les produits fabriqués, en raison aussi de l'auto-suffisance des grandes **haciendas**. Au Chili central les précurseurs des usines et des ouvriers furent moins sans doute les ateliers et les artisans que les mines et les mineurs. L'élaboration sommaire des minerais, le tri et le broyage, qui nécessitèrent l'installation et l'entretien de **trapiches** furent la première forme de l'industrie chilienne et la première école de sa main-d'œuvre.

— Les tendances actuelles

Quelle que soit la vitalité des deux traditions, la tradition terrienne et la tradition minière, force est de reconnaître que les petites villes du Chili central sont depuis une trentaine d'années en pleine transformation.

L'essor du camionnage et des transports en commun est un fait nouveau d'une extrême importance, très évident dans le paysage urbain où l'on voit peu de voitures particulières mais une quantité d'ateliers de réparation de camions et d'autobus plus ou moins délabrés. Ce développement des transports routiers a étoffé le rôle de chef-lieu des petites villes. Il a d'abord permis une véritable explosion du commerce de détail préparée déjà par l'élévation du pouvoir d'achat des masses rurales et par le fait que les **fundos** modernes n'atteignent plus au niveau d'auto-suffisance qui avait été celui des vieilles **haciendas**. Le commerce de détail s'est développé sous toutes ses formes et dans toutes ses branches : marchands de tissus, marchands de confection, quincaillerie, etc ... On a vu apparaître parallèlement une nouvelle classe de commerçants, souvent d'origine étrangère et notamment syro-libanaise.

L'essor du camionnage a également entraîné une transformation du ramassage et du commerce de gros, transformation qui ne s'est pas toujours faite au bénéfice de petits centres urbains. Les produits de la terre ne sont plus en effet ce qu'ils étaient autrefois ; ce sont des denrées périssables, des fruits ou des légumes, des marchandises qu'il faut acheminer au plus vite vers les centres de consommation ou d'exportation. Le camionnage s'est ainsi installé au cœur des campagnes qu'il relie directement à Santiago ou à la gare la plus proche sans avoir besoin du relais traditionnel des petites villes. Ainsi le ramassage et le commerce de gros ont beaucoup moins progressé que le commerce de détail en dépit des efforts faits par certaines villes pour se doter de moyens de stockage ou d'industries alimentaires.

Transformées par le camionnage, les fonctions urbaines se sont d'autre part enrichies d'activités nouvelles liées notamment à l'essor des organismes de crédit. Beaucoup de ces organismes, apparus au cours des trois dernières décennies, sont des organismes publics ou semi-publics comme la Caisse de Crédit Agricole, la Caisse de Colonisation Agricole ou la Caisse de Crédit Minier qui ont ouvert un grand nombre de succursales fréquentées par les agriculteurs et les mineurs. La Caisse de Crédit Minier a même repris à son compte le ramassage de la production des petites exploitations minières éparses dans les campagnes chiliennes.

L'essor des industries auxquelles on serait tenté d'attacher, a priori, une grande importance a surtout affecté les grandes métropoles chiliennes, quand il ne s'est pas éparpillé en pleine campagne comme certaines conserveries de la vallée de l'Aconcagua ou comme les usines de pâte à papier liées aux boisements de pins insignis. C'est dire que les petites villes traditionnelles n'y ont participé que dans des proportions très modestes. Encore faut-il ajouter qu'il s'agit le plus souvent d'un essaimage industriel dans un rayon de 200 à 300 km autour de Santiago plutôt que d'un dynamisme propre de ces petites villes. On pourrait citer ainsi les industries mécaniques de Rancagua et l'usine Ford de Casablanca, les industries textiles de Quillota, les industries du ciment de la Calera. Les industries plus éloignées de Santiago correspondent soit à des exceptions somme toute assez modestes comme le centre industriel de Talca, soit à de grosses implantations plus récemment réalisées dans le cadre de la politique de développement industriel définie par la CORFO, comme la raffinerie de sucre de Linares, qui traite les betteraves introduites dans l'agriculture de la partie méridionale du Chili central.

c) La morphologie urbaine

L'aspect de ces petits chefs-lieux est extrêmement simple et d'une étonnante uniformité.

C'est d'abord un plan en damier, assez naturel pour des villes qui sont presque toutes des villes créées. Le module du damier est à peu près partout le même : une **cuadra** d'environ 110 mètres de côté dont les dimensions remontent aux stipulations des **«Leyes de Indias»** qui prétendaient réglementer la colonisation espagnole jusque dans ses détails d'ordre pratique. Au centre du damier un module vide, qui fut par la suite aménagé en jardin, donne la place d'Armes autour de laquelle se disposent les principaux bâtiments publics : l'église, la mairie et éventuellement l'intendance, le bureau de poste. Le tracé des voies est d'une parfaite uniformité mais en général une rue, celle qu'emprunte le trafic routier, a pris des allures de rue principale et a fixé la plus grande partie des boutiques.

Les maisons de ces petites villes chiliennes sont presque aussi stéréotypées que les plans en damier. Les plus nombreuses sont encore les maisons traditionnelles du Chili central, des maisons sans étage, construites en **adobe** et couvertes d'un toit où la tôle ondulée a là aussi presque toujours remplacé la tuile romaine. Ce sont en général de petites maisons dont les façades contigües alignent le long des rues leurs portes d'entrée encadrées de deux ou trois fenêtres et leur badigeon médiocrement entretenu : derrière ces façades les pièces se répartissent sans surprises de part et d'autre d'un couloir central. Il est pourtant d'autres types de maisons traditionnelles beaucoup plus vastes : celles qui abritaient autrefois les classes les plus aisées. Certaines d'entre elles comportent deux et même trois patios, les pièces de réception s'ouvrant sur le premier, les appartements privés sur le second, les dépendances ou les logements de la domesticité sur le troisième. En fait tout cela appartient au passé et n'est plus qu'une survivance. Les règlements d'urbanisme interdisent désormais les constructions en **adobe**, trop peu résistantes aux tremblements de terre et quelques édifices d'appartements donnent déjà aux places d'armes de faux airs de grande ville tandis que, dans les rues adjacentes, de banales constructions anti-sismiques de un ou deux étages remplacent peu à peu le modeste héritage du passé.

Voilà donc, dans leur monotonie, ces petites villes du Chili central. On s'étonnera que bien peu d'entre elles aient été mentionnées. La raison en est pourtant des plus simples : intéressantes prises dans leur ensemble comme fait urbain et comme aspect essentiel de la vie du Chili central, ces villes ne font plus, lorsqu'on les prend isolément, qu'assez modeste figure ; on citera cependant les plus importantes de celles qui s'alignent du nord au sud du Sillon Longitudinal : Rancagua qui doit ses 66 000 habitants à l'essaimage des industries de Santiago et à la proximité de la mine de El Teniente autant qu'à la richesse de ses terroirs, Talca (85 000 habitants) et Chillan (81 000 habitants) qui font déjà figure de petites capitales régionales.

B. Santiago et la région métropolitaine

Au milieu des campagnes traditionnelles du Chili central et de leur réseau de petites villes, Santiago et sa région font surgir des paysages entièrement nouveaux en même temps que des modalités très particulières du rapport villes-campagnes.

Santiago est une grande capitale. Avec près de 3 000 000 d'habitants elle est aujourd'hui l'une des plus grandes villes du continent sud-américain. Grande, elle ne l'est à vrai dire que depuis peu de temps puisqu'elle n'avait encore que 35 000 habitants en 1810 et 580 000 en 1920, mais capitale elle le fut de tous temps, depuis sa création par Pedro de Valdivia en 1541.

a) Santiago capitale

Heureuse destinée, en somme, que celle d'une ville qui fut fondée comme la capitale d'un vaste pays dont on ignorait encore à peu près tout. On peut, après plus de quatre siècles de réussite, se demander ce qui put convaincre Pedro de Valdivia d'établir en ces lieux la capitale des pays du Sud, la capitale de ce qu'il voulut appeler la Nouvelle Extrémadure ou le «Nouvel Extrême» comme une double allusion à sa propre province d'origine et au caractère de bout du monde de ces terres nouvelles. Peut-être le Conquérant se laissa-t-il convaincre par la beauté des paysages et par les agréments du climat : on le croirait volontiers à lire la lettre empreinte d'enthousiasme et de lyrisme qu'il écrivit à Charles Quint après la fondation de Santiago. Toujours est-il que ce choix était plein de virtualités qui apparaissent aujourd'hui comme des évidences.

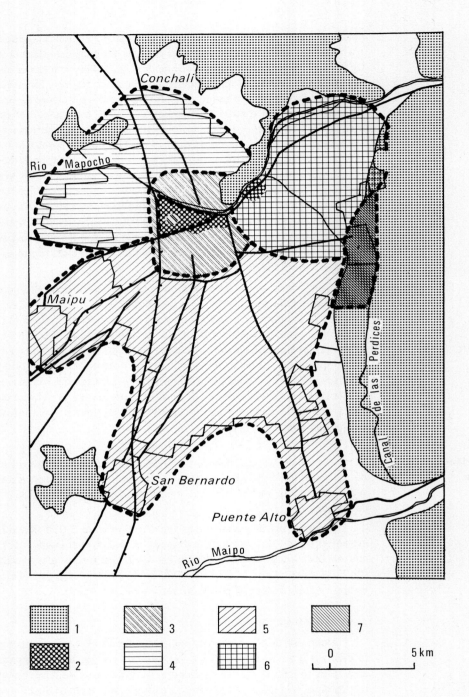

FIG. 19 — Les paysages urbains de Santiago

1. Montagnes — 2. Centre-Ville — 3. Quartiers péricentriques — 4. Couronne urbaine du Nord-Ouest — 5. Apophyses urbaines du Sud — 6. «Barrio Alto» — 7. Marges urbaines du San Ramon

La position géographique est excellente. Au contact du nord essentiellement minier et du centre essentiellement agricole, la capitale voit s'ouvrir des voies naturelles vers les quatre points cardinaux : vers le nord par le seuil du Tabon, la moyenne vallée de l'Aconcagua et les Plans Côtiers, vers l'est et l'Argentine par la haute vallée de l'Aconcagua, vers l'ouest par la vallée du Maipo ou par la basse vallée de l'Aconcagua, vers le sud enfin, vers le sud surtout, par la splendide Dépression Intermédiaire dont Santiago marque l'extrémité septentrionale à partir de laquelle elle s'étire sur plus de 1 000 kilomètres en direction de Puerto Montt.

Faut-il attribuer cependant à l'excellence de cette position géographique la fortune de la ville ? Ce serait céder à la tentation d'un déterminisme par trop simpliste et nous serions plutôt enclins à penser que la fortune de Santiago s'inscrit comme une conséquence naturelle de la décision de Pedro de Valdivia, comme un corollaire de son rôle de capitale qui fut un don presque gratuit du Conquérant.

Nous avons vu que le Chili colonial s'était en quelque sorte créé autour et en fonction de Santiago au point d'apparaître au XVIe siècle et encore au XVIIe comme une véritable dépendance de la ville, on dirait presque comme un domaine municipal. Le développement des villes secondaires, surtout à partir du XVIIIe siècle, et l'essor du commerce maritime et de Valparaiso au XIXe siècle purent ternir momentanément l'éclat de la capitale. Ce ne fut jamais qu'un effacement éphémère et d'ailleurs fort relatif, bientôt suivi d'une extraordinaire croissance qui fit de Santiago une grande métropole.

b) Santiago grande métropole

Cette promotion de Santiago au rang de métropole multimillionnaire est le résultat d'une croissance démographique régulière qui s'est brutalement accélérée au cours de la dernière décennie.

— *La poussée démographique*

Pendant longtemps, jusque vers 1950, la croissance de Santiago fut d'une extraordinaire régularité. La population doublait tous les vingt ou vingt-cinq ans pour atteindre 1 400 000 habitants en 1952. Cette régularité s'explique sans doute par les modalités mêmes de la croissance : peu d'afflux étrangers, peu d'immigrations, sujettes on le sait à des variations capricieuses, à de brusques paroxysmes suivis de dépressions parfois aussi profondes. Au lieu de cela deux processus fondamentaux : un afflux de ruraux et surtout un accroissement naturel interne par suite de l'excédent des naissances sur les décès à l'intérieur même de la ville. On a calculé qu'entre les recensements de 1940 et de 1952, 55 % de l'augmentation totale de la population de Santiago avaient correspondu à cet accroissement interne.

La poussée démographique de la capitale s'est brusquement accélérée après 1950 et surtout après 1955. On observe alors une sorte de fièvre, les courbes de croissance se redressent et la population de la ville double presque en l'espace de quinze ans. Il est bien évident cette fois que l'on ne peut expliquer une telle poussée urbaine autrement que par un afflux de population et, le mouvement d'immigration en provenance de l'étranger étant resté fort modeste, que par un afflux de ruraux. On est ramené de la sorte aux problèmes des rapports entre les villes et les campagnes. Le fait nouveau est en effet l'apparition d'une population excédentaire dans les campagnes et cela pour trois raisons principales. D'abord

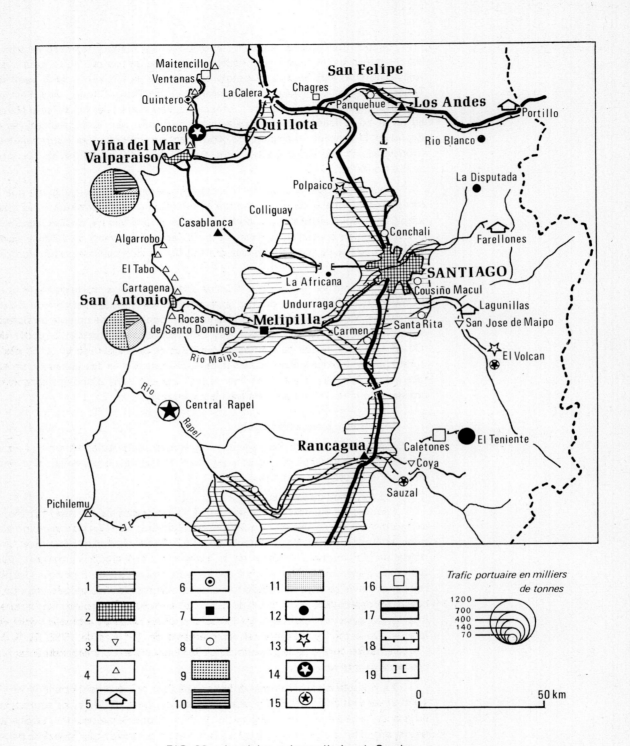

FIG. 20 — La région métropolitaine de Santiago

1. Plaines alluviales — 2. Agglomération urbaine — 3. Villages de montagne — 4. Stations balnéaires — 5. Stations de ski — 6. Base aérienne — 7. Centre agricole — 8. Vignoble — 9. Trafic portuaire : cabotage — 10. Trafic portuaire : importations — 11. Trafic portuaire : exportations — 12. Mines de cuivre — 13. Industrie du ciment — 14. Raffinerie de pétrole — 15. Centrales hydroélectriques — 16. Raffinerie de cuivre — 17. Route panaméricaine — 18. Voie ferrée — 19. Tunnel

parce que les campagnes ont fait leur plein : après 1890 et l'occupation de la Frontière, il n'y a plus de terres plus ou moins vierges à coloniser. Ensuite parce que le taux d'accroissement naturel de la population reste très élevé dans les campagnes chiliennes par suite de la chute du taux de mortalité. Enfin parce que les structures de la propriété ne permettent pas de retenir sur la terre cet excédent de population : l'exode rural apparaît comme une sorte de fatalité aussi bien dans les zones de petites propriétés où manque l'espace que dans les grands domaines où le nombre d'emplois et par conséquent la population sont maintenus à des niveaux assez bas par une sous-exploitation chronique de la terre.

— *Les fonctions*

Les dix-sept communes du grand Santiago concentrent plus du tiers de la population chilienne. La place de la capitale est écrasante dans tous les secteurs de l'activité nationale : 60 % du revenu commercial, 54 % de la main-d'œuvre des services (non compris les transports et le commerce), 59 % de la production industrielle du pays, 60 % des dépôts bancaires. La part de la province de Santiago dans le produit national brut est passé de 39 à 46,4 % de 1960 à 1970 : le Chili souffre incontestablement de macrocéphalie.

Capitale d'un pays très fortement centralisé, Santiago garde cette fonction essentielle, la fonction «directionnelle», aussi bien dans le domaine de la politique et de l'administration que dans celui des affaires ou de la culture. Mais c'est aussi une très grande ville industrielle puisque les industries de transformation viennent en tête de toutes ses activités par le nombre des emplois. Cette hypertrophie de la capitale et les excès de la concentration chilienne condamnent beaucoup de provinces au sous-développement tandis que dans l'agglomération elle-même les déséquilibres et les carences sont profonds : la population marginale et le sous-emploi y deviennent préoccupants et 40 % des chômeurs officiellement recensés dans le pays se trouvent à Santiago.

— *Le paysage urbain*

Le vieux centre traditionnel a été totalement submergé. Il a d'abord été submergé sur place, sur le damier colonial qui est entièrement occupé aujourd'hui par des immeubles de 10 à 15 étages sans que les rues aient été suffisamment élargies. Autour de ce centre le XIXe siècle finissant a laissé une ceinture de maisons bourgeoises dont les façades à un ou deux étages portent encore les ornementations pléthoriques de la Belle Époque. Les transformations les plus spectaculaires sont cependant celles qui correspondent à la croissance des dernières décennies et à l'apparition de nouveaux quartiers sur la périphérie urbaine.

On y trouve le meilleur et le pire. Le meilleur c'est sans doute, à l'est de la ville, le Barrio Alto (Providencia, Las Condes), vaste quartier résidentiel aux larges avenues bordées d'arbres et parfois de gazon où tout respire l'aisance sinon la fortune. Somptueuses résidences ou simples villas témoignent souvent d'un sens aigu du paysagisme aussi bien dans la recherche architecturale que dans l'agrément de jardins savamment entretenus. Dirons-nous cependant que le Barrio Alto, du moins dans ses aspects les plus heureux, appartient déjà au passé ? Le long de certains axes, en particulier à Providencia, les grands immeubles ont remplacé les jardins jusqu'à esquisser un nouveau centre urbain plus cossu et plus dynamique peut-être que le vieux centre traditionnel. Mais c'est surtout par l'évolution récente de la construction que le Barrio Alto donne l'impression d'une période révolue : ce que l'on construit aujourd'hui a quelque chose de plus modeste ou de plus banal et les somptueuses résidences des deux dernières décennies pour lesquelles il est parfois difficile de trouver des occupants portent les premiers stigmates de leur inadaptation aux nouvelles structures sociales du pays.

Si le Barrio Alto est l'image la plus heureuse de la croissance urbaine les **callampas**, littéralement les «champignons», en sont l'image la plus affligeante. Il s'agit d'énormes bidonvilles surgis à l'époque même où se construisaient les résidences du Barrio Alto, mais en d'autres secteurs de la périphérie urbaine. Les sites habituels de ces habitations marginales qui représentent aujourd'hui le septième des logements de la capitale ont été trouvés tout d'abord en pleine ville, sur les rives ou dans le lit majeur du Mapocho ou du Zanjon de la Aguada qui est un véritable égout à ciel ouvert. Mais par la suite, l'espace manquant, les **callampas** sont sorties de ces cadres trop étroits pour envahir de grandes étendues sur les pourtours de l'agglomération, en particulier vers l'ouest ou elles ont colonisé des cendres volcaniques très pauvres, et vers le Sud-Est où elles ont conquis une partie du Piémont de la Cordillère.

Ainsi a pris corps l'énorme agglomération avec son vieux centre aux rues étroites encadrées de hauts buildings, avec le nouveau centre de Providencia, avec son Barrio Alto, ses **callampas** et, en direction du sud, le long des axes routiers et de la voie ferrée, l'interminable appendice industriel et ouvrier (San Miguel, La Cisterna) qui atteint les rives du Maipo à plus de 20 km de la place d'Armes. Des charmes qui avaient retenu Pedro de Valdivia il ne reste plus que la beauté du paysage naturel avec en fond de tableau les neiges de la Cordillère qui se prolonge sur place, jusqu'au cœur de la ville, par les collines escarpées du San Cristobal.

Capitale terrienne d'une interminable façade maritime Santiago a vaincu sa contradiction d'origine. Les effet combinés du centralisme chilien et d'une économie assez caractéristique des pays en voie de développement a même fini par lui conférer, avec une population pléthorique, un rôle à bien des égards écrasant. Mais le dynamisme de la capitale déborde aujourd'hui les limites de l'agglomération pour animer, autour d'elle et en fonction d'elle, toute une région métropolitaine.

c) La région métropolitaine

Autour de Santiago et jusque dans un rayon de 100 à 150 km les rapports entre les villes et les campagnes aussi bien que les rapports des villes entre elles se sont trouvés complètement bouleversés par l'apparition de ce véritable monstre urbain. C'est en ce sens que nous avons cru nécessaire d'introduire en géographie urbaine le concept de région métropolitaine qui n'a rien à voir, il va sans dire, avec celui d'aire métropolitaine : une région métropolitaine c'est, dans un pays en voie de développement, une région animée par une grande métropole et, pour tout dire, une sorte d'îlot de développement au milieu de régions qui vivent encore au rythme des campagnes traditionnelles.

La région métropolitaine de Santiago se caractérise d'abord par une transformation rapide des campagnes. L'énormité du marché de consommation a permis de meilleures rentabilités et une spécialisation des cultures. Les moyens financiers concentrés à Santiago ont aidé le développement des infrastructures, en particulier des routes et accessoirement de l'irrigation. Le prix de la terre a considérablement augmenté, ce qui a eu pour conséquence d'accélérer la subdivision de la propriété rurale. Tous ces processus ont finalement abouti à un accroissement de la population de telle sorte que l'on pourrait essayer de délimiter la région métropolitaine en traçant une ligne séparant la zone où Santiago a un effet peuplant, des régions plus lointaines où son effet est dépeuplant.

La région métropolitaine se caractérise aussi par un réseau urbain très particulier. Les villes petites et moyennes sont désormais moins stéréotypées et plus actives. Elles ont bénéficié de l'essaimage industriel qui s'est propagé à partir de la capitale. Certaines d'entre elles qui se sont développées récemment sont de petites villes de transit sur les grands axes de circulation, villes à demi-spontanées comme Los Andes, sur la voie ferrée de Buenos-Aires, ou entièrement spontanées comme Curacavi sur la route de Valparaiso.

L'un des éléments essentiels de la région métropolitaine reste finalement la conurbation de Valparaiso et de Viña del Mar qui groupe plus de 500 000 habitants. Une autre destinée extraordinaire que celle de Valparaiso, qui fut, dès sa création, une sorte de «ville-doublet» annexe portuaire de la capitale située à 150 km à l'intérieur des terres. Valparaiso fut à ce titre et pendant très longtemps une ville sans autonomie et presque sans relation avec son environnement immédiat. Une ville sans campagne : les plaines heureuses, celles de l'Aconcagua ou celles de la Dépression Intermédiaire, sont très loin et séparées de la mer par les médiocres terroirs de la Cordillère de la Côte et les Plans Côtiers. Valparaiso, établie sur le rivage au pied des escarpements littoraux, n'avait même pas à sa disposition une grande **vega** capable de subvenir à ses besoins. La ville était ainsi à tous égards une ville dépendante et ce n'est que très tardivement, en 1795, qu'elle reçut le titre de «ciudad».

Valparaiso connut cependant son heure de chance et faillit bien l'emporter sur Santiago avec la grande période mercantile du XIXe siècle et du début du XXe. C'est l'époque où triomphèrent un peu partout dans les pays coloniaux ou dans les pays économiquement dominés, des armatures urbaines périphériques dont les points forts étaient presque toujours des organismes portuaires. Valparaiso, escale sur la route du Pacifique et de la Californie pour tous les bateaux en provenance de l'Europe ou de la côte orientale des États-Unis fixa les agences chiliennes des grandes maisons commerciales et la plupart des consulats. La ville entra même pour la première fois en relations très étroites avec les campagnes environnantes, au moment où l'essor des exportations de blé avait entraîné l'extension des emblavures dans toute la Cordillère de la Côte et sur les Plans Côtiers. Mais après l'ouverture du canal de Panama tout rentra peu à peu dans l'ordre et Valparaiso redevint «El Puerto», le port, dont la raison d'être essentielle est la proximité de l'énorme métropole santiaguine. C'est à ce titre et dans le cadre du dynamisme propre de la région métropolitaine que la croissance de Valparaiso connaît un regain d'actualité. Aux vieilles industries portuaires dont les infrastructures sont souvent un peu vieillies se sont ajoutées d'autres activités, aujourd'hui plus importantes. Les Universités ont réussi à s'implanter en dépit de la concurrence de Santiago et le tourisme s'est épanoui à partir de Viña del Mar dans une série de petites plages échelonnées en direction du Nord.

Les difficultés de Valparaiso sont pourtant impressionnantes. Difficultés du port dont le trafic de 1 400 000 tonnes reste relativement modeste bien qu'il soit le premier du pays pour les importations qui représentent à peu près la moitié du total. Difficulté d'échapper à l'emprise de Santiago qui commande l'essentiel de l'activité portuaire en dépit des efforts qui ont été faits pour assurer la desserte maritime de Mendoza (64 000 tonnes ont transité par Valparaiso en 1969). Difficulté surtout du développemnt de la ville et de l'urbanisme dans un site dont les inconvénients sont flagrants. Les quelques dizaines d'hectares de ter-

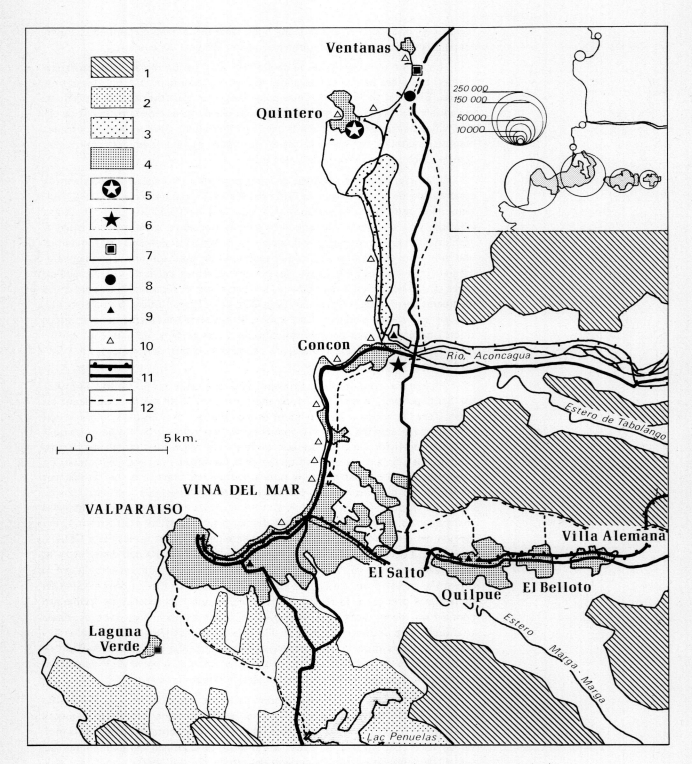

FIG. 21 — La région métropolitaine de Valparaiso (en carton : la population)
(Source : Salinas)

1. Montagne de la chaîne côtière — 2. Reboisements — 3. Dunes littorales — 4. Espaces urbains — 5. Base aérienne militaire — 6. Raffinerie de pétrole — 7. Centrale thermo-nucléaire — 8. Raffinerie de cuivre — 9. Industrie légère — 10. Station balnéaire — 11. Liaisons avec Santiago — 12. Aqueduc

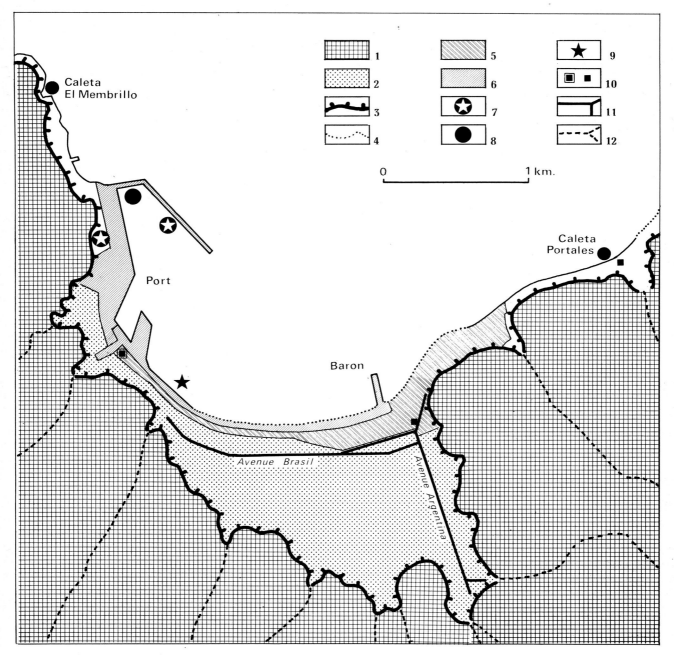

FIG. 22 — Le port de Valparaiso
(Source : Salinas)

1. «Cerros» — 2. «Plan» — 3. Falaise morte — 4. Côte rocheuse — 5. Zone ferroviaire — 6. Zone portuaire — 7. Port militaire — 8. Port de pêche et «caletas» — 9. Port de plaisance — 10. Gare et terminus de chemin de fer — 11. Principales voies urbaines — 12. «Quebradas»

rains plats que l'on trouve aussi bien à Valparaiso qu'à Viña del Mar ont dû être consacrés aux installations ferroviaires, au port et aux industries autant qu'aux centres urbains traditionnels qui s'y sont trouvés très vite à l'étroit. A partir de là il a fallu gagner les **cerros**, c'est-à-dire les grands escarpements par lesquels les Plans Côtiers retombent sur la mer. Des funiculaires et un dédale de rues étroites remontent les pentes où se sont accrochés des quartiers modestes. La ville y a perdu en commodité ce qu'elle gagnait en pittoresque. Les **cerros** eux-mêmes sont devenus insuffisants et la conurbation a dû chercher des espaces libres vers l'intérieur des terres, le long de la voie ferrée de Santiago où toute une série de petites villes comme Quilpue et Villa Alemana sont devenues des cités-dortoirs. On a finalement délimité une aire métropolitaine de Valparaiso qui s'étend vers le nord jusqu'à l'embouchure de l'Aconcagua où se situe la grande raffinerie de pétrole de Concon. On voudrait aussi donner une fonction régionale à Valparaiso en étoffant son influence dans la moyenne vallée de l'Aconcagua et en direction du Nord. On peut se demander si les véritables chances de la ville sont à rechercher dans ce souci d'indépendance et de fonction régionale ou si elles ne se situent pas plutôt dans une association sans cesse plus étroite avec la capitale.

Ce qui nous ramène une fois de plus à la prédominance de Santiago et à la force de cette région métropolitaine qui s'oppose de plus en plus au vieux Chili central dont les petites villes vivent encore au rythme des activités rurales.

CHAPITRE VII

LE GRAND NORD

Le Grand Nord chilien est non seulement la région la plus aride du pays mais aussi l'une des zones les plus sèches du monde. C'est le désert d'Atacama qui, pourtant, en dépit de ces conditions physiques rigoureuses, connaît une vie humaine active et animée tant à l'intérieur que sur sa façade maritime. Il faut y voir la conséquence de l'exploitation des ressources du sous-sol et de la mer ainsi que le rôle des voies de communication étirées le long du sillon central dans le cadre d'une économie presque entièrement tournée vers l'extérieur. La mise en valeur et l'aménagement de ce désert ne furent entrepris que vers le milieu du XIXe siècle : traditionnellement peuplée par des groupes autochtones de pasteurs et d'agriculteurs andins et par quelques tribus de pêcheurs menant une vie misérable auprès de petits points d'eau côtiers, cette région vécut en marge de l'activité économique sudaméricaine jusqu'au siècle dernier. Il fallut attendre 1850 pour que commencent l'exploitation des richesses minières et la construction de ports sur la façade Pacifique. Ce démarrage économique suscita des convoitises qui provoquèrent une guerre. A l'issue de ce conflit qui opposa les Chiliens aux Boliviens et Péruviens, l'ensemble du territoire désertique situé au sud du 17ème parallèle passa sous le contrôle politique du Chili. Dès lors, la vocation minière s'affirma et les ressources du désert devinrent l'un des supports essentiels de l'économie chilienne. Mais, voué exclusivement pendant un siècle à la production de minerais pour l'exportation, l'Atacama connut des cycles de prospérité et de crises plus ou moins intenses liés aux pulsations de l'économie internationale, à l'épuisement progressif des réserves et aux innovations technologiques. Ces soubresauts et les migrations massives qui en furent la conséquence amenèrent vers 1950 les autorités chiliennes à rechercher une diversification de l'économie grâce à la transformation des produits de la mer. Depuis une quinzaine d'années la façade maritime de l'Atacama concentre la plus grande flotte de pêche du pays : elle rassemble aussi le plus grand nombre d'usines de farine de poisson destinée à l'exportation.

I. LE CADRE PHYSIQUE

Des immensités rocheuses écrasées sous un soleil implacable ; des couleurs douces, parfois délavées, un silence insondable composent la gerbe d'images qu'évoque l'Atacama, désert absolu où la terre semble un effet de la Lune.

A. Les grandes unités topographiques

Scellé par une puissante couverture volcanique et détritique, l'Atacama présente un paysage de reg, car ce désert a évolué à l'abri des grandes perturbations cycloniques. Quelques millimètres de pluie sur la côte brumeuse et sur les hautes terres orientales y permettent l'apparition de maigres steppes, uniques traces de vie végétale dans ces étendues dénudées que traverse un seul cours d'eau permanent, descendu des Hautes Andes, le Loa. Dans ses éléments essentiels, le Grand Nord chilien se décompose en deux grands paliers. Le premier plateau à l'est se dresse en moyenne à 4 000 mètres d'altitude ; l'autre, en contrebas à l'ouest, est perché à plus de 1 000 mètres au-dessus du niveau de la mer. Reliés par un vaste glacis qui émousse les dénivellations, chacun des deux paliers est ourlé à l'ouest d'un bourrelet bordier. Celui du plateau supérieur, coiffé de hauts volcans domine partout le paysage. Le second, plus modeste, ne se dresse que de quelques centaines de mètres au-dessus du plateau occidental ; mais il tombe en une falaise imposante du côté Pacifique. Ce bourrelet isole de la mer le plateau occidental qui apparaît ainsi comme un large sillon intérieur aux bordures montagneuses très dissymétriques.

Aussi faut-il distinguer d'Est en Ouest trois grandes unités de relief : la montagne andine, la dépression intermédiaire et la chaîne côtière.

a) La Chaîne des Andes, montagne à volcanisme très actif

Le domaine andin du Chili du Nord est restreint. Il ne comprend que les faibles étendues des plateaux ouverts et monotones de l'Altiplano et du faisceau des hautes sierras méridiennes de la Puna d'Atacama.

Le trait majeur de cette montagne est l'importance du volcanisme et sa continuité dans le temps et dans l'espace. En effet, depuis le Cénozoïque le soubassement des Andes a été enseveli par d'importantes masses de roches volcaniques. Ces épanchements sont de deux types : des rhyolithes du Tertiaire supérieur, issues de grandioses explosions de caractère fissural, tapissent le vaste glacis ouvert vers la Pampa del Tamarugal et scellent la «surface de la Puna», ancienne topographie tertiaire ; les autres sont des andésites quaternaires provenant d'un volcanisme central qui donne naissance à un demi millier de cônes, dômes et caldeiras éparpillés sur le plateau et le bourrelet marginal. Entre ces deux périodes d'activité volcanique, le socle et sa couverture furent ployés, fracturés et soulevés vigoureusement en blocs méridiens plus ou moins indépendants les uns des autres. Ainsi le bourrelet marginal du haut plateau des Andes est doublé d'un deuxième horst situé en contrebas, les deux unités étant séparées par une dépression longitudinale et étroite où vient se loger un chapelet de salars.

Mais la bordure occidentale des Andes est surtout un vaste glacis recouvert d'une couche détritique épaisse de quelques centaines de mètres, disposée en discordance sur les roches volcaniques ployées du soubassement. Vers l'ouest, elle est noyée par les remblais plus modernes de la Pampa del Tamarugal. Recoupé en gorges profondes de direction Est-Ouest, le glacis est très bien conservé au nord du Loa. Au sud, au contraire, il a souffert d'un démantèlement très violent.

b) La dépression intermédiaire

Encadré par la Chaîne andine à l'est et par la Cordillère littorale à l'ouest, le premier secteur de la dépression porte le nom de Pampa del Tamarugal. Celle-ci domine de 1 000 mètres l'Océan Pacifique depuis la quebrada de Tana jusqu'à la latitude d'Antofagasta. Ce long sillon méridien est une étendue plate, désertique, comblée de sédiments meubles et tapissée de dépressions salines. Au sud du parallèle d'Antofagasta et jusqu'à Pueblo Hundido, la dépression devient plus diffuse, dans son alignement d'ensemble Nord-Sud. Des crêtes hautes de 3 000 mètres, vrais cordons qui se relaient en coulissant, constituent de véritables ponts rocheux entre les deux cordillères.

La Pampa del Tamarugal est un graben résultant d'une tectonique de distension d'âge Mio-Pliocène. Ce graben se présente comme un fossé dissymétrique. Les rhyolithes constituant le flanc ployé de la Cordillère des Andes plongent vers l'ouest avec une inclinaison de 6 % sous les sédiments de la Pampa et vont buter à des centaines de mètres de profondeurs sur les plans de faille du horst côtier.

Dissymétrique dans sa disposition tectonique, la Pampa del Tamarugal l'est aussi dans ses formes. Le remblaiement de la Pampa résulte des accumulations lacustres du Tertiaire supérieur et des apports solides quaternaires acheminés par les quebradas andines. Les têtes de cônes de laves torrentielles dominent de quelques centaines de mètres les épandages fins de la marge occidentale de la Pampa. De plus, mis à part les accidents locaux, la Pampa présente une inclinaison générale du Nord vers le Sud.

La pente générale vers l'Ouest et la présence de larges échancrures dans la bordure orientale de la Chaîne côtière expliquent la présence de grands salars, cuvettes de décantation comblées par de puissantes carapaces salines. Les encroûtements superficiels sont d'origine phréatique. Ils se forment *per ascensum* à partir d'une nappe d'eau souterraine alimentée par les infiltrations des quebradas de la Cordillère.

c) La Chaîne côtière et le littoral

Au sud d'Arica, la Chaîne s'amorce au Morro comme un ensemble monoclinal, étroit, à l'allure de plateau massif, aux formes lourdes, parfois évasé en bassins endoréiques. Cette montagne rugueuse et sombre, haute de 1 500 mètres en moyenne, s'élève à peine au-dessus des plaines détritiques intérieures pour prendre, au contraire, du côté du Pacifique, l'allure d'un mur raide qui s'engloutit dans les abîmes de l'océan.

La couverture détritique, particulièrement puissante dans le fond des vallées sèches, masque un soubassement haché de failles. Ce socle est pour l'essentiel constitué de roches d'âge secondaire, sédimentaires et volcaniques au nord, cristallines au sud, de part et d'autre d'Antofagasta.

La Cordillère de la Côte présente une remarquable dissymétrie entre ses versants continental et maritime. En effet, vers l'est, de large glacis pierreux, à très faible pente, la mettent en relation avec la dépression intermédiaire. Vers l'ouest, par contre, la chaîne plonge littéralement dans l'océan. Une falaise rectiligne, haute de 500 à 1 000 mètres, atteignant 2 000 mètres à Paposo, donne à la façade maritime l'aspect d'une muraille raide et infranchissable. Au pied de cette falaise la sédimentation littorale est fort limitée. Elle apparait seulement à l'abri du petit horst côtier de Mejillones. Dans cette péninsule se sont conservés des grès néritiques pliocènes, étagés en plusieurs niveaux au-dessus du plan d'eau de la mer actuelle.

Les traits si remarquables de la Chaîne Côtière sont en rapport avec des accidents structuraux d'une importance exceptionnelle. En effet, le horst côtier est limité en partie sur son flanc oriental par la faille d'Atacama et à l'ouest par deux grandes fosses abyssales, disposées de part et d'autre du seuil sous-marin d'Antofagasta.

La faille d'Atacama, dont l'abrupt est en grande partie noyé sous les sédiments continentaux, constitue un accident majeur de la surface du globe terrestre. Ses 800 km de longueur la classent, avec la faille de San Andreas en Californie et celle des îles Philippines, avec l'un des trois grands accidents structuraux qui encadrent le Pacifique.

Les fosses adjacentes sont étroites et profondes, parallèles à la côte, atteignant 8 500 mètres de profondeur au Nord-Ouest d'Antofagasta. Très rapprochées du continent, elles limitent l'étendue de la plateforme littorale. Des profondeurs abyssales aux sommets andins, la dénivellation atteint presque 13 000 mètres sur une distance à vol d'oiseau de trois cents kilomètres. C'est dire la vigueur des forces orogéniques mises en œuvre lors de l'édification des grandes unités du relief et la relative instabilité que présente encore l'écorce terrestre dans cette région.

B. L'un des plus beaux déserts du monde

Pays excessif dans la force de son relief, le Grand Nord l'est aussi par l'intensité de son aridité. Les rares apports humides se limitent à quelques pluies orientales qui franchissent le bourrelet andin, et aux brumes de la côte qui ne réussissent pas à franchir la falaise littorale.

a) L'humidité des terres montagneuses orientales

Pendant l'été austral, de décembre à mars, les masses d'air tropical humide venant du bassin amazonien provoquent de fortes précipitations sur le versant oriental de la Cordillère. Mais elles s'affaiblissent très vite vers l'ouest et vers le sud, de sorte que la bordure andine chilienne ne reçoit qu'une centaine de millimètres d'eau.

Aussi les Andes du Chili septentrional au-dessus de 3 000 mètres se caractérisent-elles par un climat aride d'altitude : des précipitations toujours inférieures à 200 mm, une nébulosité basse, une humidité de l'air faible et une oscillation des températures journalières de très forte amplitude. A l'humidité atlantique et saisonnière viennent s'ajouter des précipitations de convection, très concentrées, provoquées par des vents violents de direction variable, trouvant leur origine dans des différences de pression à l'échelle locale (catabatiques). Ces vents provoquent de violents orages accompagnés de manifestations électriques. C'est ainsi que s'alimentent de petits névés et glaciers qui se forment sous le vent de quelques sommets au-dessus de 5 000 mètres.

Sur la bordure des Andes, au-dessous de 3 000 mètres, l'aridité se renforce vigoureusement. D'une centaine de millimètres à 2 800 mètres d'altitude, le montant annuel des pluies s'abaisse à une quinzaine à 1 600 mètres.

Elles sont très irrégulières d'une année à l'autre mais elles se concentrent en été. Une deuxième pointe, très modeste, se place entre juillet et octobre surtout au sud de Potrerillos où l'influence des masses d'air méridionales se fait déjà sentir.

De plus cette bande bordière balayée par des vents qui déssèchent l'air est caractérisée par de fortes variations de températures : des gelées nocturnes anéantissent parfois, en hiver, les cultures subtropicales des oasis. La frange climatique que nous venons d'analyser s'infléchit vers le Sud-Est laissant à l'écart une grande partie des sierras de la Puna.

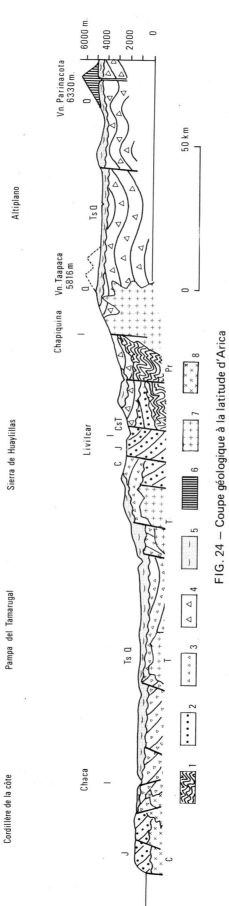

FIG. 24 — Coupe géologique à la latitude d'Arica

1. Schistes précambriens — 2. Andésites du Jurassique — 3. Conglomérats volcaniques du Crétacé — 4. Brèches, tufs et laves du Crétacé supérieur et du Tertiaire inférieur — 5. Ignimbrites du Tertiaire supérieur et du Quaternaire — 6. Laves quaternaires — 7. Diorites tertiaires — 8. Granodiorites du Crétacé

Source : SALAS, KATZ, MONTECINOS et SALAS — Géologia del departamento de Arica. - I. I. Geol. 1966

b) Le désert intérieur ensoleillé

La Pampa del Tamarugal et les dépressions endoréiques qui la prolongent vers le sud, sont les secteurs les plus arides de l'Atacama et de l'Amérique du Sud. C'est au Sud-Est d'Antofagasta que se situe la zone de plus fort ensoleillement de tout le continent pendant les mois d'été (janvier-février). Au printemps et en automne cette zone se déplace vers le Nord et le Nord-Est. Il règne donc dans cette région tout au long de l'année un climat très ensoleillé, où l'atmosphère transparente et la faible humidité de l'air permettent un fort ensoleillement diurne et un intense rayonnement nocturne. Il en découle une très importante amplitude journalière des températures et une absence totale de précipitations, la Cordillère de la Côte jouant le rôle d'un écran orographique qui arrête l'humidité littorale. A Canchones, à 1 000 mètres d'altitude, au centre de la Pampa del Tamarugal, la température moyenne annuelle est de 16,7° et l'amplitude journalière peut atteindre 38 degrés. Pendant l'hiver la température diurne dépasse les trente degrés et celle de la nuit tombe au-dessous de zéro. Aussi éprouve-t-on des périodes de gel nocturne, parfois prolongées, de mai à octobre. L'humidité relative de l'air est basse, 46-58 %, mais l'évaporation est très marquée, supérieure en moyenne à 6 mm par jour, encore que des observations faites en 1958, donnent des moyennes de 22 mm par jour.

Les caractéristiques de ce désert continental prennent toute leur signification dans l'absence totale de précipitations. De mémoire d'homme on ne connait que deux pluies : juin 1882 et septembre 1965.

c) Le désert littoral brumeux

Le climat de la bande côtière diffère beaucoup du précédent. Au désert sec et ensoleillé intérieur s'oppose ici un désert brumeux.

Comme dans tout le Nord chilien, le climat du littoral est dominé par l'action de l'anticyclone du Pacifique et le rôle du courant océanique de Humboldt. L'anticyclone du Pacifique est une masse d'air sec descendant particulièrement stable, dont la bordure orientale épouse la forme de la côte péruano-chilienne, ce qui renforce sa subsidence. Les eaux du courant de Humboldt longent la côte du Sud au Nord. Leur température moyenne est inférieure de 7 à 8 degrés à celle du large. Ces eaux froides proviennent des masses subantarctiques mais aussi des résurgences des eaux profondes atteignant la surface en raison du vide laissé par les eaux superficielles poussées vers le large par les alizés du Sud-Est. Au dessous du courant de Humboldt, entre 100 et 500 mètres, un contre-courant chaud, celui de Gunther, très pauvre en oxygène affleure parfois le long de la côte repoussant au large celui de Humboldt. Il provoque alors la fuite ou la mort des espèces animales d'eaux froides. C'est un phénomène semblable au «Callao painter» des côtes péruviennes que l'on enregistre vers le sud parfois jusqu'à 27 degrés de latitude sous l'action du courant du Niño.

Les basses températures du courant de Humboldt se transmettent aux basses couches de l'atmosphère et provoquent sur le littoral Nord-chilien des inversions de températures, collaborant ainsi à une notable homogénéité thermique annuelle. Iquique présente une température moyenne annuelle de 17,5 degrés et une amplitude annuelle de 5,5 degrés seulement ; l'humidité de l'air y est très élevée, 70 % en moyenne, avec un faible écart tout au long de l'année. Des cristaux de sel en suspension mobilisés par le **virazon**, brise de l'océan venant du Sud-Ouest et des poussières apportées du continent par le **terral** du Sud-Est, agissent

L'Atacama, désert absolu au paysage de reg

Le Rio Loa, vallée encaissée et terrasses de cultures

comme noyaux de condensation favorisant dans cette atmosphère humide et refroidie la production de gouttelettes qui alimentent pendant toute l'année une forte nébulosité. Le ciel reste couvert aux 5/10 pendant sept mois et de décembre à avril, la nébulosité moyenne n'est jamais inférieure à 3/10. Les nuages sont stratiformes, de faible épaisseur, se situant à basse altitude entre 500 et 1 000 mètres, en relation avec la zone d'inversion de température. En effet, la couche chaude supérieure se comporte comme une barrière qui empêche le développement vertical des nuages ; le mouvement de subsidence renforçant son effet, le phénomène nuageux se développe horizontalement. D'épais brouillards appelés **garúas** ou **camanchacas**, particulièrement fréquents en hiver et au printemps, couvrent le littoral sur une frange de 40 à 50 km ; ils sont particulièrement denses au sud d'Antofagasta. Leur faible développement vertical, la hauteur de la Chaîne Côtière et l'absence de percées fluviales, interdisent leur pénétration vers l'intérieur. Au dessus de la **camanchaca** dominent l'air sec, la chaleur et le soleil : c'est le domaine du désert intérieur.

L'air humide est toujours en deçà de son degré de saturation. Celui-ci varie respectivement de 3 à 7 gr/cm^3 entre l'été et l'hiver et, explique en quelque sorte la faiblesse des précipitations : Arica 1,1 millimètres, Antofagasta 9 millimètres, Taltal 23 millimètres. L'humidité apportée par les brumes littorales atteint néanmoins le point de rosée sur les surfaces refroidies pendant la nuit. Elle imbibe le sol au point de permettre la formation de coulées boueuses sur les pentes raides de la falaise, mais l'apport d'eau est insuffisant pour qu'un écoulement libre puisse s'organiser.

d) Un écoulement à dominante endoréique

Le réseau hydrographique est très modeste, handicapé par la rareté et la faiblesse des précipitations et par les pièges que trouve l'eau dans les dépressions, les roches poreuses et les sédiments meubles. De ce fait l'Atacama est un domaine où règne l'endoréisme. Seuls quelques modestes appareils fluviaux de l'Extrême Nord ou **quebradas**, et le rio Loa font exception.

En effet, les **quebradas** de l'extrême Nord chilien constituent un groupe exoréique favorisé par la faible distance qui sépare les bassins versants de la mer, et par un volume de pluies légèrement supérieur au reste de la montagne. Ces **quebradas** ne sont que de petits appareils fluviaux, à forte pente longitudinale, traversant le glacis en coup de hache avant de se jeter à la mer. Leur débit moyen est très faible (1 à 3 m^3 par seconde) et leur teneur en sel assez élevée.

Mais, plus que ces **quebradas**, la grande exception du désert chilien est le rio Loa. Ce fleuve dont le débit est de 4 m^3 par seconde parcourt le désert avant d'atteindre le Pacifique. Cet exploit est possible grâce à l'encaissement profond de sa vallée qui diminue l'évaporation et surtout grâce au tracé du secteur amont ; celui-ci emprunte sur 150 kilomètres le sillon tectonique sub-andin, formant gouttière et recueillant ainsi une quantité considérable de petits ruisseaux en plus du Salado, son principal affluent.

Au sud de la quebrada de Tana et de part et d'autre du Loa, l'écoulement est partout endoréique. Au nord du Loa les eaux des **quebradas** andines s'infiltrent dans les terrains détritiques de la Pampa del Tamarugal et contribuent largement à la recharge des nappes souterraines du bas pays. Quelquefois en raison du style brutal des précipitations et de la forte pente longitudinale des talwegs, l'écoulement devient torrentiel, voire catastrophique. Ce sont les **avenidas**, crues soudaines, irrégulières et isolées qui transforment en très peu de temps des rivières aux débits insignifiants ou nuls en de redoutables torrents. Ainsi en 1941 lors d'une **avenida** de la quebrada Tarapaca, on enregistra dix millions de mètres cubes d'eau en dix jours soit un débit voisin de 150 mètres cubes par seconde. Ce phénomène catastrophique s'apaise très vite, ne laisse comme témoins de son passage que des trainées de boue étalées sur les cônes du piémont ou des couches de boue et de limons couvrant les chotts, tandis que l'eau disparait rapidement par infiltration et par évaporation. Au sud du Loa l'aridité de la bordure occidentale andine étant encore plus intense, les eaux restent piégées dans le chapelet de **salars** de la dépression subandine ou encore dans les grandes dépressions du sillon central.

e) L'écoulement souterrain et l'encroûtement salin

Comme les eaux superficielles, les eaux souterraines sont très chargées en sels de sodium et de calcium. La profondeur des nappes souterraines alimentées surtout par l'infiltration des eaux de précipitation sur la Cordillère andine, augmente à mesure qu'elles s'éloignent du piémont oriental. Dans la Pampa del Tamarugal, le niveau phréatique se trouve vers 5-7 mètres dans la bordure orientale, il est deux fois plus profond dans la zone occidentale. De toute façon cette humidité remonte en surface à partir du toit de la nappe phréatique favorisant ainsi les phénomènes d'encroûtement. Ce mécanisme est à rattacher aux processus typiques de formation des chotts. Le climat favorisant les mouvements de capillarité explique l'étendue et la puissance des croûtes salines. Ces phénomènes fonctionnent encore comme le démontre l'encroûtement des **canchones**, champs de cultures maraîchères itinérantes et sans irrigation. Dans la deuxième moitié du XIXe siècle la culture en **canchones** fut pratiquée d'une façon systématique dans la Pampa del Tamarugal pour répondre aux exigences en nourriture végérale des populations et du bétail travaillant dans les mines de salpêtre. La technique des **canchones** consistait à décaper la croûte alluviale superficielle et à construire une tranchée étroite et profonde susceptible d'atteindre le toit de la nappe phréatique. La remontée capillaire étant réactivée, l'eau nourrissait les racines des plantes mais en même temps reformait la croûte saline superficielle d'où la nécessité d'abandon périodique du champ de culture que l'on replantait plus loin.

C. Une végétation maigre, variée et étagée

Mal alimentée en précipitations, soumise à des températures très contrastées, à des vents violents, à l'action de l'altitude, à une atmosphère terriblement desséchante, la végétation rencontre de sérieuses entraves à sa subsistance et à son développement. Les plantes présentent d'innombrables formes d'adaptation qui donnent une couverture végétale à la fois maigre, variée et étagée.

Le secteur central de l'Atacama est d'une parfaite nudité végétale. Comme l'humidité, la végétation se répartit de part et d'autre de cette frange centrale : sur la falaise du Pacifique en rapport avec les brumes littorales, sur la montagne andine grâce aux précipitations, sur le piémont andin enfin, en liaison avec les affleurements d'eaux souterraines.

a) La végétation du littoral

Le secteur affecté par le climat brumeux côtier est limité à la grande falaise littorale le long de laquelle nous retrouvons des formations végétales alimentées par l'humidité des **camanchacas** et des **garúas**. Cette végétation est apparentée à celle des **lomas** de la côte péruvienne.

Deux formations peuvent être distinguées, la formation de cactus columnaires et celle des «**Lomas de Paposo**».

Au nord, entre la frontière péruvienne et la pointe Miguel Diaz le secteur compris entre 200 et 800 mètres porte une couverture dense de cactées. Cette formation n'est pourtant pas exclusive. En effet, à l'intérieur de l'étage on rencontre çà et là en rapport avec l'humidité des sols des communautés de **Pulchea chincoyo** et dans les secteurs les plus secs des espèces *Héliotropium*, *Chuquiragua* et *Atriplex*. Les fonds des ravins et les zones d'affleurement d'eau sont occupés par de nombreux arbustes xérophiles et des plantes pérennes. Enfin indépendamment de cette végétation persistante, à la fin de l'hiver et au printemps la falaise se couvre d'un manteau assez dense d'herbes annuelles où dominent *Tretagonia*, *Cristarias* et *Atriplex*.

Au sud se développe l'association végétale des **Lomas de Paposo**. Cette formation est une steppe xérophytique côtière, associée à l'humidité plus intense de ce secteur de la falaise. Entre 300 et 800 mètres prend place une frange de végétation assez riche. On y retrouve côte à côte des cactus, des arbustes et des plantes herbacées adaptées à des taux hygrométriques très variables. Au-dessous de 300 mètres, l'humidité étant moins importante la végétation est davantage xérophile. C'est le domaine des petits cactus globuleux ne dépassant pas 50 centimètres de taille moyenne. Au-dessus de 800 mètres et jusqu'à 1 000 mètres, les variétés désertiques l'emportent. C'est la frange dominée par quelques arbustes nains et épineux et surtout par les boules épineuses des *Echino cactus*. Au delà de 1 000 mètres prend place un étage très discret de lichens crustacés, derniers témoins du monde littoral avant le désert absolu.

b) La végétation des Andes et de leur bordure

Du pied de la montagne vers les sommets, l'étagement de la végétation est précédé par le **Tamarugal**, formation de piémont à l'allure forestière et extrêmement originale puisqu'elle tire ses ressources des nappes d'eau souterraines. Sur le versant des Andes un premier étage qui plafonne vers 3 500 mètres est occupé de part et d'autre de la **quebrada Tarapaca** par une formation de cactus columnaires au nord, et par les steppes du **jaral** et du **tolar** au sud. Plus haut, jusqu'à 4 000 mètres, prend place la steppe andine. Au delà la végétation se réduit aux belles colonies en coussinet des **Plaretales**, dernière association précédant la rocaille des sommets.

Le Tamarugal est une végétation de phréophytes. Dans ce milieu extrêmement aride, c'est l'eau des nappes souterraines qui peut expliquer la présence au nord du rio Loa d'une végétation arborée naturelle occupant la bordure orientale de la dépression intermédiaire. La Pampa del Tamarugal tire son nom de la présence de colonies autrefois relativement denses d'une Mimosée. le **Tamarugo** (*Prosopis Tamarugo*), espèce très xérophytique, pouvant atteindre 5 à 7 mètres de hauteur. Le **Tamarugo** se nourrit directement des eaux souterraines par un réseau très dense de racines atteignant le toit de la nappe phréatique. On a beaucoup spéculé sur l'étendue d'une forêt de **tamarugos** et sur l'existence de forêts ensevelies dans le désert. Il s'agit certainement d'une exagération vu les exigences en eau d'une forêt. Ce qui reste vrai c'est que l'étendue couverte par la végétation des **tamarugos** fut jadis bien plus vaste qu'elle ne l'est aujourd'hui. En effet, la végétation naturelle du Grand Nord chilien fut, à tous les niveaux de l'étagement, l'objet d'une intense et irrationnelle exploitation pour l'obtention de combustible au XIXe siècle. Quant aux forêts ensevelies elles ne sont autre chose que l'entassement de troncs de **tamarugos** et d'**algarrobos** arrachés aux oasis et aux versants des vallées par les **avenidas** et recouverts par les laves torrentielles. Le «bûcheron» du désert, chercheur et exploitant des bois enfouis a représenté un type humain caractéristique de l'Atacama dès le XVIIIe siècle. Sa présence confirme la pénurie de combustibles nécessaires à l'exploitation des mines et à la fabrication de la poudre noire.

La formation de grandes cactées columnaires (grands *Cereus* à tiges cylindriques, cannelées) se dressant comme des cierges, constitue une association ouverte mais très homogène qui remonte en altitude jusqu'à 3 500 mètres débordant sur le plateau et les montagnes de l'Altiplano. Ces grandes cactées s'associent à d'autres cactus de port plus modeste et à quelques arbustes et touffes d'herbe jaunâtre et basse.

Vers le sud, deux formations steppiques se partagent l'étage occupé dans le secteur septentrional par les cactus columnaires. Ce sont la steppe du **jaral** et la steppe du **tolar**.

La steppe du **jaral** qui occupe le secteur inférieur de la montagne plafonne entre 2 000 et 2 800 mètres. Dans le sens longitudinal cet étage se prolonge sur mille kilomètres jusqu'à la latitude de la Serena. Elle devient de ce fait, la formation végétale la plus importante du désert. Du point de vue physionomique elle se présente comme une association xérophytique d'arbustes épineux, basse, ouverte, riche en espèces à période végétative concentrée sur l'hiver et le printemps. Dans son secteur méridional elle s'avance vers l'ouest et perd ainsi de son uniformité floristique, puisque les variétés typiques se mélangent aux espèces de la steppe mésophile côtière.

La steppe du **tolar** étagée entre 2 800 et 3 500 mètres se développe vers le sud jusqu'à 31° de latitude. Elle est une formation semi-désertique, relativement dense, basse, composée de *Baccharis* et de *Fabiana*, arbustes résineux à petites feuilles persistantes. Ces arbustes dominent un étage inférieur formé de *Poa, Stipa* et *Festuca*, graminées pérennes.

La steppe andine succède en altitude au **tolar** au delà de 3 500 mètres et jusqu'à 4 000 mètres. Les plantes pérennes qui formaient l'étage herbacé du **tolar** deviennent plus denses tandis que d'autres graminées et quelques arbustes rabougris complètent la flore. La steppe andine est donc surtout le domaine de graminées dures et jaunâtres, d'où son nom de **paja brava**.

Par endroits, la steppe andine fait défaut, là où la roche affleure ou bien dans les secteurs trop exposés aux vents violents. Cependant les zones gorgées d'eaux thermales ou de fusion de la neige favorisent l'installation des **vegas**, zones de végétation herbacée dense servant de pâturages aux éleveurs du plateau. Dans le fond de certaines dépressions à substratum sablonneux on trouve les **bofedales**, secteurs toujours verts à l'état déjà marécageux. Une végétation dense s'y installe formée d'ajoncs et de graminées courtes. Enfin, dans les dépressions salées apparait une végétation marginale et halophile formée de graminées et d'arbustes blanchâtres trapus et buissonnants.

Au dessus de 4 000 mètres et au dessous des neiges permanentes prend place au milieu d'une steppe très ouverte le **Llaretal**, dernière formation végétale andine. Le **Llaretal** est une association très discontinue formant des taches d'un vert jaunâtre dont les représentants les plus communs sont des Ombellifères, herbes s'organisant en coussinets, en colonies très serrées dont les tiges lignifient de la base.

II. LA VIE DES HOMMES DANS LES TERRES DÉSERTIQUES DU GRAND NORD

Les terres arides du Chili témoignent d'une faible mais très vieille occupation humaine vouée traditionnellement à l'activité agropastorale. Vivant en autarcie ces populations restèrent en grande partie isolées jusqu'au début de l'exploitation industrielle des mines au XIXe siècle. Cette nouvelle dimension économique transforma le désert, provoquant de nombreuses modifications dans l'activité agropastorale et posant les premiers jalons d'un aménagement de l'espace ; ainsi s'amorça une nouvelle répartition de la population. Ces influences transformatrices ne firent qu'effleurer les hautes terres andines et les oasis intramontagnardes adonnées surtout à l'élevage, qui restent encore frappées d'archaïsme. Dans les oasis du piémont et dans celles de la côte d'Arica par contre, la proximité des marchés de consommation développa une économie agricole de commercialisation qui assura le ravitaillement des mines et des ports, et plus tard des populations du Chili central. Ailleurs, l'espace désertique fut rapidement aménagé en liaison avec les nouvelles formes de relations qui se créèrent à l'intérieur du pays et avec le caractère exportateur de l'économie minière. Il fallut installer des centres portuaires et construire des routes, des voies ferrées et des aqueducs pour desservir les centres vitaux de production et d'exportation.

Le développement de l'activité minière à partir du siècle dernier provoqua dans la population un mouvement migratoire des Andes vers le Pacifique. A mesure que l'horizon économique ouvrait de nouvelles possibilités à l'ouest, un déplacement de population limité mais contigu se réalisait dans la même direction. Ce glissement de la population vers l'ouest ne pouvait que s'achever dans les villes de la façade maritime contribuant ainsi à augmenter le poids démographique de ces agglomérations où se concentrent les trois quarts de la population générale.

Cette concentration de la population sur la côte pesa lourdement pendant les crises économiques. La plus grave fut celle du nitrate qui provoqua après la Première Guerre Mondiale, l'abandon de nombreuses villes minières et des ports d'exportation. Aussi entreprit-on un essai de reconversion économique qui vit les principales agglomérations de la côte se tourner vers la pêche et vers l'industrie.

A. L'agriculture et l'élevage

a) Les estancias des hautes terres andines

Par opposition à la côte, l'Altiplano et la Puna sont restés des terres à peine peuplées où l'habitat est extrêmement dispersé. Un peu plus de cinq mille personnes y vivent, tous d'origine atacaménienne et aymara, habituellement bilingues. Cette population indienne et presque entièrement rurale, se distribue dans des estancias autour des **bofedales**. L'estancia des hautes terres est une demeure rurale, formée d'une ou de plusieurs maisons basses aux toits de paille, aux murs en torchis blanchis à la chaux. Là, on pratique un élevage traditionnel, familial et extensif autour des **bofedales**. Ceux-ci aménagés en champs de pâturage, sont ceinturés et parcourus par des canaux d'irrigation.

Le cheptel autochtone est formé de quelque 50 000 bêtes à poil dont les quatre cinquièmes sont des **alpacas** et des **llamas**. Ce bétail, destiné à la production de laine, donne des rendements très faibles : pour produire 100 kg de laine il faut tondre 50 **llamas** ou 35 **alpacas**.

La tonte se fait tous les deux ans, d'où la grande fragilité de l'économie et son caractère autarcique n'aboutissant qu'accidentellement à des échanges commerciaux le plus souvent d'ailleurs réduits au troc.

Il n'y a rien d'étonnant alors, que dans de telles conditions le bilan démographique de ces hautes terres soit négatif. La plupart des communes constituant l'Altiplano chilien subissent une perte nette d'effectifs surtout parmi les jeunes. Les migrations se font en particulier vers le bas-pays chilien et secondairement vers les basses terres péruviennes et argentines. Si le dépeuplement n'est pas plus sensible c'est qu'un mouvement de compensation se produit avec l'arrivée de Boliviens venant travailler comme métayers sur les terres abandonnées par les émigrants. Ainsi s'amorce un premier mouvement de cascade démographique qui alimente en main-d'œuvre les oasis intramontagnardes du versant occidental des Andes.

b) Les oasis intramontagnardes de la façade occidentale des Andes

Sur plus de cinq cents kilomètres elles englobent les centres habités en contrebas de l'Altiplano et de la Puna au nord du **salar** d'Atacama. Elles se caractérisent par le nombre réduit d'habitants — quelques centaines dans chaque oasis —, par un habitat concentré toujours à l'écart des terrains de culture et par la présence d'une économie agropastorale d'autosubsistance dont les travaux sont commandés par le rythme des pluies.

L'agriculture irriguée des oasis intramontagnardes repose sur la propriété individuelle de la terre et sur la propriété collective de l'eau. En fait, c'est la disponibilité de cette dernière qui commande réellement l'organisation de l'espace agraire, le rythme des travaux communautaires, la nature et la disposition des cultures.

Les sols sont partout extrêmement maigres. Dans les vallées étroites ils ont été aménagés par l'homme en terrasses de cultures, les **andenes**. Dans les bassins ils sont très chargés en sels. Enrichie seulement de fumures animales, la terre ne peut donner que de très faibles rendements.

Les cultures se composent de plantes américaines (maïs, pommes de terres, **quinoa** (*Chenopdium quinoa*), de variétés introduites d'Europe (blé, luzerne) et d'un nombre modeste de plantes diverses susceptibles d'être commercialisées (origan ou marjolaine, légumes, fruits). Parmi ces cultures la luzerne est de loin la plus importante. Cette prédominance qui s'explique pour des raisons écologiques et historiques est aussi une forme d'inertie agricole. En effet, la luzerne est une plante qui s'adapte au milieu désertique. Elle est résistante à la salinité et à la sécheresse et de surcroît enrichit les sols en azote organique. Des coupes successives peuvent se prolonger pendant dix ou quinze ans sans qu'il n'y ait à replanter. Sa culture n'exigeant qu'un travail d'entretien très sommaire, la luzerne connut un essor extraordinaire avec la forte demande en bêtes de somme et de boucherie qui provenait des populations minières du XIXe siècle et des villes du XXe siècle. Ce bétail, que l'on poussait à travers les Andes, venait en grande partie du Nord-Ouest argentin par des pistes débouchant sur le bassin de Calama. Épuisées par

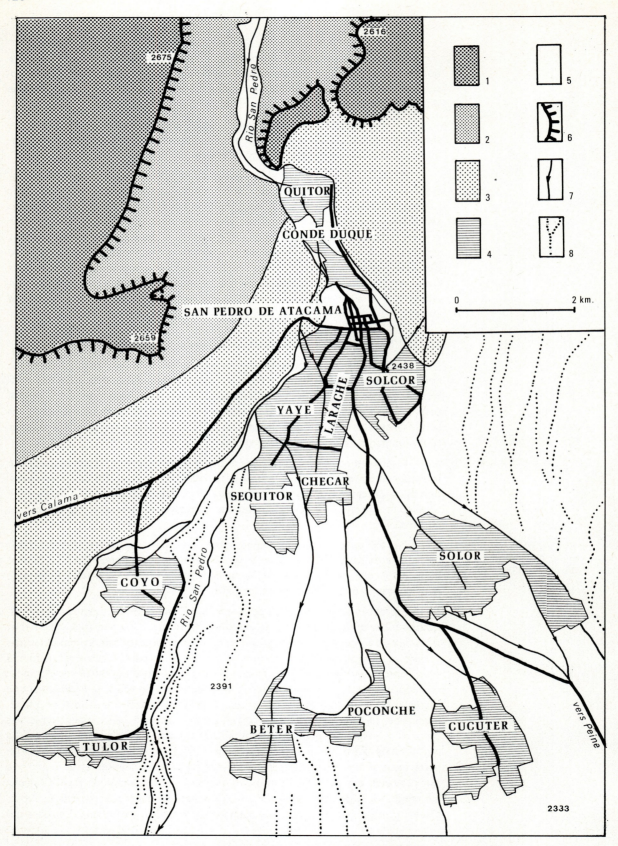

FIG. 25 — L'oasis de San Pedro de Atacama

1. Plateau volcanique — 2. Collines de grès gypsifère — 3. Dépôts de piémont — 4. «Ayllos». Secteurs mis en culture — 5. Cône alluvial des rios San Pedro et Vilama — 6. Rebord du plateau — 7. Canaux d'irrigation — 8. Thalweg à écoulement temporaire

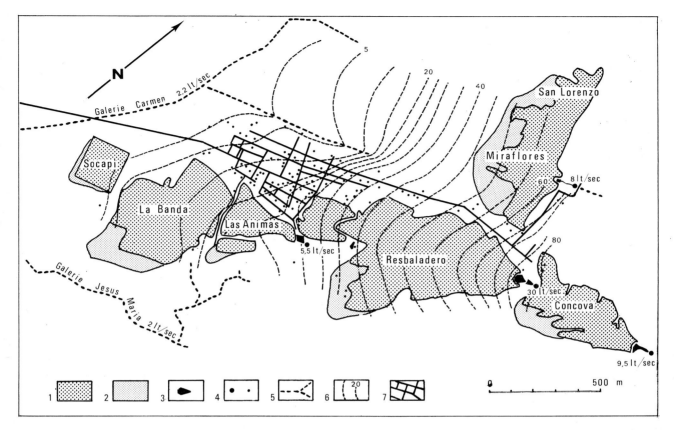

FIG. 26 — L'oasis de Pica

1. Périmètre irrigué — 2. Dunes — 3. «Cocha» : barrages — 4. Sources, puits (débits en l/s) — 5. Galeries souterraines — 6. Courbes de niveau indiquant la profondeur de la nappe phréatique. Equidistance 5 m. — 7. Quadrillage urbain de Pica

Source : GALLI et DIGMAN. Quadrangulos Pica, Matilla y Chacarilla
Carte géol. 1/50 000, vol. III, n°s 2, 3, 4, 5. Santiago 1962

l'effort fourni, ces bêtes avaient besoin de se refaire sur des pâturages riches que seules les oasis de la moyenne montagne étaient en mesure de leur fournir.

Des cultures de luzerne importantes se trouvent ainsi dans les oasis intra-montagnardes de l'arrière-pays d'Arica qui furent du XVIe au XVIIIe siècles des « oasis relais » sur le chemin des caravanes de mules allant de la côte vers le Haut Pérou. La construction des voies ferrées d'Antofagasta à Oruro (1917) et d'Antofagasta à Salta (1948) arrêta ce trafic. Désormais le chemin de fer prit en charge la totalité du bétail destiné au Chili et aux foires boliviennes. Mais cette transformation n'entraîna pas pour autant la disparition des luzernières. En fait, l'économie des oasis y est restée attachée par inertie et par incapacité de reconversion, mais aussi par calcul économique : peu à peu a été introduit un troupeau **criollo** où se mélangent des bêtes autochtones à poil (**llamas** et **alpacas**) et des espèces européennes (ovins, ânes, mulets). Ce bétail où dominent largement les ovins et qui reste de qualité médiocre se déplace en transhumance au rythme des précipitations, entre les champs de luzerne irrigués et les pâturages naturels de la montagne andine. Les populations locales peuvent ainsi entretenir un troupeau beaucoup plus important que celui nourri jadis par la seule steppe.

L'économie agropastorale n'en reste pas moins pauvre et difficile, sans attrait pour les jeunes générations. Aussi les oasis intramontagnardes de la façade occidentale andine se dépeuplent-elles. La plupart d'entre elles ne retiennent qu'une population vieillie dont le nombre d'enfants s'avère insuffisant pour assurer le renouvellement. Les villes proches et les mines sont les centres d'attraction qui absorbent les migrants. Les hommes s'intègrent aux travaux d'extraction minière, les femmes s'incorporent au secteur tertiaire. La relève de ces populations en déplacement vers l'ouest est faite par les pasteurs qui quittent les estancias de l'Altiplano et par les Boliviens. Les nouveaux arrivés restent sur place temporairement, comme main-d'œuvre agricole, ou se fixent comme locataires, jusqu'au moment où eux aussi vont franchir la deuxième barrière qui les sépare des basses terres et de la côte.

c) Les oasis du piémont

Alignées en bordure de la Pampa del Tamarugal sur une centaine de kilomètres, ces oasis représentent une dizaine de petites unités entourées de clôtures les protégeant du vent et des sables.

Dans un réseau de propriétés fragmentées à l'extrême, vivent quelque trois mille personnes. Ce groupe humain pratique pour l'essentiel un faire-valoir direct et produit pour la vente. La plus typique de ces oasis est certainement celle de Pica alimentée en eau par des puits artésiens et des sortes de **foggaras** captant par de profondes galeries les nappes d'eau descendant vers la Pampa del Tamarugal.

La diversification économique de ces oasis a commencé au XIXe siècle. A cette époque les terres agricoles étaient destinées à des cultures spéculatives trouvant un excellent marché auprès des populations ouvrières du salpêtre. A Pica on cultivait la vigne et on fabriquait du vin. La crise du nitrate et l'effondrement du marché local fut suivi d'un renouvellement des spéculations agricoles de telle sorte qu'actuellement ces oasis se consacrent à la production d'agrumes, de fruits secs, de primeurs, voire de fleurs destinés aux marchés du Chili central.

d) Les grandes oasis d'Arica

Toute autre est la situation dans les grandes oasis d'Arica. Ce sont des lanières agricoles occupant le secteur aval de vallées ouvertes sur l'Océan Pacifique, profondément encaissées dans la surface des glacis et séparées par de larges interfluves plats et arides, les **pampas**.

Les oasis côtières et le port d'Arica furent conquis par les forces de l'Inca Jahuer Huaca au milieu du XIIe siècle et occupés par les conquérants espagnols trois siècles plus tard. Élevée au rang de «ville» par Philippe II en 1570, Arica devint en même temps le seul port d'entrée des marchandises destinées au Haut Pérou. Malgré ses privilèges la cité et ses vallées ne prirent jamais une réelle importance ; les installations côtières furent démolies à plusieurs reprises par des tremblements de terre et des raz de marée, la population fut constamment décimée par la malaria endémique jusqu'en 1946.

Une main-d'œuvre noire, venue d'Afrique, comptait quelques centaines d'esclaves travaillant dans les plantations de coton et de canne à sucre à la fin du XVIIIe siècle. L'importance du métissage, certes très localisé, puis l'arrivée d'esclaves chinois dans la deuxième moitié du XIXe siècle donnèrent enfin à l'oasis d'Arica une profonde originalité, la différenciant de toutes les autres régions chiliennes.

Le fléchissement de la production minière d'Oruro et de Potosi dans la deuxième moitié du XVIIIe siècle, la création peu après de la Vice-Royauté du Rio de la Plata qui incorpora les terres du plateau à ses domaines, provoquèrent le déclin d'Arica. Sa transformation en port libre en 1778 par Charles III fut insuffisante pour arrêter l'exode de sa population. Arica devint pour longtemps un port morne, une ville de noirs et de métis. Son renouveau économique est très récent. Il est associé à la construction au début du siècle, du chemin de fer d'Arica à La Paz et à sa transformation en zone douanière franche en 1953.

Parmi les oasis d'Arica, Azapa est sûrement la plus ancienne et la plus célèbre. Aujourd'hui importante productrice d'olives, de légumes et de primeurs destinés à la commercialisation ce n'est que depuis une dizaine d'années qu'elle favorise ces cultures au détriment des champs de luzerne qui dominaient naguère. Cette évolution encore incomplète est entravée à la fois par la fragmentation de la propriété et par la faible productivité des grands domaines extensifs en faire-valoir indirect. Pourtant la présence d'une main-d'œuvre nombreuse d'émigrants venant de l'est devrait encourager une toute autre forme de mise en valeur de ces terres agricoles, les plus vastes et les mieux situées du désert chilien.

B. L'activité minière

La vocation des terres arides du Grand Nord chilien est, en fait, l'exploitation des richesses minières qui a donné vie et animation au cadre immobile de l'Atacama et fournit aussi depuis plus d'un siècle l'essentiel des exportations chiliennes : les devises qu'elle rapporte forment le principal atout financier de l'État. L'histoire économique du Grand Nord se résume en deux étapes fondamentales. C'est d'abord la mise en exploitation industrielle, au XIXe siècle, des gisements de **caliche**. Les problèmes politiques et économiques posés par la mise en valeur d'un territoire jusqu'alors abandonné ont déclenché la Guerre du Pacifique. Deux situations totalement opposées vont résulter de ce conflit : d'un côté le Chili gagna les provinces de Tarapaca et d'Antofagasta et devint de ce fait le détenteur absolu des gisements de nitrate. Mais d'autre part il perdit le contrôle économique de l'exploitation qui fut concédé par l'État et entièrement accaparé par des capitaux britanniques. Le monopole presque absolu de la production mondiale de salpêtre fit du Chili un exportateur de marque jusqu'à la Grande Guerre. A ce moment-là l'Allemagne, coupée de ses approvisionnements, réussit à mettre au point la fabrication du nitrate synthétique. Cette découverte fit s'écrouler l'industrie chilienne de salpêtre incapable de soutenir la concurrence internationale d'un produit de synthèse beaucoup plus économique fabriqué sur place dans les pays consommateurs.

La deuxième grande étape minière du désert chilien débute avec le XXe siècle. Elle correspond à la mise en exploitation des grands gisements andins de cuivre à faible teneur par des sociétés filiales des trusts cuprifères nord-américains. L'industrie du métal rouge devint, comme auparavant celle du nitrate, une industrie exportatrice de portée nationale et de ce fait le principal pourvoyeur en devises du pays. Malgré leur caractère fortement intégré, les compagnies financières nord-américaines ne réalisèrent dans le pays qu'une transformation élémentaire de la matière première. Cette pratique assez fâcheuse pour les intérêts chiliens, provoqua à la longue une succession de réactions et aboutit dans la décennie 1960-1970 à la nationalisation de grandes sociétés minières opérant au Chili.

C. La mise en valeur du littoral

La population du désert est presque totalement concentrée dans les centres urbains du littoral : en effet trois habitants sur quatre résident sur la façade maritime dans les trois villes d'Antofagasta, Arica et Iquique. Par opposition aux vieilles installations agropastorales andines, le peuplement littoral est un phénomène tardif des XIXe et XXe siècles. Et comment pourrait-il en être autrement sur une côte désertique toute en falaises, où, même pour subsister, les peuples autochtones furent toujours contraints à une constante mobilité ?

Les établissements humains contemporains sont des véritables défis à la nature, implantés en dépit des contraintes d'un milieu physique résolument hostile : absence de sources d'eau, d'abord ; celle-ci dut être transportée par bateau-citerne, avant d'être obtenue par distillation de l'eau de mer au XIXe siècle et transportée par aqueduc depuis la montagne andine au XXe siècle.

Absence de sources d'activité propres, ensuite : en effet, ces noyaux urbains côtiers ne sont dans une première et longue étape que les pivots maritimes de l'activité des mines de l'arrière-pays. Jusqu'à ces dernières années, l'essentiel de la vie portuaire fut lié à ce trafic qui établit surtout des relations transverses, d'où la disposition en râteau des routes et des lignes de chemin de fer.

Malgré l'importance en volume des matières premières qui transitèrent par la côte, le trafic ne suscita qu'un aménagement portuaire sommaire. Aussi au temps du nitrate, en raison de la difficulté d'implantation des installations portuaires sur une côte rocheuse et au relief très élevé, on vit se multiplier des points de stockage à partir desquels le chargement des voiliers se faisait par des chalands et des radeaux jouant le rôle de ports. Les hommes des équipages ne voyaient jamais du pays que les appontements ; dans les rades du Chili ils ne descendaient jamais à terre : ainsi le voulait l'usage. Le déchargement du charbon et le chargement du nitrate terminé, les voiliers déployaient leurs voilures et faisaient route vers le large pour leur voyage de retour en Europe par le Cap Horn. Lorsque survint la crise du nitrate de nombreux «ports» périclitèrent ou disparurent d'autant plus vite que leurs installations étaient très élémentaires et leur fonction trop spécialisée. En fait, seuls échappèrent à la crise les ports qui grâce à des conditions naturelles favorables étaient véritablement aménagés et s'étaient préparés à remplacer leurs anciens produits d'exportation, à diversifier leurs fonctions en développant le secteur tertiaire ou en amorçant une industrialisation. Ce fut le cas d'Antofagasta dont les installations avaient été modernisées pour assurer le chargement du cuivre ; Arica et Iquique se tournèrent vers l'industrie et la pêche.

a) La crise du nitrate et ses conséquences ; la mise en valeur du littoral

Après la crise des années 1930, l'État chilien fit des efforts multiples pour sauver l'industrie du nitrate, repoussant ainsi la recherche d'autres solutions pour la région. C'est seulement à partir de 1950 que des mesures importantes sont venues renouveler la vie économique du littoral.

Ces interventions furent dirigées dans trois directions fondamentales :

L'installation de franchises douanières destinées à relancer les activités commerciales ; l'octroi d'avantages économiques aux capitaux industriels venant s'installer dans la région ; l'impulsion de la pêche et de l'industrie de farine de poisson. Les deux premières mesures étaient surtout destinées à revitaliser le port d'Arica, la troisième s'adressait particulièrement à Iquique.

— *L'industrie d'Arica*

Les capitaux venus s'installer à Arica se concentrent en quatre secteurs d'activité : chaînes de montage de voitures automobiles, manufacture d'appareils électro-ménagers, industries de fibres artificielles et radio-électronique. Cette dernière est la seule qui ait pu subsister. Les trois autres, trop excentrées par rapport aux foyers de consommation, furent déplacées progressivement vers le centre du pays.

Vers 1960, Arica vit aussi se développer l'industrie de la pêche dont Iquique fit son occupation essentielle.

— *La pêche à Iquique*

Antofagasta, qui fut traditionnellement le principal centre de pêche, de transformation et de conservation des produits marins du littoral désertique chilien, fut dépassé en importance à partir des années 1960 par Arica et par Iquique. Mise en vedette par un plan gouvernemental de développement, la pêche industrielle y fut inspirée du succès péruvien en la matière et destinée à absorber le chômage répandu dans la population minière. Soudain le Chili sembla découvrir la richesse en poissons des eaux froides du courant de Humboldt et assista à l'essor explosif de la pêche aux **anchovetas** ou anchois (*Engraulis Ringers*) transformés en farine pour la consommation animale. L'arrivée massive des capitaux, les exonérations fiscales et la facilité des crédits bancaires assuraient la base économique ; de plus un encadrement technique assez efficace veillait sur le choix et la construction sur place des navires de pêche et la reconversion d'une main-d'œuvre de mineurs en chômage et de migrants de l'intérieur. Au bout de la chaîne, le marché international absorbait la production et en assurait l'écoulement. Cette facilité apparente de la nouvelle activité provoqua une sorte d'euphorie de production durement mise à l'épreuve en 1965 lors de l'invasion de la côte chilienne par les eaux chaudes du Courant du Niño. Ce phénomène océanique, cyclique, provoqua un brusque effondrement du tonnage des prises et obligea à une restructuration importante de l'industrie. Depuis, l'euphorie ayant disparu, la production de farine de poisson semble stabilisée autour d'un million de tonnes par an. Ce chiffre représente plus de 80 % de la production totale chilienne destinée entièrement à l'exportation.

En 1971, l'État a nationalisé les plus grandes entreprises. De plus il a pris de nouvelles mesures pour renouveler la flotille de pêche, diversifier ses activités notamment par la pratique de la pêche hauturière et augmenter la capacité de production des usines.

b) Antofagasta et la crise des ports du Nord désertique

Les activités industrielles d'Arica et d'Iquique représentent à peine le cinquième de l'activité globale régionale. Plus que des villes industrielles, les ports du Nord désertique sont de véritables villes de services. L'activité tertiaire occupe en effet les deux tiers de la population active. Cela veut dire que, malgré les efforts faits pour diversifier leurs activités, les villes du Grand Nord restent pour l'essentiel attachées à leur fonction de centres d'exportation. Ports maritimes traditionnellement associés aux centres miniers de l'intérieur, ils ne font qu'expédier les produits de leurs arrière-pays : l'association mine-port fixe dans l'espace un réseau de transport transversal de faible importance : Antofagasta a un trafic annuel de 700 000 tonnes qui comprend le cuivre et le molybdène de Chuquicamata et les minerais en transit venant de Bolivie. Tocopilla écoule par son port mécanisé le nitrate de Maria Elena et de Pedro de Valdivia, Chañaral achemine le cuivre de Potrerillos-El Salvador. Quant au cabotage, il reste insignifiant, écrasé par la concurrence de la route, désavantagé par les défauts de la flotte marchande nationale.

Ainsi ces ports simples à fonction spécialisée sont surtout des capitales de province cherchant avec désespoir à renforcer leur rôle industriel. Mais l'industrialisation en milieu désertique ne va pas sans problèmes. On a du mal à imaginer le développement et le gonflement de population qu'une telle évolution provoquerait dans une région où l'eau, l'énergie et la main-d'œuvre spécialisée font défaut et qui de plus, est éloignée des marchés de consommation. C'est ainsi que se pose dans ce bilan dramatique tout le problème de la mise en valeur des terres arides.

CHAPITRE VIII

LE PETIT NORD

Entre l'Atacama désertique et le Chili central méditerranéen, le Petit Nord est une région qui joue le rôle de province de transition climatique, végétale et humaine.

Tout en montagnes découpées en compartiments par de grands sillons transversaux, le Petit Nord est une succession de vallées à fonds alluviaux irrigués et agricoles concentrant les villes et de **travesias**, larges interfluves, secs, désertiques, à vocation minière.

I. LE CADRE NATUREL

Les traits des grandes unités du relief de l'Atacama fortement adoucis, se reconnaissent encore sur une centaine de kilomètres au sud de Copiapo. Au delà, le Petit Nord est une montagne lourde et compacte découpée en massifs par de profondes vallées de direction Est-Ouest. A ce nouvel agencement du relief s'associent la disparition du volcanisme récent et néogène et l'apparition sur la bordure occidentale d'un ruban de plaines littorales étroites et étagées dominant de plusieurs centaines de mètres l'Océan Pacifique.

L'aridité atacaménienne est encore sensible, mais la pluie devient un phénomène annuel régulier. L'humidité s'accroît du nord vers le sud et de la mer vers l'intérieur du pays ; elle est apportée par l'évaporation océanique mais bien davantage par des perturbations frontales d'hiver et par des gouttes méridionales froides très affaiblies ou en dissolution. De ce fait, le désert marginal cède la place progressivement à un climat semi-aride, manifestation dégradée de l'ambiance méditerranéenne qui règne au Chili central.

A. La montagne : les traits morphostructuraux

Lourde et compacte, méridienne dans son tracé général, la Cordillère des Andes du Petit Nord est aussi une très haute chaîne qui s'abaisse vers le sud par deux paliers successifs.

Dans le sens transversal il faut opposer deux secteurs. Le premier est la montagne interne ou orientale, qui correspond au nord à la prolongation méridionale de la Cordillère Claudio Gay. Vers le sud elle reste très évidente, se dressant toujours au-dessus de 3 000 mètres en contre-haut d'un abrupt de faille long de 300 kilomètres. Le second secteur est la montagne externe et occidentale. Au nord de Domeyko elle est séparée de la première par de larges plaines arides et détritiques, les **llanos**, qui sont encore des lambeaux du désert d'Atacama. Au-delà, elle reste en contrebas de l'abrupt de faille parfaitement individualisé entre 1 000 et 3 000 mètres.

a) La montagne interne

Massive, à peine écorchée par quelques cols très haut perchés et par des vallées très étroites, la montagne interne présente très distinctement deux secteurs lithologiques et structuraux :

Le palier septentrional est à la fois le plus haut et le plus compact. Il est composé d'une auréole sédimentaire crétacé et jurassique encadrant un ensemble de blocs faillés. Ceux-ci, monoclinaux, tranchent dans l'axe de la chaîne des affleurements de roches cristallines d'âge secondaire et tertiaire et des îlots de roches paléozoïques et permotriasiques. Une inflexion structurale de la Chaîne vers le Sud-Est détourne les éléments cristallins et ceux du socle sur le versant atlantique.

Le palier méridional qui est plus bas et légèrement plus aéré est constitué essentiellement par des séries volcanico-sédimentaires crétacés et jurassiques. Ces roches stratifiées, très épaisses se trouvent déformées par des plis à faible rayon de courbure et sont hachées de failles. Les accidents cassants, qui apparaissent comme les éléments majeurs de la structure, guident le tracé du réseau hydrographique et favorisent les entailles sur la ligne de faîte.

Guidée par des grandes lignes de faiblesse, l'incision torrentielle a taillé des vallées en gorge dans les secteurs aval et l'action glaciaire a évasé une partie des secteurs amont. Les traces de l'action glaciaire s'observent dans l'axe de la vallée de l'Elqui jusqu'à 2 500-3 000 mètres. Mais la glace actuelle n'occupe dans cette montagne qu'une bien modeste place.

En effet, la ligne d'équilibre glaciaire qui se tient à 6 000 mètres en bordure de la Puna est à 5 000 mètres sur la limite sud de cette région ; les glaciers actuels se trouvent réduits à des glaciers rocheux, formes moribondes, noyées par les débris des versants. Les années très humides, on trouve en altitude, çà et là, des champs de «pénitents de neige», hérissés d'aiguilles blanches réunies en rangs serrés, hautes parfois de plusieurs mètres, rappelant les cagoules d'une procession de pénitents. Ces aiguilles résultent de la fusion et de la sublimation de la neige annuelle sous le rayonnement solaire dans une atmosphère très sèche.

b) La montagne externe

Elle est composée de chaînons désordonnés avançant vers l'ouest sous la forme de larges interfluves à sommets subégaux. Elle porte la marque d'une incision torrentielle qui lui donne une allure rugueuse. De plus, elle montre des restes d'anciens aplanissements sommitaux supportant une couverture détritique. Ces formes rabotées sont très fragmentaires, voire inexistantes vers le sud et assez répandues vers le nord. Elles représentent la prolongation méridionale des aplanissements, glacis et couvertures détritiques si largement répandus dans l'Atacama.

Le soubassement est formé de puissantes séries de roches sédimentaires et volcaniques secondaires percées de corps cristallins. Les caractéristiques structurales ne diffèrent pas tellement de celles de la montagne interne mais, à la différence de celle-là, la roche est ici profondément minéralisée. Cet enrichissement

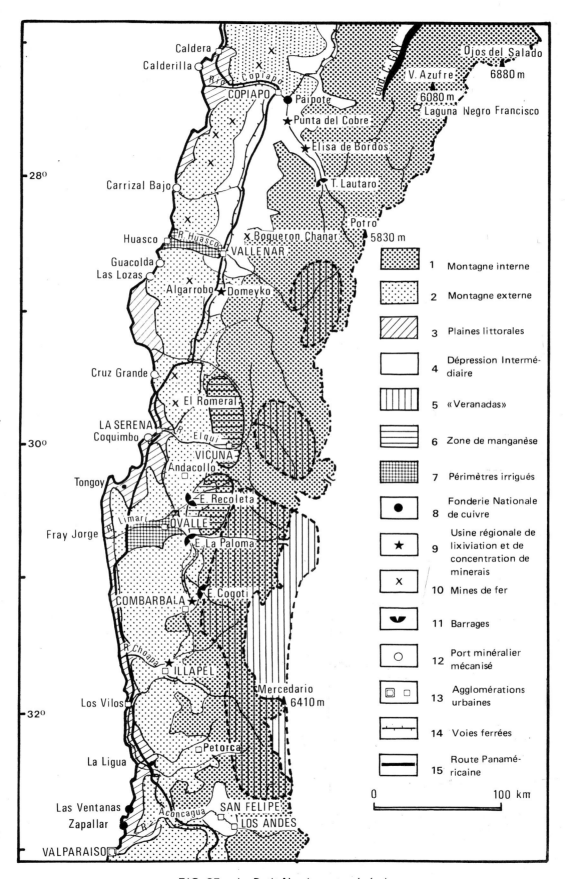

FIG. 27 — Le Petit Nord : carte générale

localisé dans les auréoles de métamorphisme de contact et dans les zones d'altération hydrothermale est à l'origine d'une intense activité minière maintenue depuis la découverte de riches mines d'argent à l'est de Copiapo il y a plus d'un siècle.

c) La façade littorale

La montagne domine le Pacifique d'un imposant rebord abrupt, haut de plusieurs centaines de mètres. A la base du versant, un trottoir littoral très étroit composé d'un remarquable ensemble d'aplanissements étagés d'âge plio-quaternaire, l'isole de la mer. Ces surfaces sont des plateformes d'abrasion littorale, séparées par des escarpements raides tournés vers l'ouest, taillés dans des terrains cristallins et métamorphiques fortement tectonisés. Les plateformes littorales peuvent atteindre jusqu'à 25 kilomètres de développement latéral et leurs niveaux successifs sont perchés parfois à 300 mètres d'altitude. Dans le sens longitudinal la continuité des aplanissements est loin d'être parfaite. Souvent ils sont interrompus par des gorges fluviales, escamotés par la présence de reliefs résiduels et dénivelés par l'action de la néotectonique. De plus, les plateformes littorales sont recouvertes, au nord des embouchures des fleuves par des dunes et par des plaques de sables éoliens. Ceux-ci issus de la décomposition de roches cristallines très fréquentes dans la région sont poussés vers l'intérieur par des vents dominants du Sud-Ouest et étalés au-delà des aplanissements sur les flancs de la montagne et les **llanos** de l'intérieur.

B. Les vallées

Les grandes vallées transversales qui découpent le massif montagneux du Petit Nord ne réussissent pas à articuler vraiment le relief, mais elles permettent par contre aux influences marines de pénétrer loin vers l'intérieur. L'humidité littorale et celle des eaux fluviales donnent naissance à un milieu moins éprouvant que celui des **travesias** dans lequel les fonds de vallées ont été profondément aménagées par l'homme. Il résulte ainsi dans le paysage une remarquable opposition entre la verdeur éclatante des fonds de vallées irriguées et l'allure dégarnie et sèche des versants. Ces contrastes se renforcent d'amont en aval à mesure que les vallées s'élargissent.

a) Le modelé des vallées

Le secteur amont des axes fluviaux est une succession de petits bassins séparés par des rétrécissements marqués qu'il faut interpréter comme les signes d'une action glaciaire quaternaire. Le paysage original est en grande partie escamoté par une importante couverture détritique qui masque entièrement les versants. Ce manteau de débris mis en place par une importante action périglaciaire continue à évoluer encore aujourd'hui sous l'action du gel et la fusion des neiges hivernales.

La vallée moyenne est un couloir relativement étroit à forte pente où les phénomènes de sédimentation longitudinale n'ont pas laissé de témoins importants. Au-dessus des talwegs se dresse timidement une basse terrasse qui n'est pas à l'abri des crues. Néanmoins de petits champs de culture s'y installent en dépit des dangers d'inondation. Les cours d'eau affluents qui arrivent à ce niveau de base local avec une pente longitudinale très prononcée y ont construit de grands cônes de déjection. Ceux-ci emboîtés parfois les uns dans les autres encombrent le fond de la vallée et imposent aux fleuves un tracé sinueux et des passages en gorges. Sur les versants réglés par des éboulis de gravité on voit le long de l'Elqui des vergers et des vignes qui grimpent très haut et suivent une vallée qui s'élargit lentement vers le littoral.

Dans le cours aval où la pente longitudinale est très adoucie, de grandes terrasses alluviales étagées dominent parfois le lit majeur de quelques dizaines de mètres. Celui-ci, large et caillouteux est sillonné d'un ensemble enchevêtré de filets d'eau dont le tracé est régulièrement modifié par les grandes crues annuelles. Les coupes du terrain laissent voir dans ces terrasses de puissantes nappes alluviales météorisées, emboîtées, s'interstratifiant vers la côte avec des sédiments d'origine marine. En surface un vaste ensemble de canaux d'irrigation a transformé ces niveaux détritiques, secs à l'origine, en verdoyants champs de culture.

b) Le régime hydrologique

L'eau de ces vallées n'est pourtant pas abondante. Les cours d'eau du Petit Nord sont de type méditerranéen à dégradation aride, soumis à une influence montagnarde très marquée. Ce sont des cours d'eau modestes à variations de débit saisonnières et interannuelles très prononcées. Ils sont alimentés par des pluies hivernales qui amorcent la montée des eaux et surtout par la fonte des neiges de printemps. La période d'étiage correspond à l'automne voire parfois à l'hiver. Amaigris par l'évaporation, mal alimentés, beaucoup de grands ravins de la Cordillère ne connaissent qu'un écoulement saisonnier bien que toujours torrentiel. Les axes principaux ont de faibles débits moyens variant de 4 à 20 m^3 par seconde. Les plus maigres ont un débit moyen de 2 à 3 m^3 par seconde et sont presque à sec pendant l'été.

Comme ces cours d'eau subissent de fortes variations saisonnières et de sensibles modifications annuelles de débit, les **avenidas** des fleuves septentrionaux sont aussi redoutables que celles du Grand Nord : sur le rio Copiapo celles de 1829, 1888, 1905, 1954 ont provoqué de considérables dégâts. Dans sa vallée moyenne, Tierra Amarilla fut entièrement ravagée par une **avenida** en 1906 et une partie de Paipote fut détruite par une autre crue en 1954.

C. Les caractéristiques du climat

L'influence océanique se limitant à une frange très étroite, parallèle au rivage, deux climats semi-arides vont se juxtaposer : celui de la montagne, sec et lumineux, celui de la côte très doux et plus humide.

a) Le climat semi-aride de la montagne

Les deux unités montagnardes ont une atmosphère lumineuse et sèche. Le nombre de jours de ciel dégagé à 8/10 est supérieur à 200 par an. L'humidité relative de l'air varie d'ouest en est de 50 à 60 %. Ces conditions atmosphériques, comparables à celles de l'Afrique du Sud-Ouest, expliquent la présence depuis quelques années dans l'arrière-pays de La Serena de deux grands observatoires astronomiques appartenant à des organismes scientifiques de l'hémisphère Nord : l'Association Universelle pour la Recherche Astronomique, institution américaine et l'Organisation Internationale pour la Recherche Astronomique dans l'Hémisphère Austral, européenne.

Les températures, très affectées par l'influence de l'altitude, présentent des moyennes annuelles basses (9 degrés à 2 600 m) et des amplitudes annuelles et journalières très marquées. Les gelées relativement fréquentes l'hiver entre 2 000 et 3 000 mètres, deviennent plus haut un phénomène régulier en toute saison.

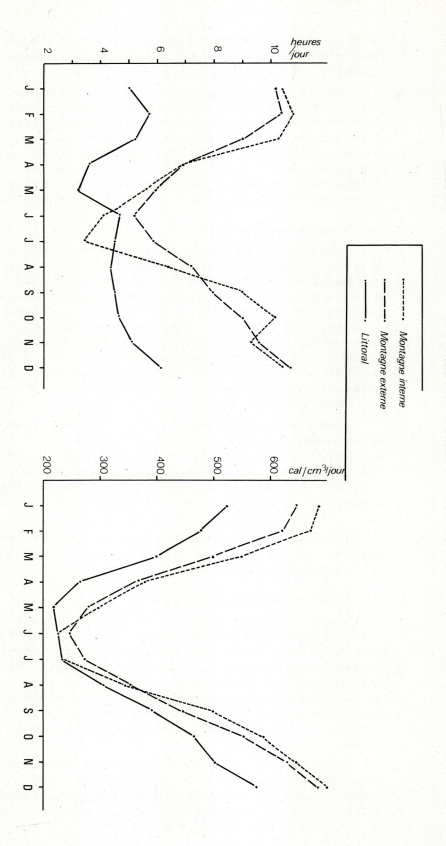

FIG. 28 — L'insolation des trois milieux du Petit Nord
(d'après ULRICH et DUBROSAI)

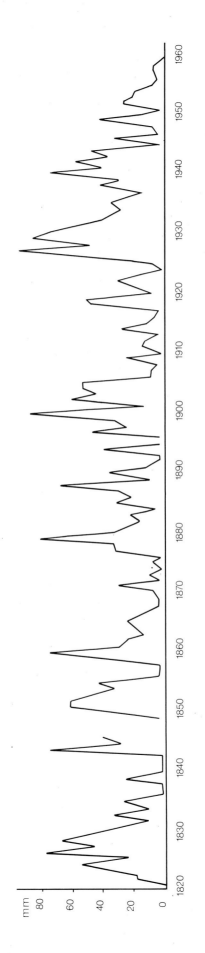

FIG. 29 — Un siècle et demi de précipitations à Copiapó (total annuel en mm)
(d'après K. SEGESTROM. Cuadrangulo Copiapó IIS. Santiago 1968)

Quant aux précipitations elles sont irrégulières et faibles, mais l'année sèche reste l'exception. Déjà à Caldera, sur 30 ans la pluie n'a jamais fait défaut et à Copiapo huit ans seulement d'observations sur 70 ont connu une sécheresse totale absolue.

L'analyse du total des pluies et de leur régime permet de distinguer deux secteurs. Le premier, au nord, reçoit des précipitations inférieures à 150 mm, venues de l'Atlantique, dont la moitié tombe en plein été (janvier et février).

Le secteur méridional est par contre caractérisé par des précipitations nettement hivernales dont les montants annuels augmentent du nord vers le sud en raison de l'altitude : la bordure de la montagne andine interne est alors le secteur le mieux arrosé du Petit Nord.

b) Le climat de la bordure littorale

Les plateformes d'abrasion marine, la bordure occidentale du massif andin et les fonds de vallées jusqu'à 1 000 mètres environ connaissent un climat littoral semi-aride.

Ici les gelées sont absentes et l'amplitude thermique annuelle et journalière est faible. La température moyenne annuelle est de 15 degrés et l'amplitude varie de 6 à 9 degrés. Dans le sens longitudinal, la présence du courant de Humboldt établissant des anomalies thermiques négatives par rapport à la latitude explique la surprenante homogénéité des températures du littoral : Caldera et Ventanas, distantes de 600 kilomètres, ont un écart de 2 degrés seulement.

Le courant de Humboldt produit aussi sur le littoral une inversion de température permanente dont le toit se situe à 1 000 mètres d'altitude. De ce fait, une forte nébulosité et une haute humidité atmosphérique dominent la bande côtière pendant toute l'année. L'humidité, supérieure en moyenne à 75 %, vient des **camanchacas** matinales qui donnent des ciels couverts à 8/10 un mois sur trois et à 5/10 en moyenne pendant toute l'année. Ces taux s'affaiblissent pendant l'été.

Comme dans la montagne, il faut distinguer deux zones de précipitations dans le sens longitudinal. L'une, septentrionale reçoit en moyenne de 30 à 150 mm d'eau par an. L'autre, méridionale, est beaucoup mieux arrosée. Les pluies augmentent progressivement vers le sud atteignant 350 mm annuels à l'embouchure du rio Petorca.

Selon les années les précipitations varient en quantité mais restent aux 4/5 des pluies d'hiver. Leur genèse est due à l'arrivée de troubles frontaux et de gouttes d'air froid se déplaçant en altitude. Les uns et les autres arrivent dans ces parages très affaiblis ou déjà en phase de dissolution. Ceci explique la diminution rapide vers le nord des montants d'eau tombée et leur variations interannuelles.

Le climat de toute la région est commandé par l'anticyclone du Pacifique et par le courant de Humboldt. A ce dernier revient l'établissement de l'inversion de température dans la basse atmosphère, la formation de **camanchacas** et l'anomalie thermique négative par rapport à la latitude. Le rôle de l'anticyclone du Pacifique est, lui, plus nuancé qu'il ne l'est au Grand Nord du fait de la migration annuelle des hautes pressions subtropicales entre le 25° et le 45° degrés de latitude : le Petit Nord se trouve ainsi à la limite de la zone constamment soumise à l'action de l'air tropical. Le recul vers le nord ou le décalage vers l'ouest des hautes pressions permettent la pénétration des dépressions d'air froid et le déclenchement des phénomènes frontaux qui leur sont associés.

D. Les associations végétales

Soumise à d'importantes variations d'humidité et aux limitations qu'imposent le froid et le gel, la végétation du Petit Nord est une mosaïque riche, variée et étagée. C'est la zone de rencontre des associations végétales septentrionales xérophytes de l'Atacama et des associations mésophytes méridionales du Chili méditerranéen.

a) L'étagement montagnard

L'association végétale dominante dans la montagne est la «steppe andine» qui s'étend vers le sud jusqu'au 31e parallèle et qui occupe en altitude un large étage situé entre 2 000 et 4 000 mètres. Plus haut, seuls les coussinets de **llareta** sont capables de résister à la rigueur des conditions climatiques.

Au-delà du 31e degré, la steppe andine est remplacée par une nouvelle communauté de haute montagne semi-désertique, la «formation xérophytique andine». Celle-ci dont le xérophytisme est lié aux basses températures journalières congélant l'eau, est formée d'arbustes rabougris comme *Chuquiragua opositifolia* et *Fabiana imbricata* qui se détachent au milieu du tapis discontinu de graminées du genre *Stipa* et *Festuca* et des petites herbes annuelles développant leur cycle végétatif tout de suite après la fonte des neiges. Dans les secteurs les plus hauts et les plus secs de l'étage seule persiste une végétation très épaisse de plantes en coussinets comme *Laretia acaulis* ou *llareta* de la zone centrale, et de nombreuses variétés d'*Azorella*. Au milieu de cette formation il y a souvent de larges espaces de roche à nu contrastant avec les secteurs verdoyants nichés dans les creux très humides. Vers le sud, le domaine de la formation xérophytique andine s'étend dans le Chili central jusqu'à 35 degrés de latitude mais ses limites en altitude sont ramenées à 2 000-2 800 mètres en raison de l'abaissement progressif du niveau des neiges permanentes.

L'étage inférieur entre 1 300 et 2 000 mètres, est celui de la «steppe du tolar». Il est remplacé vers le 32e degré de latitude par la «steppe buissonnante andine», formation épineuse où certains arbustes prennent des caractères arborescents au fond des ravins mais où les herbes vivaces de printemps occupent encore l'essentiel de l'espace.

b) Les associations végétales côtières

Elles se partagent, comme la végétation montagnarde, entre les communautés marginales désertiques et les formations méditerranéennes, La Serena étant approximativement la zone de rencontre.

Du Nord vers le Sud, les associations végétales côtières commencent par la steppe du **jaral** côtière. C'est une formation ouverte composée surtout de *Balbisia peduncularis, Euphorbia lactiflua* et *Skitantus acutus,* arbustes xérophytes à petites feuilles dures et épineuses ne dépassant point 1,50 mètre de hauteur. Ils alternent avec des succulents du genre *Cereus* et *Echynocactus* et se dispersent sur un tapis herbacé d'espèces annuelles de genre *Nolana, Atriplex, Frankenia* ou de saisonnières à fleurs comme *Cristaria* et *Oxalis*. Sur cette côte steppique apparait pourtant un bois de quelques hectares agrippé à une haute falaise : c'est l'*algarrobillal* de Huasco, se nourrissant principalement des eaux de condensation des brumes côtières.

Au sud de la Serena, les plaines côtières et les contreforts de la montagne externe sont occupés par deux formations steppiques : dans la frange la plus proche de l'océan, la «steppe côtière mésophyte» s'étale vers le sud jusqu'à 34 degrés de latitude. Vers l'intérieur, les contreforts de la montagne sont couverts d'un **matorral** arbustif-arborescent se développant jusqu'à 36 degrés.

La steppe côtière mésophyte est une formation assez enchevêtrée se composant de Cactées, de Broméliacées à feuilles coriacées et rigides du genre *Puya*, et d'une riche couverture herbacée de printemps. Dans les ravins et dans les fonds des vallées les plus humides, prend place une végétation plus dense de buissons, d'arbres et de fougères où l'on remarque la présence de *Drymis winteri*, *Myrecengenia cessucca*, et *Peumus boldo*. Ces arbres mésophytes reflètent déjà le caractère extrêmement sensible de la végétation à l'exposition et aux variations en latitude de l'humidité.

Les contreforts de la Cordillère que délaisse la steppe buissonnante andine sont colonisés par le **matorral** arbustif-arborescent et par un tapis d'herbes pérennes et de printemps riches en graminées. Parmi ces dernières, prédominent les genres *Melica, Massella, Bromus* et *Stipa*. L'étage arborescent est composé d'éléments de grande taille, des arbustes comme *Lithraea caustica (litre)*, *Schinus latifolius (molle)*, *Criptocarya alba (peumo)* et par des arbustes comme *Acacia caven (espino)*, *Kageruchia oblonga (bollen)* et *Mueblenbeckia rostulata (quilo)*. D'autres espèces, dont le climax est atteint bien plus au sud, occupent à l'état de relique quelques fonds de ravins très humides ou des recoins particulièrement bien protégés.

c) La végétation relique

L'exemple le plus spectaculaire de cette végétation azonale est le bois hygrophyte de Fray Jorge-Talinay. Celui-ci se situe dans un milieu végétal de steppe rase de part et d'autre de l'embouchure du rio Limari. Il occupe le sommet d'un bloc soulevé de presque 700 mètres au dessus de l'océan. Les «Hauts de Talinay», toujours couverts d'un capuchon de nuages, conservent une forêt de 800 hectares trempée d'eau, formée d'**olivillos** (*Aextoxicon punctatum*) et **canelos** (*Drimys vinteri*), espèces forestières caractéristiques du Chili méridional. Dans les secteurs les plus humides, le sol et les écorces d'arbres sont couverts d'espèces de fougères, lianes, mousses et lichens caractéristiques elles aussi de la zone sud du pays.

Ce bois reçoit sous forme de précipitations pluviales directes moins de 150 mm annuels. Or, ce montant est beaucoup trop faible pour l'alimentation d'une formation forestière dense. Ceci laisse penser qu'il est protégé de l'évapotranspiration par l'ambiance brumeuse côtière et qu'il est de plus abondamment alimenté par des condensations occultes apportées par les brumes littorales. La forêt de Fray Jorge-Talinay est donc un bois relique représentant la migration au Quaternaire de la forêt tempérée australe sur quelques dix degrés de latitude vers le nord. L'existence d'autres maillons forestiers identiques dispersés vers le sud semblent aussi le confirmer.

De toute autre nature est «le désert fleuri», floraison occasionnelle et printanière du Petit Nord. Cette éclosion végétale d'une extraordinaire richesse de couleurs se déclenche chaque fois que les pluies hivernales dépassent la moyenne annuelle. Alors, plaines et montagnes se couvrent pendant quelques semaines en septembre et octobre du blanc éclatant des *Leucocorynes*, des rouges pourpres des *Calandrinias* des jaunes des *Senecios, Adesmia, Hipprastrum* et *Viola*, des bleus des *Christarias* et des *Sphaeralcea*, des clochettes multicolores de *Alona* et *Nolanas*.

II. LES HOMMES ET LEUR ÉCONOMIE

Le Petit Nord est un pays d'approche difficile : c'est une région montagnarde aux nombreux obstacles dont les plus importants sont l'altitude, la très forte aridité et le relief mouvementé. La montagne interne est à bien des égards un désert plus marqué que celui du Grand Nord par son isolement et par l'absence de toute installation humaine permanente. De plus aucune ligne de chemin de fer ne la traverse et deux routes seulement la mettent en rapport avec le piémont argentin. Seuls la sillonnent les troupeaux transhumants grimpant des basses terres côtières pendant la belle saison. La montagne externe, plus basse, rassemble l'activité minière et encadre les vallées agricoles. Celles-ci, enrichies par les eaux fluviatiles, concentrent à leur tour la population rurale et urbaine dans un cadre aménagé par l'homme ; là, le courage et l'obstination de plusieurs générations ont réussi à transformer la nature par le défrichement et l'irrigation, par la sélection des cultures et l'introduction du bétail.

L'homme, néanmoins, reste à l'image de sa terre, partagé entre les champs agricoles qu'il a créés dans les vallées et les rochers arides des interfluves qui recèlent une fabuleuse richesse dans d'innombrables gîtes.

A. Les activités minières

Les ressources minières de la montagne externe ont été l'objet d'une active exploitation depuis l'arrivée des Espagnols au XVIe siècle. Cette mise en valeur comprend plusieurs cycles économiques d'une importance fondamentale dans l'évolution de l'économie chilienne.

L'extraction de l'or fut la première à l'époque coloniale, l'argent et le cuivre suivirent au XIXe siècle ; enfin, se déroule actuellement le cycle du fer.

a) Placillas et camps de mineurs

Vers la fin du XVe siècle, Huaina Capac, fils de Tupac Yupanqui, avait conduit des troupes victorieuses depuis le Pérou jusqu'aux rivages du Maule. Dès lors des colonies de **mitimaes**, populations déracinées, déportées de villages lointains de l'Empire inca furent installées de force dans quelques vallées irriguées jusqu'au-delà du Cachapoal. Elles devaient y faire de l'agriculture et surtout recueillir l'or dans les placers. Deux grandes fonderies impériales fonctionnaient dans la région, l'une à Quillitan dans la vallée de l'Aconcagua, l'autre à Tequirque, tout près de l'embouchure du rio Elqui. C'est là que J. Bohon sur l'ordre du conquérant du Chili Pedro de Valdivia, installa en 1543 la première ville du Petit Nord : La Serena. Sa fonction était d'assurer un relais maritime entre le Chili central et le Pérou.

La vallée de l'Elqui figura ainsi très tôt sur la liste de celles qui assuraient le flux du métal précieux vers l'Espagne. La mine d'or de Andacollo, devenue par la suite un haut lieu de pélerinage indigène, fut au XVIe siècle la plus fabuleuse découverte des temps coloniaux chiliens, entraînant par ricochet la prospérité de La Serena. De même, la naissance de tous les centres urbains fut associée par la suite et jusqu'au XVIIIe siècle aux **placillas**, anciens camps des mineurs de l'or. Ainsi s'éveilla un chapelet de villes, paradoxalement toutes situées sur le secteur moyen des vallées, dans une région montagneuse à communications longitudinales difficiles, sans arrière-pays et presque sans ports. La Serena resta jusqu'au XIXe siècle le seul hâvre convenable de la région qui fut alors marquée par de grandes découvertes d'argent et de cuivre, et par la multiplication des gisements mis en exploitation.

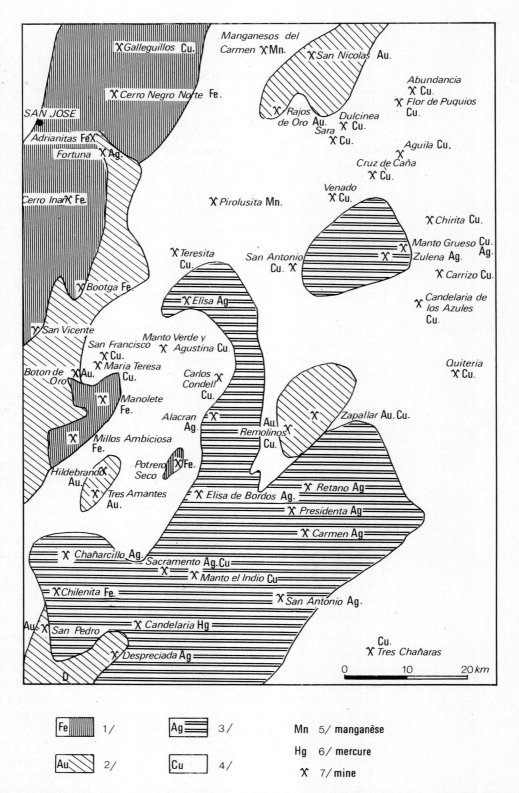

FIG. 30 — Exemple de fréquence et de variété des mines au Petit Nord : « Le pays des 10 000 mines » (district de Copiapó), provinces métallogéniques et mines les plus représentatives

(d'après K. SEGESTROM. Geologia de las Rojas Copiapó y Ojos del Salado. IIG Santiago 1968)

b) Le pays des dix mille mines

La découverte d'Agua Amarga, au sud de Vallenar en 1811 inaugure le cycle de l'argent et marque le début d'un épisode particulièrement heureux de la vie économique chilienne. En effet, à l'Indépendance de la tutelle de l'Espagne, à la liberté de commerce et à l'essor de l'activité agropastorale dans la région, s'ajoutèrent au XIXe siècle de nombreuses découvertes. L'essor de l'exploitation minière fut si importante que l'on parlait du Petit Nord comme de «la région des dix mille mines». Parmi elles quatre gisements à très haute teneur en métal : Chañarcillo et Caracoles, producteurs d'argent, Tamaya et El Brillador, producteurs de cuivre. Par son importance, Chañarcillo fut à l'argent ce qu'Andacollo avait été à l'or. Tamaya, de son côté, représenta le point de départ de la grande exploitation du cuivre et l'accession du Chili aux premiers rangs des producteurs mondiaux.

L'influence de la mise en exploitation de ces gisements fut aussi fondamentale sur l'économie chilienne. Elle permit de financer l'infrastructure de la région et de la jeune République entre 1840 et 1860. Les bénéfices permirent aussi d'aménager des ports et de construire plusieurs lignes de chemins de fer transversales rattachées à la ligne longitudinale Calera-Iquique au début du XXe siècle. La fin du XIXe siècle marqua un tournant fondamental dans l'économie minière puisqu'il coïncida avec la chute des cours mondiaux de l'argent et du cuivre et avec l'épuisement des gisements à haute teneur. Dès lors le centre de gravité de la grande exploitation minière se déplaça vers le nord désertique ; le Petit Nord devint le domaine des moyens et petits exploitants.

c) L'exploitation minière moderne

La structure de l'économie minière dans cette région montre côte à côte deux formes d'exploitation par trop opposées.

○ L'une, celle des petits exploitants, se rattache surtout au système artisanal du **pirquén** et intéresse la production de cuivre, de l'or et de l'argent. Très active, elle est l'une des sources d'emploi les plus importantes. Par contre, elle n'est que trop défectueuse, par la précarité de ses conditions de travail, par la grande dispersion des centres d'exploitation et par la faiblesse de ses rendements. Pour essayer de corriger ces défauts le gouvernement chilien a fait adopter de nombreuses lois depuis un quart de siècle et a mis en place une structure qui voudrait assurer le crédit, l'achat et la fonte des minerais et organiser la production.

○ L'autre forme d'exploitation industrielle est celle des mines de fer concentrées entièrement dans cette région. Elles étaient il n'y a pas longtemps aux mains des grandes compagnies étrangères, mais furent nationalisées en 1970. L'ensemble ferrifère devint alors un consortium étatique, qui comprend toutes les étapes de la production, de l'extraction à la commercialisation de la matière première ou des produits finis.

B. La vie agropastorale

L'arrivée des Espagnols amena aussi des transformations profondes dans la population indigène divisée dès lors entre mineurs et agriculteurs. La système de culture fut bouleversé par l'introduction du bétail et des nouvelles plantes cultivées. On vit alors se développer un assortiment de plantes américaines et européennes associé à l'élevage d'un bétail introduit, ce qui entraîna progressivement l'intégration des pacages à l'économie agraire.

Cette nouvelle agriculture se pratiqua dans un contexte foncier rénové : les masses indigènes furent repoussées dans des réserves à l'écart des grandes propriétés terriennes octroyées aux conquérants. L'opposition latifundium-minifundium était déjà en place.

Sous l'exigence d'une économie de marché l'espace agricole fut vite saturé et les volumes d'eau maitrisés se révélèrent insuffisants : de là, le besoin d'étendre les périmètres irrigués, d'aggrandir les aires agricoles, de spécialiser les zones de culture et d'élevage. Toute l'évolution de la vie agropastorale du Petit Nord se réduit par la suite au renouvellement successif de cette conquête très fertile en péripéties.

a) L'agriculture irriguée

Tout en profitant de l'agriculture indigène lors de la conquête, les Espagnols transformèrent profondément le système de culture autochtone par l'apport de plantes cultivées européennes et par l'introduction de bétail. Ainsi à la suite de l'occupation espagnole s'établirent côte à côte un élevage d'animaux exotiques et une agriculture irriguée de fonds de vallées combinant des plantes américaines (pommes de terre, maïs, quinoa) et des variétés introduites d'Europe (blé, luzerne, lin, en plus de la vigne et des arbres fruitiers).

Les essais d'implantation de la canne à sucre et du coton échouèrent, le climat ayant très vite repoussé ces dernières cultures vers des milieux plus convenables à leurs exigences écologiques.

Le territoire conquis fut progressivement partagé aux XVIe et XVIIe siècles selon les pratiques appliquées en Espagne à la fin du XVe siècle. En effet, en reconnaissance des services, les représentants de la Couronne pouvaient faire des donations gratuites de terres d'ordinaire très vastes ; ce furent les **repartimientos**, distributions des terres, équivalentes des **mercedes** ou «grâces royales» octroyées directement par la Couronne d'Espagne. Ce style de donation détermina la naissance d'une première génération d'**haciendas**.

La main-d'œuvre dans chaque domaine était assurée par l'**encomienda**, groupe d'indigènes vivant sur les terres données aux **encomenderos**. Ces indigènes avaient, en principe, le droit de posséder leurs maisons et de disposer de temps pour entretenir leurs propres cultures. Or, ils furent très souvent repoussés sur des terres marginales, **valles de naturales** transformées alors en secteurs de petite propriété aux très faibles ressources en eau d'irrigation.

L'agriculture fondée sur cette organisation économique de l'**encomienda**, était appelée à produire pour la subsistance et même, très vite, pour la commercialisation. Ces tâches furent d'autant plus difficiles à remplir que les surfaces utiles étaient encore celles de la période précolombienne et que la main-d'œuvre indigène diminuait, décimée par les épidémies, accablée par les travaux miniers, exterminée par les razzias, châtiments de leurs révoltes. Bientôt on assista aux déplacements d'Indiens du Sud chilien et d'Argentins pour assurer la continuité des travaux miniers imposés par les conquérants et pour maintenir une économie agricole de marché exigeant toujours plus de blé, de vin, de fruits et de bétail.

— Les premières transformations

L'agriculture et l'élevage du Petit Nord limités aux basses terrasses alluviales irriguées et aux maigres pâturages voisins des cours d'eau furent incapables au XVIIIe siècle de se développer au rythme qu'exigeait le marché de consommation. L'exiguïté des surfaces et l'irrégularité des pluies freinaient l'expansion. Ainsi, en 1787, le Cabildo de Copiapó fut contraint de limiter temporairement la surface cultivée en blé et d'interdire pour quelques années les plantations d'arbres fruitiers et de vignes. La constatation de ces contraintes naturelles provoqua la première grande phase de révision de l'économie agropastorale et se traduisit par trois faits principaux :

Les céréales reculèrent vers le sud au-delà de la vallée de l'Elqui, où la culture sans irrigation était possible ; les troupeaux se dissocièrent, les plus rudes et de moindre intérêt économique furent refoulés en amont sur les pâturages pauvres des fonds de vallées et sur les pacages de la montagne environnante. Les bovins seuls continuèrent à profiter des champs de luzerne des basses vallées ; enfin, à l'exception des surfaces couchées en luzerne indispensables au bétail, les terres irriguées furent destinées de préférence aux cultures permanentes, arbres fruitiers et vigne. La production de fruits secs et de vin était la plus rentable et celle qui s'adaptait le mieux aux longs déplacements vers les marchés de Potosi et les basses terres du Pérou.

— *Les investissements des mineurs dans l'agriculture*

Cette première redistribution des cultures n'était pas définitive. Le remarquable essor de l'extraction minière au XIXe siècle dans le Petit Nord et le Grand Nord en imposa d'autres. En effet, les besoins de plus en plus grands des populations minières voisines et l'exiguïté des terres irriguées susceptibles d'entretenir les troupeaux incitèrent les mineurs à s'intéresser à la terre.

Des sociétés minières nationales et étrangères investirent désormais d'importants capitaux dans l'acquisition de terres et dans la construction de canaux d'irrigation. Cette intervention eut une double conséquence. D'une part, elle amena un considérable élargissement de la surface utile en y incorporant les hautes terrasses alluviales, d'autre part, elle donna naissance à une deuxième génération d'**haciendas**. Dans les vallées du rio Huasco les terres nouvellement conquises représentaient une surface quatre fois supérieure à celle que l'on cultivait au XVIIe siècle.

Aménagées par les mineurs dans un but très précis, ces terres furent ensemencées en luzerne et devinrent des prairies d'embouche. Le Chili central et le piémont argentin jouèrent depuis, pour le Petit Nord chilien le rôle de pays naisseurs.

Cela fut accompagné d'une nouvelle disposition des cultures. Dans le sens longitudinal apparut une spécialisation selon l'éloignement des marchés de consommation. Au nord de l'Elqui dominaient les prairies de fourrage vert brouté sur place ; au sud l'emportaient les prairies de fauche dont le foin était destiné à la vente. Dans le sens transversal, on constatait une nette opposition entre les secteurs des basses et moyennes vallées, terres à luzerne et les secteurs supérieurs occupés par des arbres fruitiers et la vigne. Cette dernière division était en parfait accord avec les données physiques. L'humidité des **camanchacas** côtières pénétrant dans la partie basse des vallées favorisait la venue des prairies. De plus, sur les terres nouvellement conquises la luzerne tolérait sans peine les sols encore très riches en sel. Dans les secteurs moyens et supérieurs la sécheresse ambiante, la disparition des brumes et de l'inversion des températures se prêtaient particulièrement à la culture des arbres fruitiers et de la vigne.

Bien qu'importantes en surface les nouvelles terres s'avérèrent insuffisantes pour maintenir la masse de bétail que réclamaient les activités minières. Cette incapacité relative provoqua une tendance à l'élargissement des domaines agraires. Les propriétaires d'**haciendas** irriguées de la basse vallée acquirent une deuxième exploitation dans la montagne interne. Pendant la belle saison ils y disposaient désormais de vastes pâturages libres susceptibles d'accepter des troupeaux importants. La grande transhumance fut ainsi organisée entre les terrasses irriguées des basses vallées devenues terres d'hivernage et les prairies naturelles de la Cordillère, terres d'estivage.

— *La jouissance de l'eau : pénuries, litiges et réglements*

Cette transformation si profonde du fond pastoral du Petit Nord ne se fit pas sans encombres. Les terres aménagées s'étaient progressivement étendues mais les ressources en eau n'avaient point augmentées. Cet antagonisme provoqua de violents conflits en particulier entre anciens et nouveaux propriétaires et révéla l'urgence de dispositions légales ordonnant la distribution de l'eau et créant les organismes d'exécution.

Les réglements furent mis en place dès la seconde moitié du XVIIIe siècle. Ils fixèrent des **turnos**, c'est-à-dire des tours d'eau selon un calendrier savant et variable qui tient compte des débits des rivières et des surfaces à irriguer. Les organismes d'exécution, inspirés du droit d'usage espagnol sont composés de sociétés d'irrigation, de tribunaux et de «juges» des eaux, permettant de concilier les droits que la pratique avait établis et les besoins que les dernières transformations avaient créés.

La dernière étape qui correspond à la plus importante extension des terres d'irrigation, est sourtout celle de la vallée du Limari. Cette annexion, menée à bien par l'État associé à des capitaux privés, se fit très tardivement (1930) par la construction d'un groupe de barrages. Grâce aux travaux dans la vallée du Limari, la surface irriguée de la région atteignit 150 000 hectares, valeur cinq fois supérieure à celle de 1875. Mais cet élargissement, aussi important soit-il, se fit à une époque où le Petit Nord avait déjà perdu son rôle de centre de ravitaillement des mineurs du Nord. De plus, le nitrate ne représentait plus ce pôle de croissance qui avait encore animé les vallées agricoles à la fin du XIXe siècle et au début du XXe.

b) La petite propriété et les communautés agricoles

Le développement de cette agriculture irriguée sembla oublier les petits exploitants : l'État chilien les ignorait. Ce ne fut que lorsqu'on essaya d'apporter de nouvelles ressources aux maigres fonds de l'État en complétant le cadastre pendant la crise des années trente, que fut détectée pour la première fois l'existence de nombreuses unités de petits exploitants organisées de façon communautaire. Ces communautés avaient des régimes différents : les unes correspondaient à d'anciens groupements indigènes mis à l'écart par l'occupation espagnole, les autres avaient évolué par héritages, et étaient associées aux secteurs de petites propriétés bloquées entre de grands domaines. Il y avait enfin les communautés nées autour des anciennes exploitations d'or et d'argent et fixées auprès d'un modeste point d'eau.

Ces communautés rassemblent de nos jours une masse paysanne de 100 000 personnes sur des exploitations dont la surface est ordinairement insuffisante pour satisfaire les besoins matériels d'une famille. Elles vivent de ce fait en économie de subsistance, ne disposant qu'accidentellement d'une production destinée au marché. L'ensemble le plus vaste de ces communautés se trouve dans le secteur occidental de la province de Coquimbo. Les terres sèches forment 95 % de leur terroir : 700 000 hectares. Ces terrains sont appelés **lluvias** ou terres de pluie, parce qu'ils ne reçoivent pas d'autre apport en eau que celui des pluies occasionnelles. Ce sont des champs communautaires qui constituent les terrains de pâturage hivernal des troupeaux et portent des cultures céréalières à assolement variable. Les terres irriguées (30 000 hectares) sont des propriétés individuelles, on les appelle **cercos**. Ce sont des enclos, disposés en lanières perpendiculaires à l'axe de la rivière et portant chacun la maison familiale.

L'économie de cette masse paysanne est fondée sur l'association blé-chèvre ou blé-mouton, tous très sensibles aux variations climatiques. Le troupeau est constitué, les années de précipitations suffisantes, de quelques 400 000 chèvres et 300 000 moutons. Dans l'espace, les troupeaux de chèvres dominent au nord du rio Limari, les ovins au sud. Comme le bétail des **haciendas** ils se livrent aux déplacements saisonniers de la transhumance.

c) La transhumance traditionnelle

Chaque année, partout, du Huasco au nord à l'Aconcagua au sud, de petits troupeaux de 200 à 500 animaux chacun, migrent dès novembre vers les pâturages d'altitude.

Enveloppés de nuages de poussière, parfois tassés sur la plateforme des camions, ils abandonnent les champs d'hivernage, tondus par la dent démoniaque des chèvres et grillés par le soleil. Ils vont paître dans la montagne interne sur les hautes surfaces de la Cordillère couvertes encore de plaques de neige. Ces pacages d'altitude concentrés dans la montagne, appartiennent aux communautés, aux exploitants ou à l'État. Au sud de l'Elqui, grâce à des contrats passés avec des tenanciers argentins ces troupeaux vont brouter les pâturages du versant atlantique.

Le tiers de la masse animale, caprins ou ovins, se déplace en transhumance. Un nombre plus réduit de quelques 5 000 bovins, chevaux et mulets, s'associe à leur déplacement. Ce pourcentage varie néanmoins selon la surface totale des propriétés et l'étendue de terres irriguées. En fait, il y a deux types de transhumance : l'une, celle des petits exploitants, est indispensable à la survie de leur bétail qui trouve là un complément vital à sa nourriture. L'autre, celle des grands propriétaires n'est qu'une extension commerciale de l'élevage du bas-pays.

En règle générale les plus déshérités déplacent les troupeaux les plus nombreux. Mais cela dépend aussi du montant annuel des précipitations. Les années les plus sèches, le nombre d'animaux en transhumance augmente mais une série d'années sèches le réduit du fait de la haute mortalité. Ce fut le cas pendant les grandes sécheresses des années 1909-1913, 1916-1918, 1935-1937 et plus près de nous, celle de 1965-1968. Cette dernière a réduit de plus de moitié le cheptel du Petit Nord, situation d'autant plus dramatique que dix mille familles tirent l'essentiel de leur subsistance de ces ressources. Toute autre est la situation de la grande exploitation. Pour elle la transhumance du bétail est plutôt un moyen d'augmenter le nombre de bêtes destinées à la commercialisation, l'essentiel de leurs pâturages dans les basses terres irriguées étant destiné à l'élevage laitier.

Vallée de l'Elqui dans le Petit Nord

Région forestière et agropastorale de Concepcion

d) La situation actuelle de l'activité agropastorale

Comparée aux autres activités locales, l'agriculture est la moins rentable. Elle ne participe que pour 4 % au Produit Brut de la région. Cette part est dix fois inférieure à celle de l'activité minière et cinq fois plus petite que celle du commerce. Cela montre que l'augmentation des surfaces irriguées n'a pas été suivie d'un progrès comparable dans la production. Cette faiblesse est à attribuer à la disposition des marchés miniers, à l'archaïsme des techniques et aux reconversions agricoles.

Sur le plan technique, le travail de la terre reste traditionnel et limité par les disponibilités en eau bien que depuis longtemps on ait recours au captage des eaux souterraines.

La pénurie en eau n'est pourtant pas comme on pourrait le penser de prime abord, associée à son utilisation intensive, mais vient plutôt d'un incroyable gaspillage. En effet, aussi paradoxal que cela puisse paraître dans une région où les efforts pour maîtriser l'eau sont anciens et considérables, une grande quantité des ressources — 80 % dans des cas extrêmes — se perd par évaporation, par infiltration ou par mauvais usage entre les zones de captage et les lieux d'utilisation. D'énormes progrès, améliorations et innovations sont à faire d'urgence aussi bien que dans l'imperméabilisation et la protection des canaux que dans les méthodes d'irrigation, l'aspersion et l'irrigation nocturne étant par exemple des pratiques susceptibles de rendre d'évidents bénéfices.

Dans l'utilisation de la terre, les derniers recensements permettent de constater que le nouvel équilibre agricole du Petit Nord n'est pas encore atteint. Cela se traduit par la présence de deux mouvements de repli vers le sud. Premièrement un recul évident de la surface destinée aux céréales qui prolonge le glissement déjà amorcé au XIXe siècle par ce type de cultures. La surface emblavée en 1965 était de 24 000 hectares ; en 1971 elle avait diminué de cinq fois bien que les rendements soient passés dans la même période de 15 à 20 quintaux à l'hectare. Le deuxième mouvement est le repli vers le sud de l'élevage laitier, situation très compréhensible puisque depuis 1936 la production régionale de lait est faible et stationnaire.

Les surfaces ainsi libérées semblent destinées de plus en plus à la production de primeurs et à la culture de la vigne, ces produits trouvant un marché privilégié au Chili central et à Santiago en particulier. Les arbres fruitiers occupent 6 500 hectares, le vignoble de raisin de table, 2 500 hectares. Il faut ajouter 3 500 hectares de vignes dont la production est destinée à la distillation. Celle-ci effectuée dans des caves coopératives qui produisent des boissons et liqueurs à concentration alcoolique variable. De ces alcools, le plus apprécié et celui dont la production augmente le plus vite est le **pisco**, eau-de-vie très réputée, seul produit d'appellation contrôlée de la vigne au Chili.

La campagne subit aussi les modifications profondes de la Réforme Agraire. A la fin de 1972 le secteur réformé comprenait une centaine de propriétés, 15 000 hectares irrigués, 400 000 hectares de terres de **lluvia**, intéressant 1 500 familles. Parallèlement aux mesures visant à un partage plus juste des grands domaines sont prises des décisions en faveur des petits propriétaires. Les unes sont des mesures «d'assainissement légal» permettant de fournir des titres de propriété aux paysans qui pour des raisons diverses avaient perdu toute justification légale de leurs possessions. Les autres sont des actions de remembrement de parcelles : elles tendent à dépasser l'archaïsme et la faiblesse économique qui frappent d'immobilisme ces communautés agricoles beaucoup plus déshéritées qu'aucune autre.

147

CHAPITRE IX

CONCEPCION ET LA «FRONTIÈRE»

Cet ensemble de 54 000 km² et plus d'un million et demi d'habitants représente une transition entre le Chili central méditerranéen et le domaine austral tempéré où les mois secs n'existent plus. Les précipitations déjà très abondantes varient entre 1 et 2 mètres. Les rivières sont larges avec des débits abondants. La végétation est caractérisée par l'apparition de la forêt ombrophile valdivienne très exigente en eau.

C'est une région à deux façades : du côté de l'Océan Pacifique, autour de Concepcion, se rassemblent les fortes densités de populations adonnées aux activités de l'industrie et de la pêche ; vers l'intérieur au contraire, organisés autour de Temuco et Cautin, ce sont de vastes espaces agricoles et forestiers.

I. LE CADRE NATUREL

A. Des unités physiques moins vigoureuses et moins nettes que dans le Chili central

La Cordillère des Andes n'est en général pas très haute, en moyenne de 2 000 mètres ; une double ligne de sommets se détache, crêtes sur la frontière avec l'Argentine et nombreux volcans dépassant 3 000 mètres, tous très marqués par l'empreinte glaciaire. Un large piémont s'étale sur la bordure occidentale, à faible pente et à matériaux pourris.

La dépression centrale présente un paysage de collines constituées de dunes anciennes et de dépôts pliocènes alternant avec des plaines alluviales et marécageuses.

La cordillère côtière de Nahuelbuta est un chaînon puissant de 1 300 mètres aux sommets rabotés s'abaissant vers les plaines littorales et vers le sud dans les plaines alluviales du Bio-Bio.

B. Un climat de transition

Vers le sud le paysage est de plus en plus marqué par l'humidité. Les pluies sont abondantes et les températures de plus en plus fraîches, 13° de moyenne annuelle. Ce climat exerce une double influence sur l'hydrographie et la végétation.

Les rivières sont à régime franchement pluvial avec des débits importants et des eaux calcaires et transparentes. Le bassin hydrographique du Bio-Bio est le plus vaste : il couvre 24 000 km² et son débit est de 8 000 m³/secondes à l'embouchure. Les précipitations d'automne et surtout d'hiver sont la principale source d'alimentation avec une petite pointe au moment de la fonte des neiges. Ce fleuve n'est cependant pas navigable car une barre le ferme vers l'embouchure. L'axe fluvial de l'Impérial est semblable au Bio-Bio mais moins important.

La végétation de parcs et de forêts, prolongement de celles de la région des Lacs, est sensible aux phénomènes d'exposition. Le paysage de parc à végétation mésomorphique est encore marqué par des aspects méditerranéens avec des variétés de lauriers et de chênes verts. La forêt présente des espèces tempérées à feuilles caduques mais aussi déjà des araucarias.

II. L'OCCUPATION HUMAINE

A. Les Araucans : un peuple en décadence

La région de Concepcion et La Frontière est le pays des Araucans, guerriers nomades apparus au Chili vers 1400 dans la région du Bio-Bio, venant d'Argentine après avoir traversé la Cordillère. Ils ont été transformés, au contact avec le milieu naturel en un peuple sédentaire refoulé par les autres groupes ethniques indiens du Sud et du Nord. Ils s'appellent eux-mêmes «Mapuches» c'est-à-dire Hommes du pays ; ils ont développé une civilisation de l'arbre et du végétal en devenant agriculteurs mais sans perdre leurs qualités guerrières puisqu'ils ont stoppé l'avance des Incas avant de faire face aux troupes des Espagnols et de la République Chilienne pendant trois siècles.

C'est seulement en 1862 que les forces militaires chiliennes commencèrent à s'avancer au sud du Bio-Bio qui avait marqué jusqu'alors la limite sud du Chili continental.

Les Araucans furent dépouillés d'une grande partie de leurs terres. Celles qui leur furent laissées restèrent soumises à une législation particulière car proclamées propriété inaliénable et collective des tribus. Mais le principe de propriété collective fut vite remis en cause car on l'accusait d'entraver les progrès.

B. Une colonisation tardive

Une colonisation consécutive à l'occupation militaire se partagea à partir de chaque fort militaire par la création de villages et de petites villes en bois. Différents systèmes de colonisation furent employés. On procéda à des ventes aux enchères de terres qui donnèrent naissance à de vastes propriétés. On découpa aussi des lotissements destinés à une colonisation officielle et des concessions de grande étendue livrées à des entreprises privées de colonisation. Mais en marge de cette action officielle, des particuliers réussirent à tourner la loi et à occuper les terres des réserves. Il en a découlé un cadastre assez confus et d'interminables litiges.

Actuellement environ 150 000 Mapuches vivent sur 400 000 hectares de réserves répartis principalement à Cautin, Malleco, Arauco où de faibles étendues de terres sont mal cultivées en système agricole extensif fondé sur des cultures vivrières et un élevage de bétail «créole». Ils sont surtout coupés du reste du pays par le réseau des voies de communications resté rudimentaire. La transculturation est un processus très lent et l'analphabétisme est encore assez général.

Depuis la fin du XIXe siècle cependant, l'occupation de la région s'est faite rapidement. Par exemple la province de Cautin qui avait 7 000 habitants en 1875, en regroupait en 1907 177 000. L'essor démographique peut être expliqué par

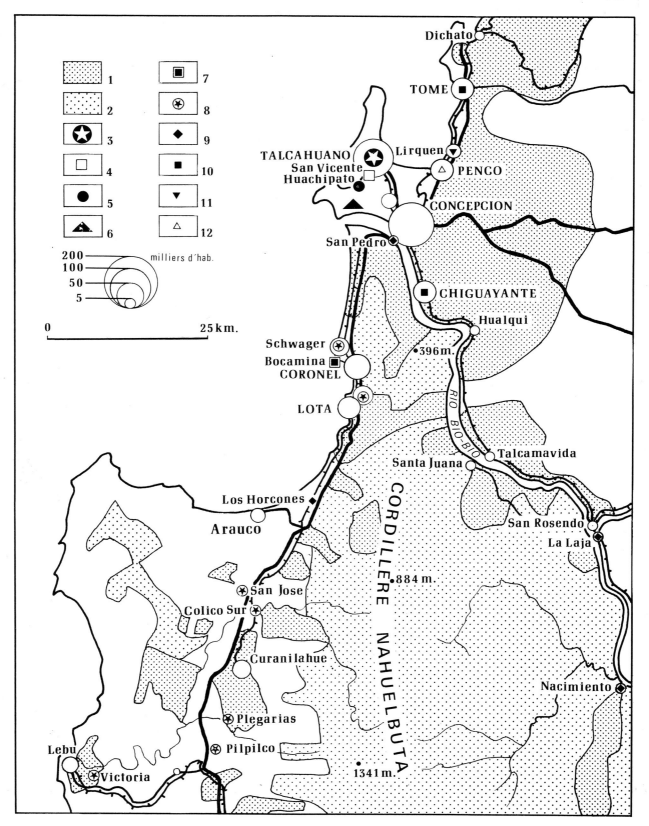

FIG. 31 — Concepcion et sa région

1. Plantations de *pinus radiata* — 2. «Renovales» : forêt secondaire après incendie et exploitation de la forêt primaire — 3. Port militaire
4. Port de pêche — 5. Aciéries et industries dérivées — 6. Raffinerie — 7. Centrale thermo-électrique (125 000 Kw de puissance installée)
8. Mine de charbon — 9. Usine à papier — 10. Filatures — 11. Industrie de la faïence — 12. Industrie du verre

l'esprit pionnier des Chiliens et, à un moindre degré, par l'immigration des colons allemands, suisses, irlandais et espagnols. Aujourd'hui les provinces les plus peuplées sont celles de Concepcion et de Cautin. Les deux villes de Concepcion et Temuco sont en même temps les capitales des deux ensembles régionaux fort différents.

III. UNE RÉGION A DEUX FAÇADES

A. L'intérieur

L'intérieur est un front pionnier agricole et forestier. La moitié de la production de bois du Chili en provient, principalement composée d'**araucarias** et de **coigues** et le quart des scieries y sont implantées.

Le tiers de la superficie est ensemencé en céréales qui couvrent 415 000 hectares. Le blé resta pendant plusieurs décennies la seule culture ; actuellement la région produit également 62 % de la production d'avoine du Chili et 58 % de celle de seigle. Un autre tiers de la surface cultivée concerne les plantes industrielles, betterave à sucre, tournesol et colza. Les cultures maraîchères occupent 28 % des surfaces avec des haricots, lentilles, petits pois, pommes de terre et pois chiches. L'élevage a été favorisé par la nécessité de respecter de longues jachères utilisées par des troupeaux de porcs, de bovins et quelques ovins. Mais les besoins des villes suscitèrent une importante production laitière. La vigne est encore présente, cultivée sans irrigation et fournissant 7 % de la production nationale de vin.

Plus du tiers de la population vit de ces activités agricoles mais le reste peuple les villes et en particulier Temuco. Temuco est la capitale de la région de la Frontera, avec 85 000 habitants en 1963. Fondée en 1881 elle devint rapidement un centre commercial administratif et industriel avec tous les traits de ville frontière. Elle polarise les activités économiques de la région, contrôlant les axes routiers transversal et longitudinal, et les mouvements commerciaux vers le Chili central.

B. La façade océanique minière et industrielle

Le région d'Arauco et la côte présentent l'un des rares bassins houillers du continent sud-américain, gisements sous-marins de houille et lignites à faible profondeur. La production de l'ordre de 1,5 million de tonnes est actuellement en décadence à cause de la concurrence du pétrole de Magellan et de l'hydroélectricité. Aussi a-t-elle trouvé de bons débouchés lors de la création en 1945 d'usines sidérurgiques situées à Huachipato près de Concepcion. Cette localisation fut favorisée par la proximité des lieux d'extraction de la houille, de la baie de San Vicente, l'énergie électrique fournie par le débit considérable du Bio-Bio, une main-d'œuvre abondante et la tradition locale liée à la présence des hauts-fourneaux de Corral. Mais le charbon est médiocre, de haute teneur en soufre, les deux-tiers sont importés des États-Unis ; le fer vient du Petit Nord à 1 200 kilomètres au nord et le fondant calcaire provient de Patagonie. Néanmoins les aciéries produisent 1 million de tonnes d'acier en lingots et produits finis.

A côté de cette industrie lourde s'est développée une véritable région industrielle où de nouvelles usines utilisent les produits et sous-produits de la sidérurgie, cimenteries, tréfileries, fabriques de ferro-alliages. D'autres centres de production complètent cette zone industrielle, raffinerie de pétrole créée en 1962, grand complexe pétrochimique intégré à San Vicente.

De l'extraction du charbon ont dérivé les industries de la céramique, de la faïence et les cristalleries. Seule l'industrie textile découle d'une ancienne tradition artisanale locale. De création plus récente, car liées au reboisement en pins, les industries de la cellulose et de la pâte à papier représentent 84 % de la production nationale. Enfin l'exploitation de la mer a fait naître un port de pêche très actif et des conserveries à Talcahuano et San Vicente.

C. La conurbation de Concepcion-Talcahuano

La ville de Concepcion constitue avec Talcahuano et d'autres unités urbaines une conurbation spontanée hétérogène et très distendue. Concepcion, fondée par Pedro de Valdivia en 1551 sur le site originel de Penco (à dix kilomètres au nord de l'agglomération actuelle), fut détruite en 1751 par un tremblement de terre avec raz de marée et reconstruite à son emplacement actuel en 1754 sur la rive gauche du Bio-Bio. Elle resta la capitale militaire du royaume du Chili jusqu'à la fin du XVIIIe siècle ainsi que la résidence des gouverneurs du Chili. Aujourd'hui elle présente encore le plan à damiers initial mais l'aspect de la ville s'est modifié à la suite du tremblement de terre de 1939-1940. Depuis elle évolue rapidement par sa propre dynamique.

Autour de Concepcion se développe une importante agglomération urbaine, hétérogène, étendue regroupant environ 700 000 habitants, dont une grande partie d'immigrants venant de provinces non limitrophes. Plusieurs villes sont annexées, telles Lota et Coronel, villes du charbon, Talcahuano et San Vicente, cités sidérurgiques, pétrolières et portuaires, et les centres industriels du textile et de la verrerie, Tomé, Lirquen et Penco. Mais cette conurbation est d'aspect distendu, 60 kilomètres séparant les extrêmes, conséquences des conditions historiques et de l'empirisme des fondations urbaines ; les rivières et marais constituent d'ailleurs toujours des obstacles à l'extension des villes.

Concepcion est la rivale traditionnelle de Santiago et cette ville, en réalité méditerranéenne, est la capitale d'une région où l'existence des deux façades est un atout de développement : en effet, elles se complètent par la variété et la puissance des ressources, l'abondance de l'énergie et la présence de l'industrie ; l'excellent port de Talcahuano et l'université de Concepcion animent une région qui connait un développement spectaculaire.

CHAPITRE X

LA RÉGION DES LACS

En approchant du rio Tolten, le paysage semble écrasé par un ciel humide, chargé de nuages. Sous ce ciel pluvieux, si différent de celui du Chili méditerranéen, coulent de grands fleuves et s'étendent de vastes lacs de piémont. Les précipitations nourrissent aussi une végétation forestière dont le manteau dense est troué çà et là par les installations des hommes. Pour ceux-ci d'ailleurs, le bois est la ressource fondamentale : matériau de construction pour les toits et les murs, il est aussi le combustible privilégié et constitue les clôtures tant à la ville qu'à la campagne. Autrefois il servait même à consolider la piste dans les passages marécageux ; l'utilisation des traverses ou **corvaralados** a permis la pénétration du pays.

L'habitat se concentre sur la plaine ondulée de la dépression centrale où alternent champs de cultures, boquetaux et prairies. Parfois ces herbages sont véritablement hérissés de souches et de troncs calcinés, témoins d'une couverture végétale autrefois bien plus dense, ravagée depuis plus d'un siècle par le feu et la hache des colons.

Ce pays des hommes entre en contact vers l'ouest avec une petite montagne boisée, découpée en massifs lourds par de puissants axes fluviaux alimentés par les lacs d'amont. Vers l'est, il est dominé par un alignement de cônes volcaniques couronnés de glaces. Le long de la dépression centrale, éclatants de blancheur, ils s'enlèvent au dessus du fond forestier de la chaîne andine et se reflètent sur les miroirs d'eau des grands lacs de piémont.

Séparée pendant trois siècles du Chili colonial par le pays Araucan insoumis la région des Lacs resta à l'écart de l'occupation espagnole. Le fort littoral de Valdivia, édifié, détruit et reconstruit à plusieurs reprises à l'embouchure du Calle-Calle y fut la seule avancée espagnole permanente depuis le XVIe siècle. Cette région ne fut ouverte à la colonisation que dans la deuxième moitié du XIXe siècle, à la suite de la pacification du pays indien. Cette colonisation, entreprise directement par le gouvernement chilien, apparaît ainsi comme tardive et originale : elle a marqué la population et bien des traits de l'économie, fondée pour l'essentiel sur l'activité forestière et l'élevage.

I. LES CARACTÈRES PHYSIQUES

Au sud du Tolten, la vieille échine boisée de terrains métamorphiques de Nahuelbuta, se divise en deux branches. L'une, Nord-Sud, forme les croupes basses et étroites de la Cordillère de la Côte avançant jusqu'à l'embouchure du rio Maullin. L'autre, de direction NNW-SSE, traverse en diagonale le territoire chilien sous la forme de cordons transversaux de basse altitude qui constituent le «pont» géologique de Loncoche. Ces derniers alignements rocheux barrent la dépression centrale sur une cinquantaine de kilomètres. Celle-ci ne réapparait qu'au sud du rio Calle-Calle sous la forme d'une dépression large, tantôt plate, tantôt ondulée, où vient se loger un chapelet de lacs en contrebas d'un vieux piémont fortement incliné. Ces lacs de piémont sont inséparables dans le paysage des cônes volcaniques coiffés de glace qui dessinent une guirlande parallèle à la bordure occidentale de la montagne et qui cachent un corps montagneux granitique.

A. Les Andes, une chaîne granitique et volcanique à empreinte glaciaire

Les Andes de cette région sont constitués d'un corps granitique axial portant sur sa bordure occidentale une lisière volcanique très récente. La chaîne est méridienne, d'altitude moyenne, très aérée, permettant par de nombreux cols des communications faciles avec le versant atlantique. A partir du volcan Tolguaca et vers le sud une ligne de cônes se détache à l'ouest des crêtes cristallines qui suivent là, la frontière avec l'Argentine. Ces appareils volcaniques alignés de manière évidente le long d'une zone de faiblesse tectonique, atteignent deux à trois mille mètres d'altitude, et sont ainsi nettement plus hauts que la chaîne granitique. Ils reçoivent également davantage d'humidité et restent constamment au-dessus de la ligne d'équilibre glaciaire. Celle-ci se situe vers 2 000 mètres au nord et 1 300 mètres au sud. Tous les sommets volcaniques portent ainsi des calottes de blancheur éclatante.

Ces appareils sont formés de roches tertiaires et quaternaires fréquemment basiques, caractérisées par la prédominance de basaltes et d'andésites constituant une série très localisée et discordante sur les roches granitiques. La plupart d'entre eux ont connu une activité explosive qui s'est prolongée pendant tout le Quaternaire et se manifeste encore de nos jours. Ainsi des masses importantes de matériaux pyroclastiques ont-ils pu se répandre directement dans les zones voisines. Enfin, une grande partie des produits volcaniques ont dévalé en coulées boueuses ou ont été repris par les eaux, le vent et les glaciers. Déplacés fort loin de leur source, ils ont contribué au colmatage du grand fossé subsident que représente la dépression centrale.

Le transport de dépôts détritiques et le nettoyage de la cordillère furent particulièrement actifs pendant la glaciation quaternaire. La montagne fut alors recouverte au sud du 39° degré de latitude d'un vaste massif glaciaire qui nourissait un ensemble de langues effluentes. Celles-ci avançaient sur le piémont et y étalaient de grands lobes de glace. Un vaste réseau d'auges glaciaires et de puissants amphithéâtres morainiques qui barrent les lacs de piémont, témoigne de leur force d'érosion et de leur puissance de transport.

B. La dépression centrale, plaine sédimentaire et lacustre

Le «pont» schisteux de Loncoche qui divise en deux secteurs la dépression centrale est découpé en collines lourdes par l'éventail fluvial du système Cruces-Calle-Calle. Au-delà, le sillon longitudinal se rétablit dans le paysage. Il y apparaît comme un ensemble de plaines fluvioglaciaires et de collines morainiques logées dans un fossé tectonique large d'une quarantaine de kilomètres. Vers le sud, la

Salto del Laja : arrière-pays de Concepcion

dépression centrale s'élargit et s'affaisse en contrebas d'un vieux piémont andin à forte pente. Par endroits cette topographie est feutrée d'une couverture de cendres volcaniques qui a oblitéré les formes primitives. Dans le fond du graben les roches du socle n'affleurent que rarement. L'ennoyage détritique, atteignant par endroits plus d'un millier de mètres d'épaisseur, représente un complément stratigraphique fort varié débutant par des sédiments marins du Miocène. L'étage plio-quaternaire est aussi très complexe. On y trouve, interstratifiés avec des dépôts volcaniques, des sédiments d'origines glaciaire, fluviale, lacustre et lagunaire. Les apports les plus modernes sont surtout représentés en contrebas des amphithéâtres morainiques quaternaires, par des alluvions fluvioglaciaires organisés en grands cônes de déjection, en plaines d'épandage et en terrasses. Les coulées volcaniques, dont la résistance est souvent supérieure à celle des autres dépôts détritiques, s'intercalent entre les terrains d'apport fluvial ou glaciaire. Elles provoquent parfois des chutes d'eau hautes de plusieurs dizaines de mètres, comme celle de Pilmaiquen aménagée en centrale hydro-électrique.

La dépression centrale s'achève au sud par le Seno de Reloncavi, vaste amphithéâtre déprimé, taillé en marches d'escalier, vraisemblablement ancien lac de barrage glaciaire envahi par les eaux du Pacifique.

C. La chaîne côtière

Se dressant rarement au-dessus de mille mètres, elle ne représente qu'un faible relief méridien, d'une cinquantaine de kilomètres de large qui s'affaisse du Nord vers le Sud. L'ossature est formée de roches métamorphiques paléozoïques fortement météorisées et modelées en croupes arrondies. Sur le littoral, elles sont par endroits taillées en marches d'escalier, mais le plus souvent la montagne tombe en falaise. Dans le sens transversal, deux réseaux hydrographiques traversent le socle par de larges couloirs d'érosion frangés de terrasses quaternaires. Celles-ci prolongent vers l'ouest la couverture détritique de la dépression centrale. Les tremblements de terre de l'année 1960 provoquèrent dans ces sédiments mal consolidés, séparés souvent par des couches argileuses gorgées d'eau, des mouvements de subsidence.

D. Le climat et son influence sur la végétation et l'hydrologie

Au sud de la Cordillère de Nahuelbuta et du rio Tolten, le climat de transition de la Frontière se transforme rapidement en un climat frais, franchement pluvieux à influence océanique. Cette modification s'explique par la disparition du courant de Humboldt à partir de l'île Mocha, par la proximité de la zone de stationnement permanent du front polaire et par l'influence des vents d'ouest chargés d'humidité. L'action combinée de ces différents éléments y crée une ambiance humide, douce, à faibles amplitudes journalière et annuelle de température. Cette région ne connait ni le gel ni la sécheresse en dehors de quelques périodes estivales sans pluie. Le ciel est toujours chargé de nuages. Ceux-ci forment une couverture d'autant plus importante que les phénomènes d'instabilité et de convection des masses d'air sont amplifiés par le relief. Les pluies sont réparties tout au long de l'année avec un maximum d'hiver. Valdivia, au bord du Pacifique reçoit déjà 2 500 mm de précipitations par an. Ce chiffre peut doubler sur les versants de la chaîne andine mais il est sensiblement inférieur dans la dépression centrale (Osorno 1 350 mm). Une coïncidence très nette s'établit dans l'espace entre les isohyètes et les lignes du relief : les précipitations maximales sont enregistrées sur les deux chaînes de montagnes tandis que des phénomènes d'abri en réduisent les totaux dans la dépression centrale et quelques vallées andines.

Ces conditions climatiques favorisent la continuité de la période végétative qui peut s'affaiblir pendant les mois d'hiver lorsque les températures se tiennent entre 5 et 10 degrés. De là, la présence entre 39 et 44 degrés de latitude sud de la Forêt Valdivienne, remarquable association ombrophile à feuilles persistantes qui couvrait jusqu'au XIXe siècle toute la région. Cette formation végétale réduite aujourd'hui aux secteurs de montagne représente la plus belle association forestière du Chili. Elle est très riche en espèces de sorte que les floraisons et les fructifications se produisent toute l'année. On y trouve des groupements endémiques uniformes et dominants de **coigue** (*Nothofagus Dombeyii*) et d'**ulmo** (*Eucryphia cordifolia*) sur des sols bien drainés et bien aérés. Les conifères comme le **mañiu** (*Saxegothaea conspicua*), souvent associé au **palo santo** (*Weinmannia Thricosperma*), sont les composants les plus remarquables des secteurs les plus hauts. Mais le géant de cette forêt est l'**alerce** (*Fitzroya cupressoides*) espèce magnifique de bois rouge, imputrescible dont certains spécimens atteignent 55 mètres de hauteur et 5 mètres de diamètre. L'alerce, qui serait l'équivalent dans l'hémisphère sud du séquoïa californien, se développe surtout dans les terrains humides, mais préfère en altitude les versants bien drainés. La plupart des autres espèces sont aussi de hauteur considérable (40 à 50 mètres) et constituent un étage supérieur dominant à son tour un palier intermédiaire à stratification complexe et fermée. La présence de nombreuses lianes (*Hydrangea integerrina*, *Griselinian Boquilia trifoliata*) d'épiphytes, en grande partie cryptogames et de parasites (*Myodendron*, *Phrygilantus*) contribue à la complexité de l'étage intermédiaire.

Le sous-bois, dense et obscur, est un fourré difficilement pénétrable de bambous (*Chusquéa*), de fougères et de mousses, en particulier dans les vallées en gorge. Enfin, une épaisse couche de feuilles recouvre les troncs morts qui pourrissent sur des sols détrempés et tourbeux.

Sur les versants des Andes, la Forêt Valdivienne est moins hygrophile et la variété des lianes, épiphytes et mousses diminue. Un étage forestier d'espèces caduques la sépare des toundras d'altitude. Formé de **lengas** (*Nothofagus pumilio*) et de **nires** (*Nothofagus antartica*), il représente l'avancée septentrionale de la forêt caduque subantarctique qui se développe dans les montagnes de Patagonie.

Les secteurs au drainage difficile sont le domaine des **ñadis**, sols hydromorphes, dérivés de cendres volcaniques et situés sur un horizon imperméable. Ils représentent un demi-million d'hectares de Cautin à Llanquihue. Ils sont couverts d'arbres de petite taille et d'arbustes, généralement **canelo** (*Drymis winteri*), **ciruelillo** (*Embothrium coccineum*), **tepualia**, **avellano** (*Guevina avellana*), **radal** (*Lomatia hirsuta*).

L'importance des précipitations et la présence de grands lacs à mi-chemin entre la montagne andine et la mer marquent profondément l'écoulement des eaux fluviales. Malgré une crue très nette en saison hivernale, les fleuves de cette région présentent des débits pondérés à l'aval des lacs. De ce fait, ils sont accessibles à des embarcations de faible tonnage et ont joué un rôle très important dans les premières phases de l'occupation du pays.

II. LES TRAITS HUMAINS

L'occupation humaine de la Frontière et celle de la région des Lacs ont connu une évolution fort différente malgré leur proximité. En effet, dans la

Frontière eurent lieu à plusieurs reprises depuis le XVIe siècle des tentatives d'occupation, pacifiques ou militaires. Au contraire, la région des Lacs (Valdivia, Osorno et Llanquihue) resta jusqu'au milieu du XIXe siècle un pays dont on ignorait tout. Faisaient exception deux enclaves de colonisation, le port fortifié de Valdivia sur le rio Calle-Calle et la ville d'Osorno, située dans la dépression centrale. L'histoire du premier n'est qu'une longue alternance de constructions et de destructions. La Vice-Royauté de Lima faisait reconstruire le fort chaque fois que les attaques des Indiens, les incendies ou les tremblements de terre le détruisaient. Tout au long de son histoire, Valdivia ne fit qu'assurer le rôle d'avant-poste littoral des territoires espagnols du Chili méridional. De plus, il surveilla discrètement la mise en valeur agricole de quelques terres des plaines de Negron, entre les rios Bueno et La Unión. Osorno vécut aussi une histoire tourmentée mais marginale. Détruite par les Indiens et abandonnée, elle ne fut définitivement reconstruire qu'à la fin du XVIIIe siècle.

A. Une colonisation dirigée par l'État

Au milieu du XIXe siècle, alors que la guerre n'était pas encore achevée dans les terres de la Frontière, la République chilienne décida d'entreprendre la colonisation de la région des Lacs. Sur ce territoire se trouvaient déjà disséminées quelques 30 000 personnes, dont l'installation s'était réalisée d'une manière spontanée surtout le long des cours d'eaux navigables. L'occupation officielle de la région fut entreprise simultanément par deux voies différentes. L'une partant de Valdivia et se dirigeant vers les plaines de la Unión et d'Osorno, reprenait l'ancien itinéraire de la pénétration espagnole. L'autre avançait en sens contraire de Melli-pulli (l'actuel Puerto-Montt) vers le lac Llanquihue et ouvrait un front entièrement nouveau dans la forêt. C'est autour de ce lac que se concentrèrent la plupart des colons européens attirés par le gouvernement chilien.

a) Les apports européens

Le recrutement des colons que l'on voulait de l'Europe du Nord, fut organisé et dirigé dans un premier temps par des Agents de Colonisation envoyés expréssement en Allemagne. Leur tâche n'alla pas sans encombres. Les sociétés allemandes d'émigration et de colonisation orientaient les départs plutôt vers les États-Unis, le Brésil et l'Argentine, pays qui offraient aux Européens des conditions plus avantageuses et des territoires plus faciles à mettre en culture. De ce fait, on ne retrouve pas au Chili l'afflux massif de colons que l'on observe dans d'autres pays américains. Entre 1850 et 1915 à peine un millier de familles provenant de différentes régions d'Allemagne s'installèrent définitivement dans le territoire ouvert à la colonisation.

Aussi, le gouvernement passe-t-il des contrats avec des «Entreprises de Colonisation» avouant en quelque sorte son échec. Elles prirent la forme de Sociétés d'élevage (Sociedad Ganadera Valdivia) ou de Sociétés agricoles (Sociedad Agricola Quemuy, S. A. Lanin, S. A. Rupanco) et reçurent de l'État des terres d'importance variable (5 000 à 40 000 hectares) à charge pour elles d'y installer des colons européens. Au début du XXe siècle ces compagnies n'avaient réussi à fixer sur ces terres que 165 familles (850 personnes) qui occupaient environ 10 000 hectares.

Cette colonie allemande, certes réduite, avait la chance de constituer un groupe complexe de paysans, d'artisans, et de membres de diverses professions libérales. Pourvus d'un certain capital, ils avaient choisi de s'expatrier et d'adop-

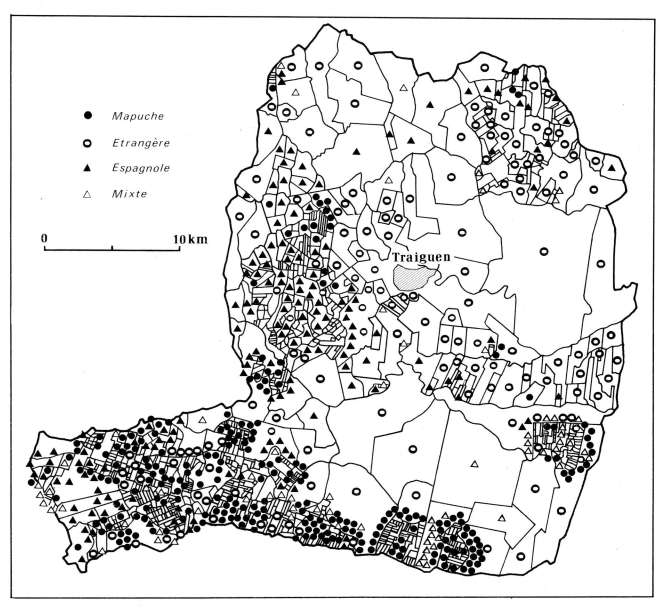

FIG. 32 — Origine des noms de famille dans le département de Traiguen («La Frontière»)
(d'après B. CRUZAT 1967)

ter le statut de colon pour des raisons politiques ou religieuses. De ce fait, ce groupe européen acquit très vite une certaine prépondérance dans l'activité agropastorale et créa de petites industries du bois, du cuir, de la bière et de l'alimentation, ceci pour le capital et la technique, le travail étant assuré par la main-d'œuvre chilienne nombreuse et qualifiée.

b) Les apports chiliens

En effet, parallèlement à cette arrivée discontinue et, somme toute, fort modeste de colons étrangers, se produisait une importante migration interne : elle était composée surtout de paysans venant du Chili central et de Chiloé, ou revenus d'Argentine, tous colons soucieux d'indépendance économique, mus par un élan patriotique ou tout simplement attirés par le goût du risque. Spontanée à l'origine, cette migration de colons chiliens fut par la suite prise en charge par l'État. A la fin du XIXe siècle, en raison des problèmes frontaliers, une loi accorda aux Chiliens désireux d'être rapatriés d'Argentine des facilités identiques à celles offertes aux étrangers. 40 000 retournèrent au pays entre 1898 et 1915, fondant notamment les colonies de Lonquimay, Villarica et Quintrilpe. Les Chiliens, qui étaient à l'origine concentrés surtout à l'est de Valdivia, aux alentours de Osorno et au Sud-Est de Llanquihue font tache d'huile avec l'ouverture d'une route importante et d'une ligne de chemin de fer entre Osorno et Puerto-Montt au début du XXe siècle. Ce mouvement spontané entraîna une pression considérable sur la demande de terres et souleva le problème de la propriété foncière.

c) Le problème foncier

Une grande partie des terres incorporées à l'économie nationale dans la seconde moitié du XIXe siècle avaient été occupées dans des conditions légales. C'était le cas des deux communautés appelées par l'État pour la colonisation de la région des Lacs, qui avait reçu du gouvernement des lots de 50 à 100 hectares selon le nombre de personnes composant chaque famille. En revanche, de vastes secteurs de la forêt primitive avaient été occupés spontanément, de manière plus ou moins clandestine, arbitraire ou illégale. Ils étaient devenus, par la suite, objet de longs procès ou de spéculation effrénée. Les problèmes de la propriété de la terre étaient d'autant plus complexes que les droits découlant des lois de la République entraient en opposition avec les droits des tribus indigènes. Celles-ci avaient été en outre victimes d'achats frauduleux faits par des particuliers et des compagnies de colonisation. Le caractère insoluble de la situation obligea l'État chilien à créer le Ministère de la Propriété Australe (1926) dont la tâche fut de mettre de l'ordre dans le chaos des titres de propriété et de délimiter les terrains partagés depuis plus de trois quart de siècle. Cet organisme resta en fonctions jusqu'en 1932. Il devint par la suite le Ministère des Terres et de la Colonisation.

B. L'organisation de l'espace et l'activité économique

Dans la dépression centrale, les colons firent reculer très vite la forêt vierge essentiellement par le feu. Les incendies destinés à dégager quelques hectares devenaient rapidement incontrôlables car les feux se propageaient très vite grâce aux **quilas** (*Chusqueá quila*), tiges de bambous qui, desséchées après la floraison, constituaient un combustible de choix.

a) Un espace rural encore pionnier, une économie agricole mal intégrée

Ainsi, à la place de l'ancienne forêt, la colonisation a-t-elle créé un paysage qui conserve l'empreinte pionnière : une mosaïque de bois, de parcelles d'avoine, d'orge ou de blé, de maïs, enfin, toutes hérissées de troncs et de souches d'arbres calcinés.

— Une occupation du sol discontinue

Ce style de colonisation, où l'habitat se disperse au sein des défrichements s'est étendu à toute la dépression centrale, mais n'a pas conquis ses bordures montagneuses et forestières. Seules furent occupées deux grandes vallées ouvertes sur l'océan, voire quelques couloirs d'accès au massif andin.

Entre les fleuves Valdivia et Maullin, situés respectivement aux limites Nord et Sud de la région, le secteur intermédiaire reste ainsi un massif forestier totalement inoccupé sur la façade maritime, trop humide et battue par les vents d'Ouest. Il en découle une dissymétrie dans l'occupation humaine, dissymétrie caractéristique des régions chilotes et patagoniennes où l'exposition joue un rôle déterminant dans l'occupation du sol.

Au sein de la chaîne andine les hommes ont à peine pris place au fond des vallées glaciaires en amont des lacs de piémont. Mais cette pénétration se fait de plus en plus timide vers le sud, de sorte qu'au-delà des lacs Puyehue et Rupanco la montagne est vide.

— Un dispositif de petites villes à vocation rurale

L'agglomération en noyaux urbains ne s'est réalisée que tardivement lorsque sous l'impulsion d'organismes d'État furent créés une cinquantaine de villages. D'autres bourgs naquirent aussi : parmi eux, les plus originaux furent ceux que fondèrent les colons allemands pour des raisons religieuses. Sur les rives du lac Llanquihue, Frutillar était protestant, Puerto Octay, catholique. A Puerto Varas, les communautés religieuses se partageaient en quartiers, catholique à l'ouest, protestant à l'est. Ces villages, à plan en damier, comme toutes les villes créées au Chili, concentraient les services administratifs, les entrepôts de grains, les moulins, les tanneries et les commerces. Mais, malgré les efforts du gouvernement chilien pour encourager la fixation des colons sur plusieurs petits centres urbains, un pourcentage important de la population glissa petit à petit vers les villes moyennes, capitales de province : Valdivia, Osorno, Puerto-Montt. Au total, celles-ci rassemblent de nos jours plus de 200 000 personnes, soit le tiers de la population régionale. Les autres centres restent de faible importance, ils s'alignent pour la plupart sur l'axe de la Route Panaméricaine et du chemin de fer.

— Les trois villes capitales

Dans cet espace encore en construction aucune des trois capitales provinciales n'a vraiment réussi à s'imposer et le réseau urbain n'est ni figé, ni même structuré.

Osorno, la terrienne, située au cœur de la dépression centrale, est la plus peuplée (60 000 habitants) et attire l'industrie de l'alimentation. Elle n'a rien de singulier, l'air «allemand» de certains éléments de son architecture et sa propreté toute germanique se retrouvant à Valdivia.

Celle-ci dispose d'un bon site portuaire au fond de la ria du Calle-Calle. Elle est le siège de l'Université Australe depuis 1954 et concentre un certain nombre de petites industries, en particulier celles du bois. De ce fait, elle apparait la plus dynamique, absorbant jusqu'à 50 % des emplois industriels créés dans la dernière décennie. Cette politique est liée à la reconstruction, après la destruction partielle de la ville en 1960 lorsque les tremblements de terre provoquèrent l'abaissement de 2 mètres du fond de la baie et l'inondation d'une grande partie du port.

Puerto-Montt enfin est un port au contact du Chili continental et du Chili des archipels. Situé à l'extrémité méridionale de la dépression centrale, il est le terminus de la voie ferrée et l'est resté longtemps pour la Route Panaméricaine. Mais plus encore c'est une ville ouverte sur la mer la plus fréquentée du Chili, celle qui baigne l'archipel chilote. Sa situation attire à Puerto-Montt une population flottante de marchands et d'îliens qui débarquent chaque jour, à la recherche des menus services qu'offre la ville. Pendant la belle saison s'y mêle une population de touristes attirés par la beauté d'une nature toujours changeante. Le port s'organise en deux parties. Le «molo», terre-plein où accostent les bateaux des lignes régulières et la «caleta Tenglo», port de pêche, plus modeste mais combien plus animé, grouillant de goélettes et de marchands. L'ambiance y est toujours chargée de l'odeur iodée des fruits de mer, des poissons et des algues débarqués au milieu du bétail, des pommes de terre, du bois de chauffage, des tissages en laine et en fibres végétales. Nous entrons ici dans le monde des chilotes, comme le prouve Calbuco sur Le Seno de Reloncavi. Calbuco est un centre industriel qui réunit les conserveries de fruits de mer des canaux chilotes. Il reste le premier centre chilien pour la conserverie des crustacés et mollusques (1 400 tonnes), bien que sa part dans la production nationale ait baissé de 73 % en 1967 à 58 % en 1970.

b) La forêt et les activités du bois

La moitié des 45 000 km^2 de la région est encore recouverte de la sylve primaire. Jusqu'en 1963, la Frontière, les Lacs et Chiloé constituaient de très loin le principale domaine d'exploitation forestière au Chili. La forêt procurait à la fois le bois de construction et celui destiné à l'industrie du papier et de la cellulose avant que les zones reboisées en *Pinus radiata*, entre les fleuves Maule et Cautin à partir de 1935 ne fournissent toute la matière première des usines de pâte à papier et de cellulose. La forêt primaire de la région des Lacs et de Chiloé, dont le taux de croissance est huit fois inférieur à celui de la forêt nouvelle, s'est donc spécialisée dans le bois de construction. Elle représente le cinquième de l'industrie nationale en 1971 avec une production de 1,5 millions de m^3 de bois par an et 3 000 ouvriers employés dans 250 usines. Mais des menaces pèsent sur l'avenir économique de cette forêt, ainsi qu'en témoignent les scieries inactives aussi nombreuses que celles en production. C'est là la conséquence des difficultés d'accès aux nouvelles zones de coupe, du vieillissement des espèces, de la rigueur de l'hiver qui restreint l'activité du bûcheron à la période novembre-avril.

Mais cette paralysie partielle de l'activité forestière vient aussi de l'augmentation du taux annuel d'épuisement provoqué par la fréquence des incendies, par l'extension des maladies et les vices d'exploitation. Heureusement les incendies responsables des pertes les plus sensibles semblent en diminution : du moins en 1970 les dommages ne s'élèvent-ils qu'à 6 000 hectares, soit la moitié de la surface touchée en 1969.

Du point de vue foncier, les forêts étaient aux mains de grands propriétaires et un nombre très réduit d'entreprises privées contrôlaient la moitié de la production de bois durs. Cette situation était comparable à celle qui existait dans les zones de plantations de *Pinus radiata*.

La création en 1971 du «Complejo Forestal Panguipulli» dans la montagne valdivienne, modifie profondément le tableau. Ce complexe est une grande unité d'exploitation forestière étatique rassemblant 23 anciens domaines privés expropriés. Ils représentent 350 000 hectares de forêt primaire qui devaient être intégrés au Comité Sectoriel Forestier s'occupant de travaux de scierie, assemblage, bois pressés, ameublement, papier et cellulose. Actuellement, l'activité forestière se traduit surtout par l'utilisation industrielle du bois. Une partie est absorbée par les travaux de génie civil et les fabriques d'ameublement. Mais la transformation la plus importante revient au secteur de la construction qui produit essentiellement des contre-plaqués et des feuilles de placage dont le tiers est destiné à l'exportation.

c) L'activité agropastorale

A mesure qu'avançaient les travaux d'exploitation et de nettoyage de la forêt, l'effort économique des colons se développait en deux directions. D'une part, on pratiquait une polyculture à rotation triennale où prenaient place l'avoine, l'orge, le blé et la pomme de terre. D'autre part, on s'orientait vers l'élevage bovin et porcin.

Au début l'agriculture fut sélective par la force des choses : l'humidité excessive, l'acidité trop forte et la basse teneur en phosphore des terres forestières limitaient dans le temps ou interdisaient dans l'espace un certain nombre de cultures connues. Depuis la fin du XIXe siècle, l'utilisation des engrais permit de récupérer d'importantes surfaces et d'améliorer les rendements sans faire reculer l'élevage. C'est ainsi que la région apporte aujourd'hui une importante contribution à la production nationale de céréales et de quelques cultures industrielles.

Les céréales avec 150 000 hectares occupent une place prépondérante, les autres catégories de cultures, (maraîchère et industrielle) n'en atteignant pas le tiers. Par ordre d'importance décroissante les plus fréquentes sont l'orge très utilisé dans les brasseries de la région, le blé, le seigle et l'avoine en grande partie destiné à l'alimentation du bétail. Les rendements du blé (de 26 à 30 quintaux à l'hectare) et du seigle (23 à 25 quintaux par hectare), bien que modestes placent respectivement les provinces de Llanquihue et d'Osorno aux premiers rangs dans la production nationale. Cela est d'autant plus remarquable que le blé qui donne de meilleurs rendements semble se trouver ici en zone limite, véritable frontière écologique puisqu'au-delà du Canal de Chacao, dans l'île de Chiloé trop humide, il n'arrive pas à mûrir tous les ans. Les vergers sont nombreux, en particulier les plantations de pommiers qui, avec un million et demi d'arbres, représentent le tiers des pommeraies chiliennes.

Dès le début, la présence de pâturages verts toute l'année et le complément fourrager des jeunes pousses des bambous (*quila*) se prêtaient admirablement au développement d'un élevage extensif. Très vite l'exploitation des bovins prit de l'importance et la région devint la principale productrice de beurre du pays. Déjà en 1906, la moitié de la production nationale du beurre provenait de la province de Llanquihue. Un demi siècle plus tard, et bien que l'élevage soit resté en partie extensif, les provinces de la région des Lacs se placent en tête des régions laitières. Avec une production de 700 000 litres par an elles assurent 40 % du total national. Mais le rendement laitier par vache reste encore très bas faute de plus vastes luzernières ou de pâturages améliorés d'espèces introduites et plus nutritives. Le troupeau «criollo» primitif donné aux colons par l'État chilien, acheté dans la région centrale ou importé des régions argentines voisines, fut remplacé graduellement par des races sélectionnées. L'introduction des «overos colorados», des Holstein venant d'Allemagne et de Hollande, se fit de très bonne heure en vue d'assurer la production de lait et de viande. Mais, en raison des limitations imposées par l'éloignement des marchés de consommation, le lait dut être transformé pendant une longue période en produits fermiers (fromage et beurre). L'orientation actuelle vers la vente de lait frais prit son essor seulement à partir des années quarante avec l'installation de laiteries modernes. Vers 1955 il s'ajouta à cette transformation fondamentale l'introduction de la culture de la betterave à sucre qui permettait à la fois d'améliorer l'alimentation fourragère du bétail et d'élargir l'éventail des cultures. Enfin, au cours de la dernière décennie, l'achèvement de la Route Panaméricaine, axe fondamental de la circulation routière chilienne, et l'électrification rurale permirent de développer un trafic routier sûr et efficace par tout temps et une mécanisation de la traite. Ces faits ne sont pas sans importance étant donné que la province d'Osorno réunit les plus importantes usines de traitement de lait (Nestlé), de même qu'elle concentre le quart du cheptel chilien et le tiers du troupeau de vaches laitières. Les activités liées à l'exploitation de la forêt, à l'agriculture et à l'élevage entretiennent quelques centres industriels où l'on trouve des entreprises moyennes et petites, souvent spécialisées. Ce sont des moulins, raffineries de sucre, brasseries, fabriques de chaussures, de pâte à papier et de cellulose, de charcuterie, de produits lactés, filatures de lin ... localisés autour de Temuco, Osorno, Valdivia, La Union et Llanquihue.

La prépondérance de la production de lait n'exclut pas une certaine commercialisation de la viande, de veaux, de vaches de réforme et également de porcs engraissés au lait. Une partie du troupeau est aussi vendue sous forme de bêtes maigres au Chili central et dans les collines du piémont voisin qui deviennent ainsi des régions d'embouche.

Désormais l'essor de la production laitière semble exiger deux sortes de modifications indispensables. Tout d'abord, l'amélioration et l'extension des pâturages, ce qui suppose l'augmentation des apports d'engrais, le drainage des terres marécageuses et le remplacement des animaux de trait par des tracteurs. Ensuite, il faudrait intensifier l'élevage du bétail. Un quart des 200 000 vaches laitières de la région ne fait l'objet que d'une traite saisonnière, soit moins de huit mois par an.

Ces progrès sont d'autant plus souhaitables que le marché national est déficitaire en lait et en beurre : 60 000 tonnes de lait et 10 000 tonnes de beurre devaient être importées en 1972 par l'Entreprise Nationale de Commerce Agricole (ECA) pour une valeur de 70 millions de dollars.

Il n'en reste pas moins que les possibilités de la vie agropastorale sont cependant très favorables pour une région jeune, encore en formation où un habitant sur deux reste attaché à la terre malgré le rythme de l'exode paysan vers les villes.

d) Le tourisme

Cette région, avec celles de Tarapaca-Antofagasta, la Serena, Santiago-Valparaiso, Aysen et Magellan est l'une des cinq régions touristiques du Chili. Elle représente du point de vue économique une activité d'appoint qui tire profit de la beauté d'une nature sans monotonie où alternent la splendeur des eaux claires lacustres et la blancheur immaculée de ses cônes volcaniques fondus dans le vert profond d'une forêt merveilleuse, invitant à la navigation de plaisance, à la joie calme de la pêche en rivière, à la marche en forêt.

Le tourisme, qui prend les formes les plus diverses, est très limité en hiver, les champs de ski étant encore rares dans la région. Il est surtout estival mais reste difficilement mesurable : le tourisme familial pratiqué par les Chiliens échappe au contrôle statistique d'autant que la région est une route de passage vers l'Argentine, les voies lacustres et Puerto-Montt sont des points de départ et d'arrivée vers le Moyen et le Grand Sud.

On estime le nombre de touristes depuis une dizaine d'années entre 20 et 40 000 personnes par an : 40 % viennent d'Argentine. Ils mobilisent de 30 à 50 millions de dollars chaque saison et remettent en activité la moitié des établissements hôteliers, ceux-ci n'ouvrant leurs portes qu'à la belle saison. L'autre moitié des hôtels est fréquentée par une toute autre clientèle composée d'une population flottante de marchands, de paysans et d'îliens venant aux villes de la région ou en quête d'emploi.

CHAPITRE XI

L'ÎLE DE CHILOÉ ET LA PATAGONIE

A l'extrémité méridionale du continent américain, la Patagonie chilienne est une terre inhospitalière faite de grandeur sauvage et de désolation.

De surface égale à la moitié de la France, étirée sur 1 500 kilomètres, de Chiloé au Cap Horn, la Patagonie n'est pas sans offrir quelque analogie avec la côte pacifique septentrionale de l'Amérique du Nord par l'humidité de ses montagnes et archipels et par la densité de sa couverture forestière. Mais le climat y est beaucoup plus excessif sous un ciel nuageux, toujours gris ; les vents d'Ouest soufflent constamment en tempête, porteurs de trombes d'eau, s'écrasant contre la montagne, maltraitant la forêt et lançant des brisants énormes à l'assaut de la côte.

Les terres australes du Chili furent les premières découvertes à l'époque où les puissances de la Péninsule Ibérique cherchaient une nouvelle route vers les pays des épices. La rigueur des éléments voua à l'échec la première tentative d'installation humaine dans le dernier quart du XVIe siècle et cette région acquit depuis une triste réputation de terre maudite. Après cette expérience tragique et malgré les connaissances apportées par de nombreuses expéditions, le continent austral resta longtemps inoccupé.

Exception faite de l'île de Chiloé, colonisée depuis le XVIe siècle c'est seulement au XIXe siècle, après l'Indépendance, que les premiers efforts d'occupation se portèrent avec succès sur les terres d'Aysen et de Magellan. Cette colonisation se limita à la partie orientale, la rudesse du climat empêchant toute installation dans les archipels et sur le versant occidental de la montagne andine. Après un siècle de vie la densité de la population patagonienne reste très faible et la moyenne ne dépasse pas 0,5 hab/km², taux encore plus faible que celui du Nord désertique.

I. LA NATURE PATAGONIENNE

Abandonnant les plateaux orientaux à l'Argentine, la Patagonie chilienne n'est qu'une masse montagneuse rongée et percée par les glaciers avant d'être ennoyée par l'océan qui la pénètre en grands fjords établissant une opposition frappante entre cette façade occidentale et le versant oriental.

Du côté du Pacifique, au vent, le continent s'émiette en archipels ; les sols détrempés et marécageux supportent une forêt appauvrie et écrasée sous les violentes bourrasques d'une pluie incessante.

Sur le versant atlantique, par contre, sous le vent, seuls les lacs de piémont, logés dans de vastes bassins rappellent l'autre versant. Le continent y est plat et massif, les sols desséchés et pierreux ne portent qu'une steppe épineuse, balayée par un vent froid, sec, violent et chargé de poussière.

A. Un massif montagneux modelé par la glace

Au sud du quarantième parallèle toutes les unités du relief s'abaissent et se morcellent en un vaste labyrinthe de canaux, d'archipels et de petits massifs montagneux. En même temps l'ensemble de l'édifice se rétrécit et subit dans sa partie méridionale une torsion assez brusque en direction de l'Est. Le relief chilien qui était resté dans ses grandes lignes de direction méridienne prend à l'extrême Sud une nette orientation Est-Ouest. De plus, la frontière du Chili déborde sur le versant atlantique et englobe par endroits la bordure occidentale du plateau patagonien et des plaines tabulaires situées de part et d'autre du détroit de Magellan. Il y a donc, au-delà de Chacao trois secteurs à distinguer : au centre, la montagne ; les archipels à l'ouest ; les plaines à l'est.

a) La montagne

La limite occidentale de la Cordillère andine se confond souvent avec celle des archipels patagoniens. Au contraire sur le versant atlantique rien de semblable, une dépression discontinue et lacustre sépare souvent la montagne du plateau patagonien.

La couverture sédimentaire est conservée surtout dans les avants-monts du flanc oriental. Elle se compose d'andésites jurassiques et surtout de formations volcaniques et sédimentaires du Crétacé affectées de plis méridiens, de plus en plus fréquents et forcés vers le sud. Des massifs cristallins crétacés et tertiaires percent la couverture sédimentaire et se détachent dans le paysage comme le massif du Paine et celui du Fitz Roy (3 375 m) par leur couleur claire et par leur allure de grands édifices pyramidaux à parois subverticales dépourvues de végétation.

La glaciation quaternaire a marqué profondément de son action le modelé de la montagne. Les Andes ne forment plus une chaîne mais une succession de massifs alternant avec des auges, des fjords, des golfes et des bassins lacustres. Ces accidents transversaux atteignent leur développement maximal dans l'extrême Sud. A la latitude du détroit de Magellan la montagne plus basse et plus étroite a pu être désarticulée et traversée de bout en bout par les langues de glace.

La carapace glaciaire de type scandinave couvrait une grande partie du continent laissant seulement dépasser quelques **nunatacks**. De cette ancienne couverture subsistent encore trois massifs résiduels de glace dont la surface totale de 13 500 km^2 est comparable à celle de l'île Decon au Canada, et est d'un tiers supérieure à celle du plus vaste des départements français, la Gironde. Ces chemins de glace coiffent encore les Andes patagoniennes au-dessus de 1 000 mètres par 47 degrés de latitude et au-dessous de 600 mètres en Terre de Feu. Des glaciers courts et à forte pente issus de ces champs de glace se jettent à la mer à partir de 46 degrés de latitude, c'est-à-dire à une latitude équivalente à celle de La Rochelle en France. La présence de ces massifs glaciaires à de telles latitudes s'explique moins par la hauteur de la montagne qui ne dépasse que rarement

Volcan Osorno et lac Todos Los Santos

Port de Angelmo à Puerto Montt

3 000 mètres, ou par la rigueur des hivers, que par l'importance des précipitations, la fraîcheur des étés et par la permanence d'une couche nuageuse empêchant la fonte des neiges et des glaces.

b) Les archipels patagoniens

Au sud de Puerto-Montt, l'abaissement général du relief provoque l'ennoyage de la dépression centrale puis celui de la Chaîne côtière. Mais c'est à l'action glaciaire quaternaire que l'on doit le morcellement du continent. Elle a dégagé le flanc occidental des Andes qui apparait ici fragmenté à l'extrême en une marquetterie d'îles montagneuses et forestières, en un dédale de canaux et de fjords. En effet, l'érosion glaciaire a démantelé la couverture sédimentaire faisant apparaître le socle composé de gneiss et de schistes primaires et précambriens et de granites crétacés. La glace a exploité aussi profondément les lignes de faiblesse du corps rocheux ainsi dégagé. Celles-ci élargies et excavées s'ordonnent en trois directions principales : l'une parallèle à l'axe de la Cordillère est allongée du nord au sud dans la partie septentrionale et s'incurve vers l'est à l'extrémité sud du continent. Les deux autres se recoupent en angle droit de part et d'autre de l'axe principal. Le réseau de canaux est très dense et leur profondeur dépasse parfois mille mètres au-dessous du niveau de la mer.

Deux grandes îles encadrent cet ensemble d'archipels, l'île de Chiloé au nord et la Terre-de-Feu au sud. Au Nord-Ouest de la Patagonie, l'île de Chiloé est un fragment insulaire de la Chaîne côtière qui semble avoir été touché seulement de façon marginale par l'action glaciaire. Elle est faiblement accidentée et présente à l'est et au nord une couverture détritique fluvio-glaciaire intacte. Les détroits qui l'isolent sont peu profonds et la côte orientale s'enfonce doucement dans la mer.

Dans l'extrême Sud, la Terre-de-Feu, déchirée en profonds fjords, est séparée du continent par la vaste percée glaciaire qu'est le détroit de Magellan. Ce grand détroit qui unit l'océan Atlantique à l'océan Pacifique représente l'épanouissement de la force d'érosion glaciaire.

c) Les plateaux et plaines atlantiques

Ils ne sont au nord de Magellan que des lambeaux de la bordure occidentale du plateau patagonien modelée en cuesta dans une série éogène à bancs gréseux très résistants. La crête de cette cuesta joue par endroits le rôle de ligne de partage des eaux le long de laquelle fut fixée la frontière internationale à la fin du XIXe siècle. Aux alentours du détroit de Magellan et en Terre-de-Feu le plateau patagonien aux formes vallonnées et simples est un ensemble tabulaire, morcelé et échelonné en paliers ne dépassant pas une centaine de mètres. Couvert d'une vaste prairie steppique tachetée de tourbières, de lacs et de lagunes, ce plateau immense est **la pampa**, domaine des **estancias**, royaume du mouton.

B. Un climat frais et hyper-humide

Liquide ou glacé, sur dix degrés de latitude c'est un désert qui règne sans opposition sur la plus grande partie des îles et des montagnes du versant pacifique. Le climat océanique, humide et frais est dû à l'influence des vents d'Ouest venant d'un océan refroidi par les eaux antarctiques. De ce fait, les températures sont fraîches pendant toute l'année avec une très faible amplitude thermique annuelle. N'ayant rencontré aucun obstacle dans leur parcours océanique les vents d'Ouest violents et persistants viennent s'abattre de plein fouet contre les îles et

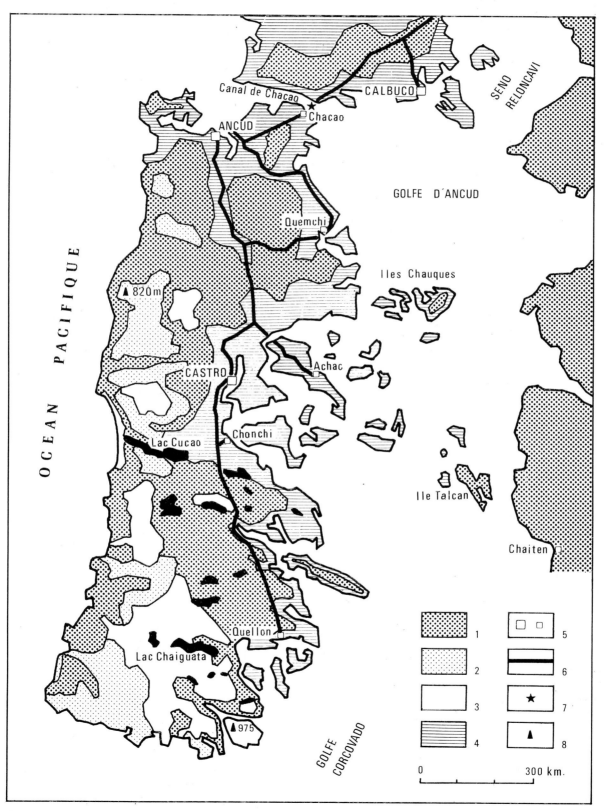

FIG. 33 — L'île de Chiloé

1. Forêt primaire — 2. Forêt secondaire (renovales) — 3. Forêt exploitée ou brûlée — 4. Terres défrichées — 5. Villes, bourgades ou hameaux — 6. Routes — 7. Ferry-boat — 8. Cotes d'altitude

les flancs de la montagne. Quiconque a fait l'expérience du voyage en mer par la route australe chilienne garde le souvenir du Golfe de Penas où les «quarantièmes rugissant» (les «roaring forties» des Anglais), déployent toute leur vigueur. Le temps est orageux, maussade, frais ou froid, le vent capricieux, la mer grosse, toujours couverte d'une écume folle que chaque rafale arrache à la lame pour la projeter contre le navire. Les vagues provoquent un roulis si violent que l'on ressent souvent l'angoisse de voir disparaître les navires corps et biens sous les vagues énormes, véritables montagnes d'eau.

Les conditions climatiques s'aggravent du Nord vers le Sud. Le vent souffle toujours en tempête, la pluie ne fait qu'augmenter. Dans la montagne les précipitations s'intensifient encore avec l'altitude et doublent de volume. Dans les îles Evangelistas, par 52° de latitude, la moyenne annuelle des pluies au niveau de la mer est de trois à cinq mètres. L'ensoleillement y est de quelques jours par an. La moyenne des mois de juillet et d'août est de 5 degrés C alors que celle du mois le plus chaud n'atteint que 9 degrés C. Si l'on songe qu'en Europe le 52e parallèle passe au sud de l'Irlande, au centre du bassin de Londres, à Rotterdam et la Haye, on peut apprécier la rigueur qu'imposent au climat les masses d'air polaires et l'influence des eaux océaniques sur la façade occidentale de la Patagonie chilienne. L'isotherme de 5 degrés C passe au large du Cap Horn par 56 degrés de latitude Sud. En Europe, il faut atteindre 68 degrés de latitude Nord en Norvège septentrionale pour trouver une moyenne aussi basse.

Vers le Nord et vers l'Est les conditions climatiques deviennent moins oppressantes. Au Nord grâce à l'action marginale des masses d'air subtropicales les étés sont plus chauds et les précipitations diminuent sensiblement. Vers l'Est, un phénomène d'abri favorise le versant oriental de la montagne et provoque une diminution très rapide de l'humidité.

Sur la façade orientale de Chiloé, la température moyenne de l'été est de 15 degrés C. Elle est inférieure de moitié pendant l'hiver. Les précipitations sont de l'ordre de 2 mètres avec un maximum d'hiver très bien marqué. Le phénomène d'abri se retrouve à Aysen et à Magellan. Punta Arenas, sur le détroit de Magellan, protégé des influences d'ouest, reçoit environ 450 mm de précipitations annuelles tandis que les températures varient entre 2,5 degrés et 12 degrés C. Cette région steppique est ainsi bien plus contrastée que le versant océanique au climat plus uniforme.

C. La forêt de la pluie patagonienne

La moitié nord de la Patagonie est encore revêtue de la forêt valdivienne, l'une des formations végétales les plus denses du monde. A mesure que le continent avance dans la mer australe, la forêt s'appauvrit, les essences changent, le sous-bois disparait progressivement. C'est le domaine de la forêt subantarctique, couverture végétale modeste qui n'arrive pas à coloniser entièrement le versant océanique. Souvent la roche apparait à nu, surtout sur les versants trop exposés aux vents d'Ouest. Vers le sud, la forêt a de plus en plus tendance à se réfugier dans les endroits abrités. Sur les archipels et les secteurs inférieurs de la montagne, la forêt subantarctique est composée d'arbres à feuilles persistantes. En altitude, les basses températures et les oscillations saisonnières plus marquées imposent un étage forestier à feuilles caduques de **lengas** (*Nothofagus Pumilio*) et **ñires** (*N. Antarctica*). Ceux-ci sont affectés de nanisme, déformés en quenouilles ou couchés contre les rochers. Ils constituent de la sorte un fourré impénétrable et bas, maltraité par le vent, les trombes d'eau, le poids de la neige mouillée et les basses températures. Cette forêt s'accompagne d'une extraordinaire variété de mousses, végétation multicolore collée aux rochers. Partout la forêt donne l'impression de flotter sur un sol inconsistant, sur un humus délayé, formé de mousses en putréfaction.

Au-dessus de cette forêt appauvrie et tordue, s'installe la toundra d'altitude. Elle est formée de plantes en coussinets, d'arbustes nains et de grandes plaques de mousses. Cette végétation pauvre alterne avec des secteurs marécageux et des rochers à nu dominés par des glaciers pâles que l'on aperçoit voilés par les brumes sous un ciel plombé et menaçant. Ce versant pacifique ruisselant d'eau, aux tempêtes toujours menaçantes et où l'homme a rarement réussi à mettre le pied s'oppose au versant atlantique, sous le vent, plus sec et plus humain.

L'unité forestière principale du versant andin atlantique est la forêt caduque subantarctique à **lengas** et **ñires**. Sa continuité est parfois interrompue par quelques traînées de végétation qui se sont faufilées du versant pacifique le long des grandes vallées glaciaires qui morcellent la montagne. Les précipitations fléchissant très vite sur ce versant imposent un mésomorphisme progressif de la végétation. De ce fait, la forêt ne déborde pas du domaine montagnard. Les arbres les plus avancés vers l'est sont toujours déformés en drapeau, courbés par le vent violent, sec et froid qui balaye les plaines atlantiques. Une steppe semi-aride et jaunâtre, formée de graminées dures et d'arbustes épineux domine le paysage. Parfois des traînées de végétations se rencontrent dans les **mallines**, zones marécageuses des vallées encaissées du plateau.

II. LA CONQUÊTE DE L'ESPACE

Comment s'est intégré l'homme à l'intérieur de cette nature répulsive et redoutable ? Deux stades sont à distinguer : le premier est celui de la population pré-hispanique dont la plupart des représentants ont disparu ou sont en voie de disparition, les autres s'étant intégrés ou assimilés ; le second concerne la population européenne qui s'y est établie très tard et qui se concentre sur les terres plus sèches exposées à l'est.

La population primitive était très dispersée et formée de deux groupes de peuples nomades, l'un continental, l'autre maritime. Les tribus de l'intérieur vivaient de la chasse et de la cueillette de fruits sauvages sur les plateaux et plaines du versant atlantique. Les autres vivaient sur des canots et pratiquaient la cueillette des fruits de mer et la pêche dans les archipels occidentaux. Les relations entre les tribus indiennes autochtones furent très accidentelles. Celles qui s'établirent avec les colonisateurs européens le furent également mais elles s'avérèrent fatales pour la survie des tribus qui furent ravagées par les maladies et exterminées par les éleveurs.

Trop dispersés, les peuples nomades autochtones étaient aussi d'un niveau culturel très faible et n'étaient pas assez nombreux pour jouer un rôle véritable dans le peuplement de la Patagonie.

Ce rôle sera réservé aux Chilotes, habitants de l'île de Chiloé, noyau fondamental dans la conquête des terres de l'extrême Sud de l'Amérique. Fuyant la forêt et les intempéries du versant occidental, cette occupation fut totalement unilatérale et se concentra sur la lisière de la forêt humide, au fond des fjords ou franchement dans les terrains plats et steppiques du versant atlantique. Trois secteurs d'occupation peuvent être distingués sur mille kilomètres : Chiloé et l'archi-

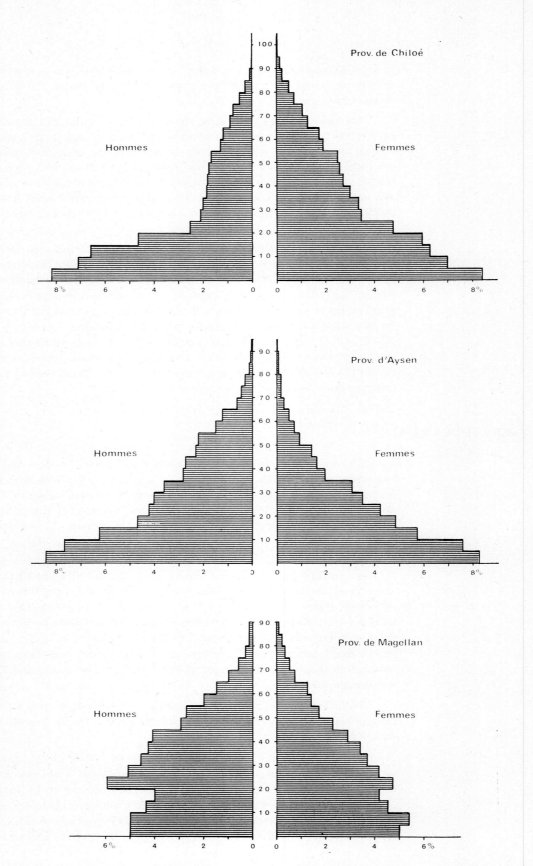

FIG. 34 — Les pyramides d'âge de la population en Patagonie chilienne (Chiloe, Aysen, Magellan)

pel chilote au nord, les vallées d'Aysen au centre et Magellan et la Terre-de-Feu au sud.

A. Chiloé et l'archipel chilote

L'île de Chiloé à l'extrême nord de la Patagonie est aux deux tiers un massif forestier de basse altitude dont une lisière a été aménagée par l'homme sur la rive orientale. En effet, la côte occidentale en falaise et le secteur central sont entièrement déserts, domaines de la forêt, des marais et des lacs battus constamment par les vents d'Ouest et par la rage déchaînée de cet océan que l'ironie du sort fit appeler Pacifique. Sur la côte orientale au contraire une étroite bande d'une dizaine de kilomètres de largeur en moyenne a été défrichée : c'est le versant utile de Chiloé. Sur les collines, découpées en une multitude de champs rectangulaires se dispersent les fermes reliées par des chemins creux entre deux haies. Au bord de la mer, au fond des criques et des **esteros**, rias semblables aux abers du pays breton, les fermes s'accompagnent de hameaux ramassés autour d'une église, fait original au Chili où l'on passe presque sans transition de l'habitat rural à des petites villes de quelques milliers d'habitants.

Façade agricole adossée à un massif forestier, le versant oriental est aussi ouvert sur une mer intérieure parsemée d'îles, extrêmement vivante, véritable boulevard maritime du monde chilote, mettant en rapport les éléments dispersés de l'archipel avec le monde extérieur.

Le chilote a appris à tirer parti de ces divers milieux, il est à la fois agriculteur, bûcheron et marin. Son existence est constamment partagée, vouée à la recherche d'une difficile synthèse.

Les débuts de la mise en exploitation de l'île remontent à la fin du XVIe siècle, époque à laquelle commence le métissage entre les peuples îliens et les Espagnols venant du nord. Chiloé est de ce fait la zone la plus anciennement occupée de la Patagonie. Malgré cela elle est restée foncièrement adonnée à la petite agriculture et à la pêche traditionnelle, l'activité forestière ayant toujours joué un rôle économique secondaire.

a) Une campagne immobile et archaïque

Chiloé et les archipels de la mer intérieure sont un ensemble figé dans une structure agraire de petite propriété d'exploitation familiale et dans une économie archaïque qui relève plus de l'autosubsistance que de la culture commerciale. Cette sorte de fixité qui frappe Chiloé et les archipels de la mer intérieure est liée à des facteurs apparus très tôt dans l'histoire économique.

Il semble évident que le premier élément ayant contribué à l'immobilisme de la campagne chilote fut l'isolement et la faiblesse de l'espace gagné sur la forêt par les peuples préhispaniques. La population indienne n'avait en effet nettoyé que des secteurs discontinus de terres plates situées au bord de la mer intérieure chilote. Plus intéressés par l'exploitation des métaux précieux, les propriétaires des terres octroyées par la couronne d'Espagne au XVIIIe siècle ne changèrent pas grand chose à l'espace agraire pré-existant. L'exploitation de la forêt ne se fit que d'une manière marginale et très sélective en vue de satisfaire le marché réduit et lointain du Pérou.

Très tôt se dessine un style de paysage rural original et inachevé faute de moyens et de routes. Les champs de blé ou de pommes de terre sont jonchés de souches d'arbres, de troncs abattus à moitié calcinés ou en putréfaction. Ces résidus encombrants ne représentent néanmoins qu'une partie de la forêt abattue. Le reste est partout utilisé comme matériau de construction et de clôtures. Même les chemins sont pavés de troncs partout où les marécages empêchent la circulation : ce sont les **planchados** réplique des **corvaralados** existant au-delà de Chacao.

Ce fond agraire restreint et discontinu fut bouleversé une première fois à la suite de l'expulsion des Jésuites (1767). La Compagnie de Jésus possédait dans l'île et l'archipel de nombreuses propriétés qui furent après son départ reprises par la Couronne pour être les unes vendues, les autres partagées au bénéfice de la population indigène ou données en location. Un demi-siècle plus tard, le rattachement de l'île à la République (1826) provoqua l'élargissement de l'espace cultivable et la cristallisation de la petite propriété. En effet, une loi de 1823, qui ne fut appliquée nulle part ailleurs, obligeait la vente aux enchères des terres de l'État en lots inférieurs à quinze hectares. Elle provoqua la naissance d'un paysannat nombreux et modeste condamné depuis lors à une petite agriculture et de ce fait quasiment voué à l'autoconsommation.

Plus tard, à l'ouest et au sud de l'île, s'établirent de grandes propriétés forestières appartenant à des sociétés anonymes. La création de ces exploitations forestières industrielles est contemporaine de la formation des grandes sociétés d'élevage établies sur les terres continentales d'Aysen et de Magellan. Les Chilotes trouvèrent dans ces exploitations forestières une activité d'appoint semblable à celle qu'ils réalisaient déjà de façon sporadique dans les **astilleros**, lieux de débitage au bord des fjords de la Cordillère qu'ils sillonnaient à la recherche de **alerce**, de cyprès et d'autres bois commercialisables.

L'économie agropastorale de Chiloé a évolué d'une manière très lente. Si la surface s'est agrandie grâce aux déboisements gagnant des terres pour les pacages, la structure de l'exploitation traditionnelle reste la petite propriété fondée sur l'organisation familiale, le fermage et la polyculture d'autosubsistance. La population aux deux-tiers rurale ne contribue de ce fait qu'au tiers du revenu provincial. L'exiguïté de cette contribution montre toute l'impuissance d'une économie encroûtée qu'il importe de transformer. La pomme de terre constitue, comme autrefois, le produit de base des cultures chilotes. Mais la production s'écoule difficilement sur le marché régional saturé ou sur le marché national trop lointain. L'effort actuel semble orienté vers l'élevage laitier extensif, mais il faudrait aller bien plus loin tant par l'extension et la modernisation du réseau routier que par la concentration ou le remembrement des parcelles de cultures. Encore ces mesures ne seraient-elles pas valables sans une révolution des techniques, une diversification des productions et une refonte des structures de commercialisation.

b) Une petite pêche artisanale et côtière

Sans arrière-pays, limité par la surface et la discontinuité de l'espace agraire de l'île et par l'absence de routes, le chilote s'est adapté à la mer et au littoral : il en a fait un deuxième milieu, sa seconde vocation. Elle lui fournit un complément de subsistance et constitue un élément d'unification. Comment pourrait-il en être autrement, la mer intérieure étant le moyen de communication le plus rapide et souvent l'unique lien avec le reste du monde ? De plus les marées font de la mer une véritable horloge qui règle les déplacements : les sentiers qui contournent la forêt longent la plage et ne sont praticables qu'à marée basse. Celle-ci est aussi l'horloge de la maison, poules et porcs venant se réfugier dans la cour, chassés par le reflux après avoir tiré de la grève une partie substantielle de leur nourriture. La plage est enfin pour les hommes une grande réserve naturelle d'algues comestibles **luche** (*Ulva lactua*) et **cochayuyo** (*Durviellea utilis*), **lamilla** sorte de goémon ramassé à la fourche destiné à servir d'engrais, des fruits de mer et des poissons pêchés selon le rythme des marées dans des **corrales**, enclos de pierres ou filets situés en face de chaque maison. A une plus grande échelle, les syzygies font «descendre» toute la population à la plage en quête de fruits de mer et d'algues.

Dans un milieu marin qui encourage une économie d'autoconsommation comment s'étonner alors que la pêche soit une activité peu visible, occasionnelle, épisodique et presque furtive, que le commerce soit embryonnaire et l'industrialisation élémentaire ? La facilité offerte par le milieu, l'isolement des Chilotes et l'importance limité du marché de consommation local, se sont unis pour endormir l'esprit d'initiative qui aurait pu faire de l'industrialisation sur place des fruits de mer et des poissons une source fondamentale de revenus.

L'industrie reste artisanale et les volumes destinés à la commercialisation varient en fonction de l'abondance du produit. Le nombre très réduit de pêcheurs professionnels et les techniques élémentaires de capture et de ramassage contribuent à freiner le développement de la pêche. La méthode de conservation la plus répandue reste encore le séchage et le fumage artisanal associés d'habitude au **curanto**. Celui-ci, mélange massif de fruits de mer, éventuellement viande, poissons, algues et autres produits de consommation immédiate, est cuit à la vapeur dans un trou creusé à même le sol, par des pierres auparavant chauffées à blanc, tandis que l'ensemble est recouvert de grandes feuilles de **pangue** (*Gunnera chilensis*), de sacs humides et de terre.

c) La pêche industrielle hauturière

Plus que la côte est de l'île, la mer intérieure chilote y compris les canaux et fjords de la partie orientale, représente un secteur intéressant où l'on recherche les mollusques destinés surtout aux conserveries de Calbuco. Cette zone qui présente aussi des conditions écologiques privilégiées est exploitée par des navires appartenant aux usines de conserve plus que par des Chilotes indépendants. Ces derniers livrent leur pêche aux marchés de frais d'Ancud et de Puerto-Montt.

Qu'il s'agisse de l'une ou de l'autre, il est certain que cette pêche reste toujours saisonnière et que le Chilote n'y trouve qu'une ressource d'appoint. Mais le fait plus grave est une nette tendance à la régression. La surexploitation des bancs, le non-respect des périodes d'interdiction et le caractère primitif des techniques ont conduit à une progressive dégradation voire à la disparition totale d'un certain nombre d'espèces. L'éloignement des bancs que la rame et la voile ont du mal à atteindre limite l'exploitation tout en rendant plus cher le produit. Après Calbuco, premier centre de conserveries de mollusques, Quellon, Ancud et Castro sont à leur tour frappés par cette décadence. Vers 1967, fonctionnaient une dizaine d'établissements industriels ; en 1970, ils n'étaient plus que trois, les autres ayant dû arrêter leur production faute de matière première ! L'exploitation des richesses aquatiques est devenue une déprédation que les quelques centres d'aquaculture établis dans la région ne sont pas en mesure d'empêcher car leur production ne peut satisfaire la demande. Et pourtant la conchyliculture représente un type d'exploitation à la fois exigeante en main-d'œuvre et hautement productive qui pourrait limiter l'émigration endémique de la population masculine de l'île.

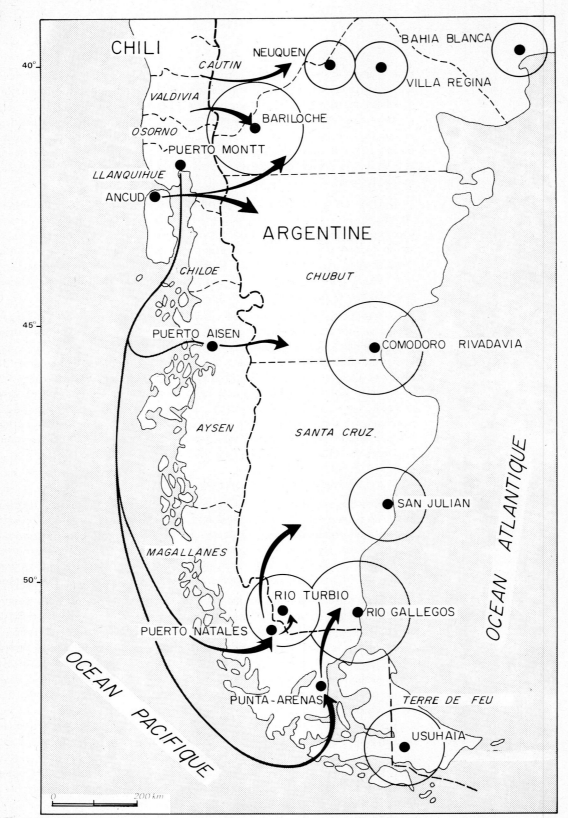

FIG. 35 — Les migrations des Chilotes : situation vers 1970

Les cercles sont proportionnels au nombre des chiliens, environ 300 000 au total, qui travaillaient alors en Argentine ; mais ils ne comprennent pas les nombreux chiliens naturalisés argentins sous le premier gouvernement du Général Perón menacés d'expulsion s'ils avaient gardé leur nationalité d'origine

(d'après El Mercurio 1970 - A. OLIVARES)

d) Le Chilote, migrant traditionnel

Limité dans son espace agraire, perdant progressivement ses ressources saisonnières de la forêt et de la pêche par la concurrence de l'entreprise industrialisée, ne trouvant dans les bourgades de l'île que de modestes emplois, le Chilote s'est habitué depuis longtemps à s'éloigner de chez lui à la recherche d'argent liquide. De ce fait, la campagne chilote est une terre de femmes et d'enfants et le Chilote une sorte de pionnier-né : à cet égard, il a joué un rôle fondamental dans l'intégration des terres australes aux œkoumènes chilien et argentin.

Cette habitude d'émigrer, que les gouverneurs de l'île signalent déjà au XVIIIe siècle, ne s'explique pas seulement par l'influence des missionnaires et explorateurs des XVIIe et XVIIIe siècles. Ceux-ci gardant l'île comme base d'opérations s'aventuraient dans toutes les contrées patagoniennes à la recherche de la fabuleuse ville des Césars ou à la tâche d'évangélisation des peuples autochtones. L'ouverture à la colonisation chilienne des terres de la Frontière, des Lacs et de l'extrême Sud aviva l'habitude des migrations saisonnières ou annuelles enracinée dans l'esprit chilote. Ces mouvements se limitèrent longtemps à la période d'activité temporaire des terres voisines réclamant un surplus de main-d'œuvre pour la tonte des ovins, les moissons ou l'abattage en forêt. En somme le déplacement était un placement économique, l'absence étant acceptée comme une période brève d'une saison : les liens étaient d'ailleurs maintenus avec le village natal et la famille que l'on réintégrait et où l'on rapportait le fruit des économies. Ces mouvements subsistent encore de nos jours. L'éloignement force parfois les migrants à prolonger leur séjour pendant deux saisons successives pour amasser un pécule : ils deviennent alors des «passagers» pendant la morte-saison sur les terres d'élevage de Magellan. Vagabonds volontaires et officiels ils vont à cheval d'estancia en estancia. Celle-ci, par tradition, ne refusent jamais l'hospitalité. De plus s'y trouvent nombre d'ouvriers permanents d'origine chilote, véritables frères de race. Nourris et logés gratuitement les migrants conservent leur épargne en attendant la nouvelle saison.

Cette propension naturelle à émigrer est inconsciemment soutenue depuis un demi-siècle par l'intervention de l'État. En effet, la province de Chiloé après son rattachement à la Région Militaire Australe, qui devint par la suite la Cinquième Division de l'Armée chilienne, se trouva comme celle d'Aysen et de Magellan, sous un commandement unique siégeant à Punta Arenas. Chaque année, un contingent de jeunes ruraux chilotes y étaient incorporés pour accomplir leur service militaire. Munis d'un «fond culturel» (alphabétisation) et d'un métier (chauffeur par exemple), beaucoup d'entre eux ne retournèrent plus à leurs terres insulaires à la fin de leur période.

Ce phénomène migratoire dont les traits majeurs sont la persistance, le manque de qualification et l'origine rurale des migrants, prive systématiquement Chiloé et les îles de l'archipel de leurs éléments les plus dynamiques et provoque un changement dans la composition de la population. Le déficit d'adultes devient chronique de même que la disparité des sexes (1 100 femmes pour 1 000 hommes). Ces déséquilibres se traduisent dans le nombre de naissances et dans le taux de croissance annuel à Chiloé : celui-ci est passé de 0,9 % dans la décennie 1930-1940 à 0,5 % dans la décennie suivante.

L'importance de cette migration chilote dans la physionomie de la population patagonienne du Chili et de l'Argentine est donc un phénomène des plus originaux par l'homogénéité du peuple d'origine et d'accueil. Dans les provinces argentines de la Patagonie 20 à 25 % de la population actuelle est d'origine chilote. Au début du siècle ce taux s'élevait à 50 %. En Patagonie chilienne, en dehors de quelques apports étrangers bien modestes, c'est de Chiloé que vient le fond de la population.

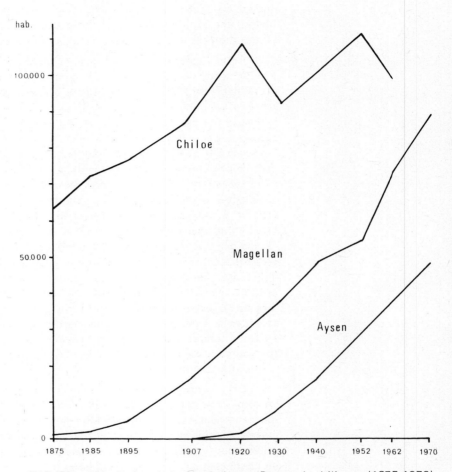

FIG. 36 — L'évolution de la population en Patagonie chilienne (1875-1970)

B. Magellan, les «finis terrae»

Avant de devenir terre de colonisation au XIXe siècle, l'extrémité australe de l'Amérique fut pendant trois siècles réduite au rôle de route maritime largement utilisée par les puissances marchandes de l'époque. Les connaissances du monde austral étant très sommaires, les navires encore trop fragiles pour s'aventurer dans les océans glacés, on gardait la certitude que la pointe de l'Amérique du Sud, comme celle de l'Afrique, devait se relier à un immense territoire, la «Terra Australis», contrepartie des grandes surfaces continentales de l'hémisphère nord.

Fort de cette idée, Sarmiento de Gamboa proposa à Philippe II de construire une forteresse dans le canal pour interdire l'accès de la Mer du Sud aux navires des puissances ennemies de l'Espagne. Ce projet chimérique, qui au prix d'un fort tribut humain et économique allait néanmoins se réaliser au cours du dernier quart du XVIe siècle, s'acheva d'une manière désastreuse. Les colons abandonnés à leur sort par un concours de circonstances malencontreuses allaient mourir d'épuisement et de froid au Fort San Felipe nommé par la suite Puerto Hambre (Port-Famine).

En doublant le Cap de Bonne Espérance, Vasco de Gama avait démontré aux cartographes du XVIe siècle que le continent austral ne tenait pas aussi solidement à la pointe de l'Afrique qu'on pouvait le croire. Un raisonnement par analogie guida deux marins hollandais, Schouten et Lemaire, à tenter de découvrir un nouveau passage, le Cap de Bonne Espérance et le détroit de Magellan étant en effet monopole ibérique. Le succès couronna cette entreprise. Le Cap Horn, pointe méridionale de l'Amérique, par la suite cauchemar de nombreuses générations de marins, fut doublé d'Est en Ouest à la fin de janvier 1616. Cette nouvelle voie supplanta le détroit de Magellan comme route vers l'Océan Austral et fit tomber dans l'oubli les terres de l'Amérique méridionale.

Seules les puissances européennes marquèrent un intérêt scientifique aux XVIIe et XVIIIe siècles pour les parages désolés de la Patagonie. Les descriptions souvent excessives sur la rigueur de son climat ou le caractère primitif de ses habitants ne contribuèrent pas à effacer les stigmates de terre invivable qui l'avaient marquée après l'échec de Sarmiento de Gamoa.

a) La création de Punta Arenas

L'indépendance du Chili et de l'Argentine au début du XIXe siècle ne changea pas grand chose à cette situation. Aucune des deux jeunes républiques n'ayant pris possession de ces contrées, la Patagonie restait une «res nullius». La navigation à vapeur libérant les navires de la force des vents redonna de l'importance au détroit de Magellan. Les progrès des connaissances scientifiques et la crainte de voir s'y installer quelque puissance étrangère en quête de territoires d'outre-mer, décidèrent le gouvernement chilien à confirmer ses droits sur le détroit en y créant en 1842 un petit poste militaire, le Fort Bulnes.

Sept ans plus tard cet établissement était déplacé. Le promontoire de Sainte-Anne trop exposé aux vents d'Ouest, sans terrains plats à cultiver, entouré de forêts denses, s'avérait incapable de servir de point de départ à une colonie. La maigre population du fort fut transférée à une centaine de kilomètres vers l'est dans une plaine plus abritée, qu'occupe de nos jours la ville de Punta Arenas. La population militaire était complétée de quelques familles de colons volontaires et d'un groupe de bagnards, «destinés» à la colonie pour collaborer au développement de la jeune peuplade patagonienne isolée dans un territoire grand comme l'Angleterre et le Pays de Galles réunis.

L'essor de la navigation à vapeur et le nombre croissant de navires empruntant le détroit de Magellan confirmèrent Punta Arenas dans son rôle de port de relâche et de ravitaillement en charbon.

La découverte de placers d'or et la chasse des animaux à fourrure et des phoques dans les archipels fuégiens attira une masse d'immigrants étrangers quittant les provinces de la Plata et de Chilotes toujours prêts à tenter leur chance dans de nouvelles entreprises. Mais ces activités de l'or et de la chasse n'étaient que passagères et trop aléatoires pour retenir les populations. C'est l'introduction de l'élevage ovin qui fixa, d'une manière très inégale à vrai dire, l'homme au sol patagonien.

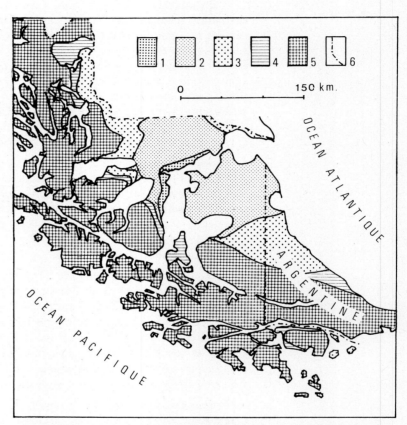

FIG. 37 — L'introduction du mouton et les phases d'occupation de la steppe de Magellan

1. Avant 1880 — 2. 1880-1890 — 3. 1891-1900 — 4. 1901-1905 — 5. Andes de Patagonie et archipels — 6. Frontière
(Source : B. J. BUTLAND. Geog. Studies. Londres. I. 1954)

b) Un pays d'«estancias»

Explorateurs involontaires, les aventuriers chercheurs d'or et les chasseurs avaient réalisé une vaste reconnaissance du territoire austral qui confirmait l'existence de larges steppes à vocation pastorale. Ils doublaient ainsi l'effort d'exploration systématique entrepris par la Marine nationale sur l'ordre du gouvernement chilien.

Les Îles Malouines, terres proches où les Britanniques avaient déjà établi un élevage, fournirent les premiers troupeaux dès 1877. L'or, les fourrures et les peaux de phoques, le bois, tenaient éventuellement le rôle de monnaie d'échange entre les deux communautés. Les ovins introduits (Cheviot, Merinos, Romney Marsh, Lincoln et Corriedale) s'adaptèrent admirablement à la steppe patagonienne et se répandirent extrêmement vite. En trente ans, tout le plateau de la Terre de Feu fut occupé du pied de la montagne à la frontière argentine. Cette expansion se fit d'autant plus vite que l'espace était vaste, les pâturages maigres, la concurrence réduite et la politique du gouvernement chilien trop mal définie pour permettre la création d'un domaine pastoral extensif fondé sur les latifundia. En effet, dès 1884, eurent lieu les premières mises aux enchères des terrains à louer pour 20 ans.

Les premières formes de division de la terre qui succédaient à la simple occupation, juxtaposaient deux formes juridiques de propriété et deux catégories de domaines pastoraux : sur la péninsule de Brunswick prédominait la location de lots de 2 000 à 30 000 hectares octroyés à des personnes physiques. En Terre de Feu, prévalait la concession de très grands domaines allant de 100 000 à un million d'hectares, qui allaient être exploités par des sociétés anonymes. Reprise au cours du XIXe siècle, cette opposition flagrante dans la structure foncière devait s'atténuer par l'abandon des terres des petits locataires, la survivance des exploitations de moyenne surface et la primauté incontestée des latifundia. Celle-ci se cristallisa dès le début du XXe siècle par l'acquisition aux enchères de presque deux millions d'hectares, c'est-à-dire près de la moitié de la surface utile de la province.

Pourtant dès 1937 des modifications importantes s'étaient introduites dans la politique des «terres australes». Les grands domaines de l'État étaient récupérés systématiquement au terme des contrats de location et partagés en lots beaucoup plus modestes loués alors à de moyens exploitants fermiers. Après 1960, la Corporation de la Réforme Agraire introduisit des entreprises agraires communautaires qui devaient remplacer les grandes estancias. En 1970, les grandes entreprises, représentées par six sociétés anonymes conservaient néanmoins le tiers de la surface utile de Magellan, c'est-à-dire 1 300 000 hectares. Ces latifundia furent supprimées en janvier 1972.

Les vastes plaines sont d'interminables étendues jaunâtres balayées sans répit par le vent, découpées en grandes pâtures par des clôtures de fil de fer. A l'intérieur errent des troupeaux de moutons à l'allure craintive et fuyante. Seuls signes de vie dans ce royaume de la solitude, l'habitat dispersé des **casas** et des **puestos**. Les **casas** désignent d'habitude l'ensemble de maisons et de hangars, coiffés de tôle ondulée et entourés de corrales, peints en blanc, où se concentrent l'administration, les barraques des travailleurs saisonniers et les machines. C'est là aussi que l'on réalise les grands travaux saisonniers : la marque, la tonte et le bain des ovins. Les **puestos** sont par contre d'humbles maisons en bois isolées, où vivent avec leur famille, leurs chevaux et leurs chiens les gardiens de bétail assurant chacun la surveillance d'environ 5 000 têtes.

Le développement de l'élevage avait aussi provoqué une notable expansion économique de la province dont la centralisation se fait à Punta Arenas et la concentration dans les grandes sociétés anonymes. Celles-ci créèrent un ensemble intégré d'industries dérivées de l'élevage : abattage, préparation de viande congelée, de graisse, de conserves. Elles allèrent bien au-delà et prirent en charge le commerce de gros et de distribution, le transport maritime, les communications téléphoniques, la production d'énergie électrique, la banque et plus tard la presse et l'hôtellerie. Cette formidable machine économique, véritable trust patagonien, débordait la frontière et s'étendait également à l'Argentine Australe.

La découverte du pétrole dont l'exploitation est le fait de l'ENAP (Entreprise Nationale de Pétrole) et la division de la terre entreprise par la loi de 1937 d'abord et poursuivie par la Corporation de la Réforme Agraire sont en train de modifier fondamentalement l'organisation de l'espace rural de Magellan.

Malgré ces progrès l'économie de Magellan reste par trop limitée à l'élevage et à une modeste production de pétrole. L'industrie n'est dans le contexte patagonien qu'une activité marginale. L'éloignement des marchés de consommation joue un rôle négatif certain qui entrave ou décourage la mise en valeur de considérables ressources énergétiques et l'utilisation d'une main-d'œuvre sans spécialisation. La recherche d'une économie plus diversifiée est pour les générations à venir une tâche fondamentale qu'il faudrait peut-être conduire en collaboration avec la Patagonie argentine.

C. Les vallées d'Aysén

Dans la deuxième moitié du XIXe siècle, entre les terres de la Frontière araucane et des Lacs ouvertes à la colonisation étrangère et l'occupation de steppes de Magellan, une nouvelle frontière s'était établie. Elle était constituée par les terres d'Aysen, à l'époque rattachées administrativement au territoire de Magellan. Leur position en angle mort entre deux territoires de colonisation, les difficultés d'accès dues à l'ouest à des archipels encore mal connus et à l'est à l'éloignement de la côte atlantique à travers un territoire désert, convergeaient pour faire de cette région une terre oubliée. Dans les deux dernières décennies du siècle, le Chili et l'Argentine stimulés par la conclusion du Traité frontalier de 1881 réalisèrent un considérable effort d'exploration et l'amorce d'une occupation du sol. Les trois quarts de siècle qui se sont écoulés depuis n'ont pas suffi à faire disparaître entièrement l'isolement primitif ni à dépasser le stade pionnier de l'occupation.

a) La nouvelle frontière

L'expansion de l'occupation pastorale magellanienne a provoqué un courant de peuplement qui déborde la frontière mais qui s'est arrêté vers la fin du siècle aux rivages du lac Argentino sur la bordure sud de la glace patagonienne, sans atteindre les terres vierges d'Aysen. La colonisation de la Frontière et des Lacs, par contre, avait provoqué le départ au-delà de la chaîne andine de plusieurs vagues de colons qui envahirent en squatters la vallée du Neuquen et avancèrent ensuite vers le sud le long de la bordure orientale des Andes. Ce courant d'émigration s'est interrompu à la fin du siècle. Après le règlement du tracé de la frontière, le Gouvernement chilien s'efforça de ramener à son territoire une partie de ses émigrants en même temps qu'il encouragea la formation d'un courant d'émigration venant de l'intérieur du pays. En fait, on commençait l'occupation d'Aysen au moment où Magellan se trouvait déjà dans une phase très avancée d'expan-

Campagne chilote sur la côte intérieure, habitat en bois

Punta Arenas, le détroit de Magellan et les nuages sur la Terre de Feu

sion. Elle est donc la dernière grande région à avoir été rattachée à l'œkoumène patagonien.

b) L'occupation d'Aysén

En raison des contraintes naturelles déjà évoquées, l'occupation de la zone utile d'Aysén fut canalisée à l'ouest des surfaces ouvertes proches de la frontière, le long des fonds de vallées isolées les unes des autres, séparées par des massifs forestiers, des montagnes et des plateaux arides.

Cette occupation fragmentaire et discontinue prend deux formes : l'une est celle des grandes surfaces que l'État accorda aux sociétés d'élevage en concession gratuite ou en location dans les vallées supérieures des rios Aysén, Cisnes Nirehuao, Coyhaique et Chacabuco. Par leurs dimensions et le style de l'exploitation elles sont à rattacher au système latifundiaire déjà en place à Magellan et dont elles sont parfois l'émanation directe ; l'autre, qui entre en concurrence avec la première est l'occupation spontanée de petits colons et de leurs familles venant d'Argentine. Cette colonisation de caractère pionnier parfois même agressive, se faisait souvent sans titres légaux et s'attaquait à des terres nouvelles, aux forêts situées à l'ouest, aux territoires que les sociétés d'élevage n'avaient pas occupés ou encore à ceux qui devaient être libérés par rupture ou expiration de contrat. A la différence des petits exploitants magellaniens, ceux-ci ne seront pas écrasés par la grande propriété. Les squatters d'Aysén avaient déjà une expérience d'éleveurs acquise en Argentine ; ils disposaient de troupeaux et d'économies leur permettant de faire face à la période de soudure ; de plus, ils se trouvaient mieux protégés par l'État chilien qui manifesta une claire volonté de récupérer ces colons évitant ainsi l'occupation trop lâche qui résultait de l'installation des sociétés latifundiaires.

Ces menus groupes humains en lutte contre les grandes compagnies, loin de toute forme de civilisation s'avérèrent extrêmement énergiques et menèrent de front l'aménagement de l'espace agraire et la création de foyers urbains. Des dégâts considérables furent faits dans la forêt, dégradée par les **roces** (feux), car il fallait «créer la campagne». En contrepartie des germes de vie urbaine et des pistes furent aménagés parfois sans qu'aucune condition particulière du site ne le justifie, tel Coyhaique planté au milieu de la plaine, ouvert à tous les vents. Par opposition à ce qui se passa à Magellan, l'État ici constata les faits accomplis, les sanctionna et y installa quelques services administratifs.

Ainsi dans la première quinzaine d'années de ce siècle naquirent les quatre centres urbains d'Aysén ; trois d'entre eux, Puerto Aysén, Coyhaique et Balmaceda étaient reliés par une route élémentaire et rassemblaient les deux tiers de la population provinciale. C'est par la suite (1934) que l'État décida de soustraire ce territoire de la tutelle de Magellan en créant la province d'Aysén et le «Bureau des Terres et de Colonisation d'Aysén».

c) Aysén, terre marginale

L'action des colons, aussi courageuse soit-elle, a du mal à articuler l'espace, haché de vallées profondes, morcelé par des lacs et des torrents, isolé par la forêt et par les glaces. Il en résulte une évolution très lente et cloisonnée en unités étanches. Aussi, sur plus de 500 kilomètres, Chacabuco, qui prend la relève du port d'Aysén, maintenant ensablé, est la seule voie ouverte sur le Pacifique. Ailleurs sur la côte aucun site valable n'a pu être aménagé. Le réseau de routes entièrement transversal est trop élémentaire, discontinu et impraticable l'hiver à cause de la boue et de la fréquence des glissements de terrains. Une partie importante des déplacements réguliers des marchandises, n'empruntant pas l'avion, doit donc être acheminée par les routes argentines ce qui n'est pas sans blesser l'orgueil des gens et sans porter préjudice à l'économie.

Aysén est donc avec ses campagnes élémentaires, avec ses villages encore mal structurés et ses routes qui ne constituent pas encore un véritable réseau, l'image chilienne d'une société pionnière en lutte avec une nature qu'elle essaie d'humaniser. Comme toute région pionnière elle est marginale et son économie incertaine. Pour réussir elle aurait besoin que lui soient consacrés des capitaux, des techniciens, des hommes et cela sur une longue période afin de consolider son économie. La faiblesse de sa progression n'est qu'une conséquence et une forme de son sous-développement.

CHAPITRE XII

L'AGRICULTURE ET LA RÉFORME AGRAIRE

L'agriculture représente environ le dixième du produit national brut chilien. Cette part, à peu près stable depuis le milieu du XXe siècle implique que le pays doit importer des produits agricoles et alimentaires, en particulier de la viande, des céréales et du sucre.

I. LES CONDITIONS GÉNÉRALES

A. Diversité des aptitudes agricoles, exiguïté et richesse des terres cultivables

L'extraordinaire extension en latitude du pays chilien s'accompagne d'une très grande diversité climatique qui est cependant marquée par l'omniprésence de la montagne andine.

Au nord du rio Aconcagua, l'agriculture tend à se réduire à des oasis. Au Chili central, les zones cultivées se limitent aux terres irriguées de plaine dans un sillon longitudinal étroit : vers Chillan cependant il atteint une centaine de kilomètres de largeur mais des épandages de sable lui confèrent là une moins grande fertilité. Au-delà du 40° degré de latitude les zones agricoles reprennent leur allure sporadique mais il s'agit alors d'une agriculture de défrichement.

Au total, le Chili central est de loin la région privilégiée : les terres y sont dans l'ensemble riches à cause de la présence de limons ; la montagne recèle d'importantes réserves d'eau et la durée de l'insolation est importante.

B. Le régime de la propriété

En 1965, la répartition des propriétés terriennes était la suivante :

	% nombre	% superficie
< 10 hectares	61,8	1,4
10 à 99 hectares	29,3	7,7
100 à 999 hectares	7,6	18,2
1000 hectares et plus	1,3	72,7

Le latifundisme, qui était le fait majeur de cette structure agraire, avait comme corollaire le minifundisme : en somme un régime foncier porté aux extrêmes. Les propriétés de plus de 5 000 hectares couvraient 55 % de la superficie avec 0,5 % des exploitations tandis que les minifundia de moins de 10 hectares occupaient 1,4 % de la superficie totale mais représentait 61,8 % des exploitations.

On peut souligner les principales conséquences d'une telle situation : la sous-exploitation, puisque sur les 4 500 000 hectares de terre arable utile seuls 2 850 000 étaient véritablement cultivés en 1965 ; la faible capitalisation, car si les grands propriétaires possédaient une considérable fortune personnelle ils investissaient rarement dans l'agriculture mais s'orientaient plutôt vers les circuits de commercialisation, vers les industries de transformation ou simplement vers les spéculations immobilières. Conséquence aussi du régime de la propriété : un prolétariat rural, qui constituait l'essentiel de la population campagnarde mais qui se situait à différents niveaux. L'**inquilino** constituait sans doute la base de faire-valoir traditionnel de l'**hacienda** ; mais les **fundos** qui avaient pris le relais des vieilles **haciendas** tendaient à faire évoluer vers le salariat la condition d'**inquilino** et à faire de plus en plus appel à une main-d'œuvre venue de l'extérieur, les **afuerinos** sans leur donner aucune garantie d'emploi ni de salaire.

Au total les **inquilinos** étaient 70 000 sur une population active de 700 000 personnes soit un actif sur 10. Dans les grands domaines, ils représentaient 30 % de la main-d'œuvre (chiffre d'ailleurs un peu spécieux, car n'étaient comptés comme **inquilinos** que les chefs de famille, les autres hommes de la maison apparaissant dans les statistiques comme main-d'œuvre salariée).

Quoiqu'il en soit, les **inquilinos** étaient en quelque sorte des privilégiés, l'aristocratie du prolétariat rural ; ils tendaient à devenir des producteurs individuels, en donnant la priorité à l'exploitation des 2 ou 3 hectares qui leur étaient cédés en **regalias** (avantages en nature) où à leur troupeau personnel, en prenant aussi des terres en métayage, quitte parfois à embaucher à leur compte des travailleurs salariés pour les prestations qu'ils devaient au propriétaire.

La situation des **afuerinos** ou **forasteros**, travailleurs «étrangers» au domaine, était bien pire. Ils représentaient 500 000 actifs masculins dont 300 ou 400 000 réellement pourvus d'un travail au moins temporaire, car presque tous étaient condamnés au chômage pendant une période de l'année. Ils n'avaient en fait aucune garantie d'emploi ni de salaire. Bien que l'on ne l'ait pas toujours très clairement compris c'est sans doute là que résidait le problème fondamental des campagnes chiliennes.

II. LES RÉFORMES AGRAIRES

A. Les antécédents

Il y avait déjà longtemps que l'on avait pris conscience, au Chili, de l'existence d'un problème agraire, mais peu de choses avaient été faites pour y porter remède jusqu'à la décennie 1960.

La première initiative de quelque importance fut la loi de 1928 créant la «Caisse de Colonisation Agricole» dont le but officiel était de réaliser une redistribution des terres en «colonisant» les propriétés foncières de l'état ou la propriété privée mal exploitée. On espérait ainsi mieux enraciner la population rurale et ramener vers la campagne une partie de la main-d'œuvre urbaine jugée excessive. Si le projet était ambitieux, la réalisation fut dérisoire : en trente ans, entre 1928 et 1959, une centaine d'exploitations fut morcelée, 94 colonies furent créées où s'installèrent 3 392 familles. Le résultat final demeurait insignifiant. Il en alla de même avec la loi de Réforme Agraire de novembre 1962 qui prévoyait l'expropriation systématique des grandes propriétés mal exploitées mais qui ne donnait pas les moyens d'une telle politique.

Le véritable point de départ de la transformation des structures agraires fut la Réforme Agraire de 1967, sous le gouvernement du président démocrate-chrétien FREI.

B. La loi de Réforme Agraire de 1967

Sa promulgation fut difficile car il fallait d'abord modifier la constitution chilienne : la réforme constitutionnelle de janvier 1967 redéfinissait le droit de propriété et ses limites dans le cadre de l'intérêt général ; elle stipulait également que les indemnités dûes pour l'expropriation des grands domaines pouvaient être payées dans des délais allant jusqu'à 30 ans.

Les dispositions prises par la loi elle-même (juillet 1967) sont bien connues : est exproprié, dans les grands domaines, tout ce qui dépasse l'équivalent de 80 hectares irrigués. La loi précise par ailleurs les équivalences en fonction des sols et de la localisation des exploitations : c'est ainsi par exemple que 80 hectares irrigués donnent 370 hectares de plaine non irriguée dans la région santiaguine, et 500 hectares arables vers la ville lointaine de Valdivia.

Dans la Cordillère l'équivalent de 80 hectares irrigués peut se traduire par 60 000 hectares de versants montagneux destinés aux pacages ; inversement l'équivalent était seulement de 40 hectares de plaine irriguée dans la vallée de l'Aconcagua. La loi créait d'autre part la Corporation de la Réforme Agraire (la CORA), chargée d'organiser la réforme ; institution autonome de l'État, elle avait un patrimoine propre et toute liberté pour acquérir des terres.

La loi prévoyait enfin que pendant une période probatoire de trois ans les grands domaines expropriés constitueraient des **asentamientos** fonctionnant en coopératives avec l'aide de la C.O.R.A. et de l'I.N.C.I.R.A. (Institut de capacité et investigations). Cette période probatoire devait permettre de former les **asentados** (les membres de l'**asentamiento** à leurs nouvelles responsabilités, de préparer les cadres et de laisser un temps de réflexion avant de définir les statuts définitifs de la terre.

C. Le bilan

Après trois ans d'application par le gouvernement du Président FREI (1967-1970) le bilan était assez complexe.

Il faut noter tout d'abord la lenteur des expropriations et des créations d'**asentamientos** : on avait prévu que 100 000 familles y seraient établies en 1970 ; il y en eut en réalité 20 000 réparties dans 1 400 **asentamientos** au lieu des 4 800 escomptés. Ce qui représentait en surface 327 000 hectares cultivés soit 15 % des terres irriguées du Chili. Cette lenteur s'explique par les difficultés d'application de la loi. Trop de précautions avaient été prises, trop d'exceptions prévues (vignes, plantations forestières, etc.) Le contentieux était d'autant plus interminable que tous les litiges aboutissaient à l'arbitrage du Président de la République. A ces lenteurs d'application de la loi, venaient s'ajouter les contradictions et les insuffisances du système de l'**asentamiento**. Système mal défini sans doute car il était ressenti par l'**asentado** comme une situation d'attente (l'espoir n'était-il pas celui d'un partage effectif des terres ?), comme une situation sans grand changement en somme par rapport à l'état antérieur : le patron était remplacé par la C.O.R.A. D'où une attitude doublement négative de beaucoup d'**asentados** : négative à l'égard de l'**asentamiento** lui-même et de la C.O.R.A. ;

on retrouve là en somme l'attitude classique de l'**inquilino** se comportant en producteur individuel et tirant tout le parti possible de ce qu'il pouvait bien considérer comme un héritage direct des **regalias** : un demi hectare de terre irriguée (au lieu de 2 ou 3) et le droit d'acheter quelques têtes de bétail, quitte, comme par le passé, à se faire remplacer par d'autres pour les prestations en services dûs à la grande exploitation, à présent collective. Attitude négative aussi vis-à-vis du véritable prolétariat rural et c'est peut-être là que résidait la faiblesse essentielle de la loi de la Réforme Agraire et de son application par la Démocratie Chrétienne. Les **fundos** ayant été directement transformés en **asentamientos** (un **fundo** = un **asentamiento**), les seuls bénéficiaires ont été la main-d'œuvre permanente c'est-à-dire les **inquilinos**. D'où d'effarantes inégalités, d'un **asentamiento** à l'autre et surtout entre **asentados**, plus précisément entre anciens **inquilinos** et **afuerinos** qui restaient des «sans terre» et qui allaient être exploités par les **asentados** comme ils le furent par les grands propriétaires, **asentados** d'autant plus jaloux de leurs privilèges, d'autant plus acharnés à tenir à l'écart les **afuerinos** qu'ils espéraient toujours la répartition de la terre et qu'il valait mieux ne pas être trop nombreux au moment du partage.

Il faudrait mentionner enfin la faiblesse ou les insuffisances liées aux conditions de l'expropriation : le propriétaire était libre de choisir ses 80 hectares et conservait son cheptel et son équipement si bien que l'**asentamiento** ne représentait qu'un secteur sous-capitalisé, incapable d'une concurrence réelle. Paradoxalement le secteur privé aurait pu être ainsi le principal bénéficiaire de la réforme agraire, le calibre de 80 hectares irrigués étant propice à une bonne exploitation sans parler des possibilités qui s'offraient aux propriétaires d'investir sur 80 hectares une partie des indemnités perçues pour l'expropriation du reste. Et de fait l'amélioration fut très sensible : le capital par hectare fut doublé et l'on vit une nette augmentation de la productivité. Le secteur privé s'était en réalité débarrassé de ses terres les moins bonnes et avait diminué de 25 % sa charge d'emplois, se libérant par là de ses préoccupations sociales qui devenaient assez graves. Avantages d'autant plus nets qu'une partie du capital fut transféré dans les circuits commerciaux et dans la transformation des produits agricoles de telle sorte qu'il restait maître du marché.

Mais le plus grave fut bien que le problème du sous-prolétariat demeurait entier, qu'il s'agisse des **afuerinos** ou des petites propriétés, groupées en coopératives sans grande efficacité. Problème d'autant plus sérieux qu'on encourageait en même temps le syndicalisme rural, ce qui n'était pas la moindre contradiction de la politique de la Démocratie Chrétienne.

D. La Réforme Agraire sous l'Unité Populaire

L'Unité Populaire s'était fixé deux buts dans le domaine agricole : abolition des latifundia en 1973 et promulgation d'une nouvelle loi de réforme agraire. Mais une loi nouvelle aurait exigé, chose impossible, une nouvelle réforme constitutionnelle. On dut par conséquent se contenter de la loi de 1967 en y apportant de simples retouches d'ailleurs importantes. On maintenait les 80 hectares et l'indemnisation, mais le choix des terres était enlevé au propriétaire, le vignoble et la forêt étaient inclus dans la réforme et l'on prévoyait une «répartition adéquate» du cheptel et des équipements. Le processus d'application s'accéléra : pendant la présidence FREI, 1 400 domaines avaient été expropriés en cinq ans ; 700 expropriations furent faites en quelques mois entre novembre 1970 et janvier 1971. Le projet initial se réalisait, il ne restait plus de latifundia.

Les **asentamientos** furent remplacés par les C.E.R.A. (Centres de Réforme Agraire), assemblées ouvertes à tous les travailleurs, hommes et femmes âgés de plus de 16 ans, permanents ou occasionnels. Pour équilibrer entre eux les différents C.E.R.A., on établit des versements de fonds compensatoires. Il était d'autre part précisé que la collectivisation était définitive, sauf la maison et le jardin : le demi-hectare ne serait donné qu'à titre de jouissance et serait inclus dans le plan de travail du C.E.R.A. Comme dans les anciens **asentamientos**, il y eut des résistances. En effet, les contradictions restaient nombreuses ; le nouveau régime agraire et le nouveau cadastre étaient loin d'être cohérents. Dans le secteur réformé entre 45 et 48 % des terres appartenaient aux organismes collectifs, contre 25 % à l'agriculture capitaliste, le reste allant à la petite propriété. D'où un regain de tension sociale et des occupations illégales de terres dans le sud. Les cultivateurs du secteur réformé comprenaient mal qu'on leur refuse la propriété du sol qui était garantie aux grands propriétaires et aux petits exploitants traditionnels. A la veille du putsch militaire, la situation demeurait incertaine.

III. LA PRODUCTION AGRICOLE CHILIENNE

A. La prééminence des céréales

Parmi les céréales, le blé couvre environ 800 000 hectares, soit huit fois plus qu'aucune autre plante cultivée, prairies exclues. Mais la production, de l'ordre de 12 millions de quintaux n'assure pas totalement les besoins du pays. Partout cependant le blé est cultivé, du désert d'Atacama à l'île de Chiloé.

Le maïs et le riz jouent un grand rôle dans l'alimentation chilienne. Le premier est une vieille culture, qui, associée aux haricots, porte le nom de **chacra**. Il couvre 75 000 hectares dans le pays et sa production est d'environ 1,5 million de quintaux. Plante d'origine tropicale, il reste la céréale du Chili méditerranéen et des oasis du nord.

Le riz, cultivé depuis 1932, est lié aux grandes exploitations. Remplaçant les haricots dans l'alimentation, il est cultivé surtout au centre du pays dans la région de Santiago et de Talca. Quant aux autres céréales, elles laissent des excédents exportables, notamment l'avoine et l'orge peu consommées sur place.

B. L'importance des cultures maraîchères et fruitières méditerranéennes

Les cultures maraîchères présentent un assez large éventail de produits où voisinent cultures traditionnelles et cultures d'exportation. Les plus pratiquées sont les haricots (850 000 quintaux), les pommes de terre (couvrant sans doute 90 000 hectares) et les oignons (1 million de quintaux). Les cultures arbustives jouent un grand rôle, notamment au Chili central, de climat méditerranéen. Les vergers, qui couvrent environ 100 000 hectares, sont surtout situés dans la vallée de l'Aconcagua et dans la région de Santiago.

Quant à la vigne implantée depuis longtemps, développée au XIXe siècle avec des cépages girondins, elle occupait en 1976 116 000 hectares dont une bonne partie en culture irriguée au centre et au nord du pays. Dans ce dernier secteur, la production des vallées du Petit Nord est essentiellement destinée à la distillation et donne le fameux «pisco». Mais au total la récolte de vin, qui varie de 4 à 6 millions d'hectolitres selon les années, fait du Chili le quatorzième ou quinzième producteur mondial, le vignoble chilien (tout comme celui d'Afrique du Sud) étant, par sa superficie et ses vendanges, comparable au vignoble girondin.

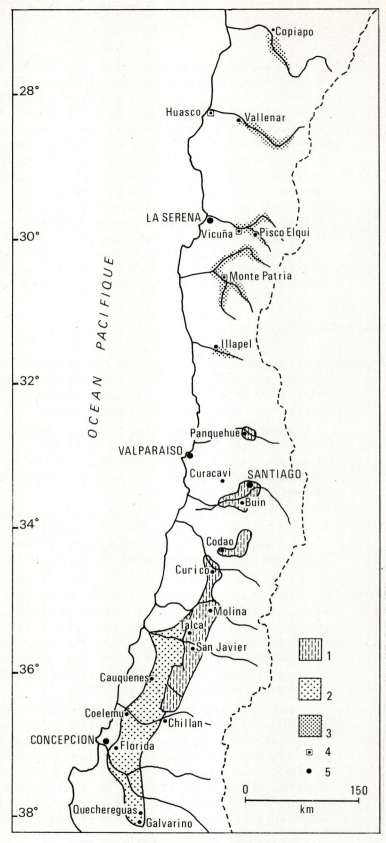

FIG. 38 — La vigne au Chili

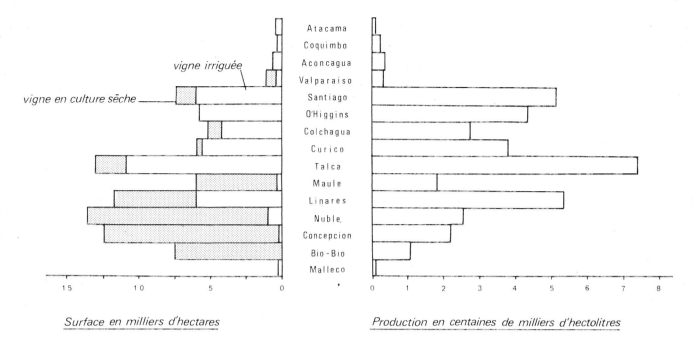

FIG. 39 — La vigne au Chili en 1960 (graphique)

L'éventail des cultures industrielles est relativement plus réduit puisqu'il se compose surtout de tabac, de la betterave à sucre et du tournesol. La betterave sucrière, malgré des progrès dans la partie sud du Chili central et l'édification de raffineries ne couvre pas les besoins nationaux. Quant au tournesol, c'est une culture récente développée dans la décennie 1940-1950 ; culture irriguée, elle a cependant l'inconvénient d'exiger d'excellents sols.

C. Une vieille tradition d'élevage

L'élevage est la forme la plus ancienne et la plus traditionnelle de l'activité du paysan chilien. Il trouve dans ce pays des conditions particulièrement favorables, celles-là mêmes qui limitent l'extension des cultures, importance des steppes au nord, extrême humidité du sud, faiblesse générale du peuplement. Aussi cet élevage est-il par définition un élevage extensif mais de haute technicité qui a cessé de s'orienter vers un marché extérieur et a suscité la pratique des cultures fourragères : celles-ci représentent maintenant le quart de la superficie mise en valeur.

C'est le bovin (environ 3 millions de têtes) qui joue le plus grand rôle dans tout le Chili tempéré de l'Aconcagua à Puerto-Montt. Mais les Chiliens étant de gros consommateurs de viande (30 kg, dont la moitié en viande de bœuf, par habitant et par an), le pays est malgré tout déficitaire. Aux alentours de Santiago et dans la région des Lacs, il s'agit d'un élevage laitier.

L'effectif des ovins, de l'ordre de 6 millions de bêtes, est concentré en deux ensembles géographiques bien distincts. Au nord, sur les plans côtiers du Chili central, c'est un élevage ancien orienté surtout vers la production de viande. A l'extrême sud du pays au contraire, la région de Magellan produit essentiellement de la laine et l'élevage n'y date que de l'extrême fin du XIXe siècle. Des chèvres enfin parcourent le désert et le cheval a longtemps été le seul animal de travail et le seul moyen de locomotion.

D. Le rôle secondaire de la pêche maritime

Le Chili n'est qu'une interminable façade maritime ; pourtant la pêche ne représente qu'une part discrète de son activité. En fait le Chili est un pays de terriens dont l'âme s'est élaborée dans le sillon longitudinal séparé de la mer par des cordillères côtières.

Santiago, autour de qui s'est forgée la nation chilienne, est d'ailleurs l'une des capitales intérieures et terriennes de l'Amérique du Sud, à vrai dire plus fréquentes sur le versant andin du côté Pacifique que sur l'Océan Atlantique. Il y a pourtant une exception de taille, Chiloé. Mais cette île mise à part, la vie maritime est représentée par de très petits villages de pêcheurs qui s'adonnent à une pêche littorale dans des barques à rame ; on pratique même davantage le ramassage de fruits de mer ; d'ailleurs ces villages littoraux se sont développés en dehors de la vie chilienne.

La grande pêche a cependant fait une apparition récente. Sans rapport avec les médiocres activités traditionnelles côtières, elle s'est hissée au second rang en Amérique du Sud, mais, avec environ 300 000 tonnes d'apports, elle ne représente que le dixième du formidable tonnage péruvien. Les centres en sont Talcahuano et San Vicente ainsi qu'Antofagasta. Quintay, port baleinier, vit un moment débarquer 1 300 animaux par an mais pâtit maintenant de la protection internationale de cette espèce.

Au total, la nouvelle pêche est très industrialisée : elle est en liaison avec de grandes conserveries et elle produit aussi des farines de poisson à l'imitation de la puissante industrie du Pérou.

CHAPITRE XIII

LES RICHESSES MINIÈRES ET LES SOURCES D'ÉNERGIE

La prédominance de l'activité extractive dans l'économie du Chili, pays à très solide vocation minière, se reflète de manière incontestable dans la composition du commerce extérieur et de là dans l'économie nationale toute entière.

En effet, depuis l'époque coloniale, les trois quarts des exportations chiliennes sont fournies par le règne minéral. Les devises apportées par certaines d'entre elles comme l'or, l'argent, le nitrate, le cuivre et le fer ont représenté à tour de rôle le soutien fondamental de l'économie nationale et les ressources actuelles de l'État chilien en dépendent encore pour les neuf-dixièmes. Cette spécialisation du commerce extérieur fait que l'économie nationale est extrêmement vulnérable et que son expansion dépend des variations des cours mondiaux des matières premières, des progrès de la technologie et des crises économiques internationales.

Pour réduire les effets de cette dépendance, l'État chilien s'efforce, particulièrement depuis une dizaine d'années, de prendre en main le contrôle total de la propriété minière et la conduite des affaires. Témoins de cette nouvelle disposition sont sur le plan international la création en 1967 du Conseil Intergouvernemental des Pays Exportateurs de Cuivre (CIPEC), et sur le plan intérieur la «chilenisation» du cuivre (1966) et la nationalisation des mines (1971). L'indépendance économique et la récupération des richesses minières sont l'enjeu d'aujourd'hui.

La mise en valeur des ressources minières chiliennes se fit par approches successives du fait de l'inégale distribution des minerais et des sources d'énergie. En effet, les zones arides et semi-arides qui disposent en abondance de matières minérales, sont par contre démunies de sources d'énergie naturelles ; celles-ci se concentrent plutôt dans le centre et dans le sud du pays. Il résulte de cette distribution mal équilibrée la déprédation au XIXe siècle des faibles ressources en combustibles végétaux du désert chilien et le développement d'un trafic maritime international fondé sur l'échange de matières pondéreuses : charbons anglais contre salpêtre et cuivres sud-américains. L'industrie du charbon chilien ne jouait qu'un rôle secondaire dans cette économie de spéculation, handicapée qu'elle était par la médiocre qualité du produit. L'expansion des charbonnages se fit plus tard en liaison avec la production d'énergie électrique et la demande des machines à vapeur. Après un demi-siècle d'essor, la production de charbon décline, concurrencée par d'autres sources d'énergie, pétrole et hydro-électricité.

I. LES RICHESSES MINIÈRES

C'est dans le nord du pays que se concentrent les gisements dans des zones arides et semi-arides favorisées tout à la fois par des conditions structurales, géomorphologiques et climatiques.

A. Les zones de minéralisation

Elles se présentent en lanières méridiennes, parallèles entre elles, de nature et longueur variables. Deux secteurs se détachent particulièrement : un ruban de cuivre à l'est et une bande ferrifère à l'ouest.

a) Le ruban oriental de cuivre diffus

Parallèle à la bordure andine, se prolongeant depuis la frontière avec le Pérou jusqu'au sud de Santiago, long de presque deux mille kilomètres et d'une largeur variant de 25 à 30 kilomètres, ce ruban concentre la totalité des grands gisements de cuivre. Ces derniers se présentent sous la forme de **stockwork**, à l'intérieur desquels des milliards de veinules minéralisées forment de gigantesques résilles traversant en toutes directions la roche qui les contient. De plus, et par lixiviation, s'est produite à partir de ce réseau géant, l'imprégnation de la roche sous-jacente en sulfure de cuivre, phénomène qui a élargi la dimension du massif cuprifère. Les réserves contenues dans ce ruban minéralisé sont de faible teneur (1,3 - 1,9 %) ; mais leur volume est considérable (3 000 millions de tonnes). Les deux tiers environ de la production chilienne de cuivre provient de cette zone minéralisée, qui contient en outre du molybdène et de faibles proportions d'or et d'argent.

b) La bande ferrifère occidentale

Plus près de la côte entre Pueblo Hundido, situé au nord de Copiapo et Santiago, on trouve une deuxième grande zone minéralisée, enrichie celle-ci de fer. Presque aussi large que la précédente, elle est par contre longue de 600 kilomètres seulement. Le long de cette bande se réunissent quelque quarante gisements dont les réserves varient d'un demi-million à soixante millions de tonnes. Le minerai de fer se loge le plus souvent dans des roches volcaniques de type andésitique enrichies en magnétite et en hématite par un métamorphisme de contact ou par action hydrothermale.

Éloigné de la bande ferrifère occidentale et perché à plus de 4 000 mètres dans la Cordillère des Andes, on trouve le gisement de El Laco. Il est l'une des plus grandes réserves de fer du Chili, l'une des plus jeunes et des plus originales aussi, puisque sa genèse date d'une phase de volcanisme extrusif pléistocène.

La bande ferrifère occidentale est escortée à l'est par une fine lanière minéralisée d'argent remplacée à l'extrême Sud par un modeste bassin de manganèse sédimentaire. A l'ouest, long d'un millier de kilomètres, entre Antofagasta et La Serena, s'étale un alignement côtier de gisements de cuivre filonien. Les réserves, qui se logent dans les fissures des roches granitiques, sont plus modestes mais plus riches (200 millions de tonnes de 3 à 4 % de teneur moyenne). Les gisements filoniens attirèrent les premières grandes exploitations du XVIIIe et du XIXe siècle. De nos jours, ils sont surtout le terrain d'action des moyens et des petits exploitants.

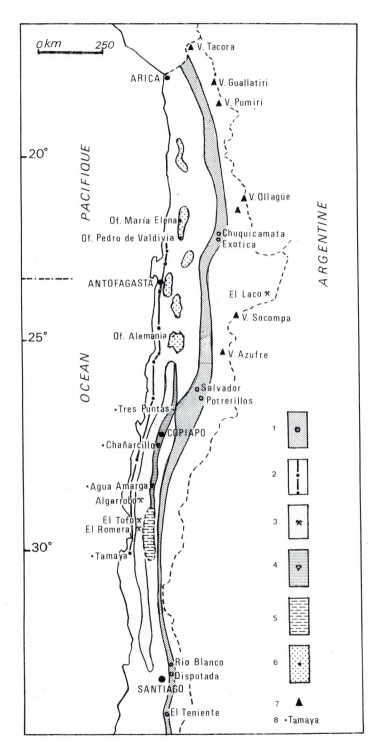

FIG. 40 — Les zones de minéralisation et les centres d'exploitation au Chili septentrional

Légende :

1. Ruban oriental de cuivre disséminé
2. Alignement côtier de cuivre filonien
3. Bande ferrifère occidentale
4. Lanière minéralisée d'argent
5. Bassin de manganèse sédimentaire
6. Gisements de «caliche»
7. Gisements de soufre
8. * Mine épuisée

c) Les gisements de caliche

Le **caliche** est le minerai dont on extrait le nitrate de sodium ou salpêtre. C'est un mélange naturel d'argile, sable et roche, cimentés par des solutions diverses où prédominent chlorures, sulfates et nitrates. Ces derniers constituent des solutions dont les teneurs vont de 5 à 30 %. Les gisements se trouvent éparpillés dans un milieu totalement désertique entre le 19° et le 26° degré de latitude sud, le long de la dépression qui met en contact le bord oriental de la Chaîne Côtière avec l'extrémité occidentale de la Pampa del Tamarugal. Ils constituent des gisements superficiels, stratifiés ou lenticulaires, recouverts d'une couche stérile de faible puissance.

Sur l'origine du **caliche**, il existe d'innombrables théories faisant appel à la météorisation des roches volcaniques, à l'activité des eaux souterraines, à l'altération des anciens dépôts côtiers de guano. On a encore invoqué la fixation dans le sol de l'acide azotique contenu dans l'atmosphère et la lixiviation du «nitrate blanc» que l'on trouve en proportions variables dans les sédiments jurassiques de la haute Cordillère.

d) Les gisements de soufre

Ils se trouvent à l'état naturel en nappes ou en «bolsons» superficiels associés aux volcans de la montagne andine sur mille kilomètres depuis la frontière péruvienne jusqu'à la latitude du Cerro Azufre ou volcan Copiapo. Plus au sud, la fréquence des gisements est considérablement réduite. Malgré leur très haute teneur en soufre, en moyenne supérieure à 50 %, leur exploitation pose d'extrêmes difficultés à cause de leur position en altitude.

B. L'exploitation des minerais

Tout semble concourir pour faire du Nord aride et semi-aride chilien une zone minière célèbre. En effet, la multiplicité de minerais, la fréquence des gisements, l'importance de leurs réserves, l'absence de végétation qui laisse à nu la structure rocheuse, l'extrême indigence des pluies qui empêche la dissolution, sont autant d'éléments favorables à la prospection et l'exploitation minières. Ces caractères expliquent la remarquable continuité des travaux d'extraction dont elle a été l'objet depuis les temps les plus reculés. En effet, période précolombienne mise à part, la recherche de l'or domina l'époque coloniale ; celle de l'argent prit la relève avec la République ; enfin l'exploitation des minerais de cuivre et des gisements de nitrate fit du Chili un partenaire d'importance dans l'économie du monde occidental : il devient dès lors un pays spécialisé dans la production de matières premières.

a) La prédominance de l'industrie du cuivre

— Le développement de l'activité cuprifère

Le cuivre chilien fut pendant les XVIIe et XVIIIe siècles l'objet d'une prospection empirique et d'une exploitation artisanale. De ce fait, elle fut une activité peu lucrative, de production modeste, plutôt destinée à la consommation locale. Concentrée dans la région de Coquimbo, cette exploitation mettait en valeur des gîtes filoniens côtiers à haute teneur, dont une faible partie était destinée aux exportations vers le Pérou.

L'amorce d'une prospection scientifique et d'une exploitation industrielle vint avec l'Indépendance politique. En effet, dans le premier quart du XIXe siècle, à l'aide de techniciens anglais, le gouvernement de la République lança l'expérience d'une exploitation commerciale. Elle échoua mais permit à un polytechnicien français, le strasbourgeois Charles Lambert de persévérer dans l'entreprise. Celui-ci fit introduire au Chili en 1831 le four de réverbère, technique alors la plus avancée de la métallurgie. Elle permettait l'exploitation des minerais sulfuriques, très abondants et qui auparavant étaient rejetés avec les scories. L'introduction d'une nouvelle technique et la découverte de gîtes à haute teneur, localisés toujours dans l'alignement côtier de cuivre filonien, encouragèrent les capitalistes chiliens à y investir, permettant ainsi un développement considérable de la jeune activité. L'essor industriel européen et le déclin des mines du vieux monde assuraient d'autre part au cuivre chilien un marché international. Entre 1846 et 1864, la production fut multipliée par quatre. Dans les vingt années qui suivirent elles se tint constamment entre 40 000 et 50 000 tonnes de métal par an. C'est l'époque de la primauté chilienne sur le marché mondial : à partir de 1850, le Chili était devenu le premier producteur assurant à lui seul le tiers du tonnage. Le dernier quart du XIXe siècle vit le déclin de cet âge du cuivre. Les conséquences économiques de la guerre contre l'Espagne d'abord, puis le conflit armé avec le Pérou et la Bolivie, la chute des prix sur le marché de Londres provoquée par la crise de 1873 et la découverte d'importants gisements dans le Michigan, firent péricliter la primauté chilienne. L'économie nationale ressentit alors les premiers effets de sa dépendance. Vers 1882, les États-Unis prirent la première place mondiale en même temps que s'amorça dans l'industrie du cuivre chilien une longue période de récession qui dura plus d'un quart de siècle. La chute fut spectaculaire : en 1905, le Chili produisait seulement 4 % du tonnage mondial de cuivre !

Dès le début du XXe siècle, en pleine expansion économique, les États-Unis s'intéressèrent à l'industrie du cuivre chilien. A la différence des périodes précédentes durant lesquelles seuls furent mis en valeur les gisements côtiers de dimension moyenne mais à haute teneur de cuivre, celle-ci se borna à l'exploitation des grands gisements cuprifères à faible teneur du ruban oriental. Les groupes financiers américains, suffisamment forts pour supporter les risques de la prospection scientifique et des investissements, vont s'emparer en un quart de siècle des plus importantes mines chiliennes : deux d'entre elles étaient appelées à devenir les plus importantes du monde. En 1904, la « Société Bradden Copper Co»., devenue par la suite filiale de la « Kenecott Copper Corporation», acheta le gisement de El Teniente ; huit ans plus tard, la « Chile Exploration Co.», dépendant de l'« Anaconda Mining Co.», acquit la mine de Chuquicamata ; enfin en 1920, l'« Anaconda Mining Co.» obtint la concession de Potrerillos.

— *Les structures de l'industrie*

Par rapport à la capacité de production et aux capitaux investis, l'industrie du cuivre comprend trois catégories minières nettement distinctes et reconnues par la loi, celles des Grands, des Moyens et des Petits Producteurs :

L'exploitation du cuivre au Chili. 1971

Personnel	Catégorie minière	Prod.[1]	%	Exportations[1]			
				Blister	Feu	Elect.	Total
21 000	Grands Producteurs	536	75,4	190	65	281	536
16 000	Moyens Producteurs	129	18,2				
4 000	Petits Producteurs	46	6,4	175			175
41 000	TOTAL	711	100 0	365	65	281	711

[1] En milliers de tonnes.

● Les compagnies nord-américaines coiffaient jusque vers 1970 la hiérarchie industrielle du cuivre chilien. Elles constituaient la catégorie des Grands Producteurs faisant appel à des capitaux considérables et à une haute mécanisation. L'utilisation des gros moyens mécaniques était d'autant plus nécessaire qu'elles exploitaient des minerais de faible teneur, brassaient donc chaque jour de 25 000 à 100 000 tonnes de roche et que leur production devait être supérieure à 75 000 tonnes de métal par an. La valorisation du produit se faisait par une intégration descendante représentée par la fonte et le raffinage sur place afin d'obtenir un métal de haute qualité et de grande pureté utilisable directement par l'industrie de transformation. L'intégration était représentée encore par l'aménagement de centrales électriques qui fournissaient l'énergie et par la construction de voies ferrées assurant le transport de la production.

Chuquicamata est la mine la plus importante de cette catégorie. Elle se trouve dans le désert d'Atacama, à 2 900 mètres d'altitude, à 15 km au nord de la ville de Calama. «Chuqui», comme on l'appelle au pays, la mine à ciel ouvert la plus importante du monde, recèle un gisement exceptionnellement riche. Malgré la faible teneur en cuivre du minerai (1,25 %), elle représente une réserve de 25 millions de tonnes de métal. Ce montant garantit un demi-siècle de production à un rythme deux fois supérieur au rythme actuel ; les réserves sont supérieures à tout ce qu'a produit le Chili depuis le XVIe siècle (22 millions de tonnes). En 1970, Chuquicamata a fourni 270 000 tonnes de cuivre dont 212 000 tonnes de cuivre électrolytique et 58 000 tonnes de cuivre Blister (cloqué). De plus, 2 350 tonnes de molybdène furent obtenues comme sous-produit sans compter l'or (2 gr/t) et l'argent (460 gr/t). Cette mine possède une capacité de traitement de 11 000 tonnes de minerai par jour, emploie plus de 8 000 personnes et donne vie au campement de Chuquicamata (30 000 hab.) et à la ville de Calama (60 000 hab.) qui écoule la production vers l'étranger.

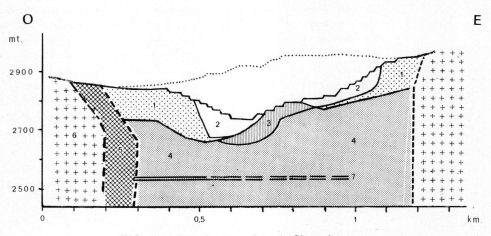

FIG. 41 — La mine de cuivre de Chuquicamata

1. Minerai oxydé — 2. Zone de lixiviation — 3. Minerai mixte — 4. Zone riche en sulfures — 5. Zone faillée occidentale — 6. Roches granitiques — 7. Tunnel de drainage

Chuquicamata, la plus grande mine de cuivre à ciel ouvert du monde

Huachipato, grande aciérie vue depuis la baie San Vicente

Depuis 1970 est en production la mine « La Exotica » située à proximité de Chuquicamata. Celle-ci est un gisement riche en oxydes de cuivre, comme l'était la couche superficielle de Chuquicamata déjà épuisée. De ce fait, elle est un complément de sa voisine qui exploite actuellement la couche de sulfures de cuivre. Elle contribue à alimenter l'usine de raffinage de minerais oxydés de Chuqui qui était tombée en désuétude il y a quelques années.

Appartiennent aussi à la catégorie des Grands Producteurs, la mine « El Salvador » et la fonderie de Potrerillos (100 000 tonnes) situées à la limite nord de la province d'Atacama, et la mine de « El Teniente » (250 000 tonnes) située dans le Chili central et qui est la plus grande mine souterraine du monde.

● Le groupe des Moyens Producteurs est formé par un nombre considérable de sociétés à capitaux plus modestes dont la production annuelle est inférieure à 75 000 tonnes. Elles exploitent des gisements à plus haute teneur (+ 1,8 %) et réalisent une modeste intégration à l'aval, dans leurs propres usines de lixiviation, concentration et précipitation des minerais. Les minerais enrichis de cuivre sont susceptibles d'être vendus aux fonderies nationalisées, exportés, ou encore traités directement. C'est le cas pour les sociétés les plus importantes qui possèdent leurs propres raffineries et une capacité de traitement de quelque 10 000 tonnes par jour. Les Producteurs Moyens représentent une catégorie minière à la fois très active et très souple qui participe pour 18 % à la production totale (180 000 tonnes) et qui est souvent menacée par les fluctuations du prix international du cuivre. Elle réussit à se mettre à l'abri en faisant des économies dans l'exploitation, en misant temporairement sur les minerais à plus forte teneur ou encore en vendant l'or et l'argent contenus dans la gangue ... Ces faiblesses les rapprochent d'une certaine manière de la petite exploitation.

● Les Petits Producteurs. Jusqu'en 1874, tout exploitant d'un gisement en devenait de ce fait propriétaire. Cette pratique issue du droit espagnol fut remplacée une décennie plus tard par le paiement d'une patente qui se voulait équivalente au travail. Ce concept de propriété minière fut affirmé dans les Codes de 1930 et 1932, encore en vigueur, bien qu'avec le temps le montant annuel de la patente, assez considérable à l'origine s'effrita comme la monnaie et devint presque symbolique. Cette transformation juridique du concept de propriété minière fut lourde de conséquences. La mine devint un sujet de spéculation et point seulement un moyen de subsistance comme elle l'était auparavant. En outre, la loi se contentant d'exiger le paiement d'une patente sans imposer l'exploitation permit l'établissement de deux catégories sociales autour d'un seul bien : d'un côté le propriétaire, absentéiste d'habitude et de l'autre, le **pirquinero**, mineur pauvre et exploité travaillant dans les mines des premiers sans conditions déterminées.

Le terme **pirquen**, d'origine américaine, est déjà en usage dans le premier quart du XIXe siècle. Né en Colombie, ou en Bolivie, il désigne la concession à un ouvrier par son propriétaire de tout ou partie (**punto**) de la mine. L'ouvrier peut exploiter librement le secteur qu'on lui accorde sans autre condition que celle de payer une royalty qui pouvait atteindre jusqu'à 40 % de la valeur brute de la production.

Au cadastre de la propriété minière, il y avait en 1970 plus de quatre millions d'hectares enregistrés ; 10 % seulement étaient exploités, le plus souvent par le système du **pirquen**. 4 à 6 000 ouvriers vivaient encore associés aux travaux de ces mines concentrées en particulier dans la province d'Atacama. Ils assuraient une production annuelle de cuivre de 40 000 tonnes qui pourrait être augmentée substantiellement par l'amélioration des méthodes de travail.

En effet, le système du **pirquen** et en partie aussi celui des Moyens Producteurs, se caractérisent par un faible rendement, d'à peine 10 tonnes par homme et par an, c'est-à-dire trois fois inférieur à celui des ouvriers des grandes exploitations[1]. De plus la situation des **pirquineros** est poignante. Les conditions de travail sont très rudimentaires, dangereuses et précaires, sujettes au rythme capricieux des variations des cours internationaux du cuivre et soumises aux lourdes charges des royalties. Démunis de capitaux et de moyens techniques, ils n'assurent qu'un travail artisanal d'une rentabilité très médiocre, qui vient des coûts très élevés de production et de transport. Ainsi le **pirquinero** s'attache à l'exploitation des secteurs les plus riches des gisements qu'il massacre en provoquant un gaspillage des réserves, par abandon de ressources qui seraient exploitables dans un système plus rationnel de travail.

— *La nationalisation*

L'analyse des structures minières montre bien la trop grande concentration de la production et de l'exportation aux mains d'un petit nombre d'entreprises. Les Grands Producteurs participaient en 1970 pour 75 % de la production et pour 80 % des exportations. S'il est certain que dans une économie faible et spécialisée comme celle du Chili, la production de ces mines exportatrices était toujours d'une importance vitale par le haut pourcentage de devises qu'elle procurait au pays (80 %) et par le montant de leur participation au financement du budget de l'État (20 %), il n'est pas moins vrai qu'elle ne contribuait point par ses investissements à l'industrialisation de la nation. Ce désintéressement contraste avec la présence à l'étranger des compagnies filiales («Anaconda American Bross», «Anaconda Wire and Cables», «Kennecott Wire and Cables») qui réalisent l'élaboration du cuivre achevant ainsi la chaîne d'intégration descendante réduite au Chili à la partie la plus élémentaire. Ainsi, ce comportement des compagnies américaines vis-à-vis du Chili provoqua, par étapes, la réaction de l'État qui essaya de leur arracher un contrôle qui lui échappait. Trois étapes peuvent être distinguées dans cette réaction :

— La première, qui fait suite à la crise des années 1930 affaiblit le régime excessivement libéral accordé aux grandes compagnies internationales. L'État aggrava les impôts et établit des contrôles sur les coûts de production, le retour de devises et les montants des taux des changes. Par des accords successifs, il chercha aussi à participer aux décisions des compagnies.

— La deuxième étape est celle de la «chilénisation» des mines de cuivre entreprise en 1964. Deux grandes orientations peuvent être signalées dans cette politique. Le première est l'accroissement de la capacité de production et de raffinage dans le pays. La deuxième est la création de moyens juridiques permettant au pays de contrôler l'exploitation et la vente des minerais tout en s'assurant une partie plus importante des bénéfices.

La «chilénisation» du cuivre se fit par l'intermédiaire d'un investissement graduel de plus de 500 millions de dollars et par la formation de sociétés mixtes entre l'État chilien et les compagnies nord-américaines. En effet, entre 1967 et 1969, le gouvernement chilien acheta à la «Kennecott Bradden Copper Co.»

---

1. En 1971, un décret limitait les royalties à 2,5 % - 14 % d'après le degré de facilité d'exploitation présenté par la mine. De plus, une étude de modification du Code des Mines était en cours.

51 % des parts de la mine El Teniente, à la Anaconda 25 % de la mine La Exotica et 51 % des actions des mines de Chuquicamata et d'El Salvador, enfin à la Cerro Corporation 30 % de la mine Rio Blanco pour permettre l'exploitation du gisement.

Ce programme fut aboli en juillet 1970. A la suite du vote par le Congrès d'une modification de la Constitution, le Chili décida la nationalisation totale des grandes mines de cuivre. L'État prit alors en mains l'exploitation des mines et la commercialisation du métal par l'intermédiaire d'un office public, la «Corporacion del Cobre» (CODELCO). Cette nationalisation représente l'option la plus hardie des politiques nationales dans les pays du Tiers Monde qui cherchent à récupérer leurs richesses naturelles. La Cour des Comptes décida de n'indemniser que la Compagnie Minière Andine («Cerro Corporation») et la Compagnie Minière Exotica («Anaconda»). La loi de nationalisation prévoyait que les indemnités dues pourraient être réduites non seulement du montant des «bénéfices excessifs»[1] perçus par les sociétés depuis 1955 mais aussi du montant revenant à la dépréciation des machines, équipement et installations constatées au départ des anciens propriétaires.

Un conflit judiciaire s'est alors engagé entre les compagnies expropriées et le gouvernement chilien car leurs interprétations du droit international en ce qui concerne l'indemnisation des sociétés nationalisées étaient diamétralement opposées.

Au demeurant, le cuivre reste, avec le pétrole, le principal produit stratégique exporté par les pays en voie de développement et l'une des matières premières les plus utilisées dans l'industrie métallurgique des non ferreux du monde développé. Or, le Chili est le troisième producteur mondial, avec 14 % de la production et il est, avec les États-Unis, le pays qui possède les plus grandes réserves du monde. Ces chiffres simples résument pour l'avenir toute sa force et toute sa faiblesse.

b) L'industrie du fer

Elle est plus modeste, à la fois par sa participation dans la production mondiale (1,7 %) et par le volume de ses réserves, inférieures à 1 % du total mondial.

Toute la production chilienne en minerai de fer est concentrée dans le Petit Nord. Au XIXe siècle cette région connut une exploitation artisanale, mais dès le début de ce siècle, de grandes compagnies étrangères y introduisirent l'exploitation industrielle.

De ces entreprises étrangères la première arrivée fut la Compagnie Française «Hauts Fourneaux, Fontes et Aciers du Chili». Elle entreprit dès 1904 l'exploitation de la mine El Tofo dans la province de Coquimbo. Sa production était destinée au marché interne et tout particulièrement aux Hauts Fourneaux de Corral, situés mille kilomètres au sud. L'entreprise française fut très vite en crise et loua le gisement de El Tofo à la «Bethléem Steel Corp». Pendant la première moitié du siècle, la production connut une progression lente et irrégulière. Jusqu'en 1950, elle n'a jamais été supérieure à un million de tonnes par an. A

---

1. Sont considérés comme «bénéfices excessifs» ceux dont le montant dépasse la moyenne des gains réalisés par chaque compagnie dans leurs seules activités minières en dehors du Chili.

partir de cette date, l'augmentation de la demande étrangère et l'amélioration des prix coïncident avec la mise en marche de l'aciérie de Huachipato, construite à proximité de la ville de Concepcion. Ces facteurs donnèrent son élan à la production qui augmenta depuis régulièrement et atteignit douze millions de tonnes en 1971.

Trois groupes de producteurs contribuent à ce développement : la «Bethléem», principale productrice grâce à la mise en exploitation du gisement El Romeral ; les compagnies du groupe des moyens producteurs («Compagnie Minière Santa Fé», «Santa Bárbara», «San Andrès», «Atacama» et la «Compagnie Chilena Aceros del Pacifico») et les petits exploitants. Les deux premiers groupes représentent respectivement 25 % et 60 % de la production.

Hormis le million de tonnes destinées à l'Aciérie Nationale de Huachipato, la production de minerai de fer est entièrement exportée. Le Japon (75 %) et les États-Unis (20 %) sont les principaux acheteurs. Les ventes apportent 70 millions de dollars, soit 6 % des devises totales du pays.

Les mines de fer du Petit Nord chilien forment le long de la côte steppique un alignement de grandes tranchées rougeâtres, taillées en marche d'escalier qui échancrent la zone minéralisée. Elles se caractérisent par la forte concentration des activités, une haute mécanisation des travaux et par leur autonomie : chaque mine est à la fois un centre de production, un campement abritant ouvriers et employés et un centre de transactions où les petits exploitants viennent vendre leur production aux grandes compagnies. Celles-ci disposent aussi de leurs propres installations de broyage, concentration et selection des minerais, de centrales électriques, de magasins de ravitaillement alimentaire, d'un réseau de route privé, d'un parc de transport et de ports mécanisés. Elles apparaissent ainsi étrangères à la région d'autant plus qu'elles sont à faible distance des ports d'embarquement et que la quasi-totalité de leur production est destinée à l'exportation.

Dès 1970, ces grandes entreprises ont été nationalisées. En effet, à partir de cette année là, la CAP acquiert toutes les mines de la «Bethléem Chile Iron Mines» et des autres compagnies privées en même temps que divers organismes d'État prennent le contrôle de toutes les actions de la CAP restées jusqu'alors au secteur privé. L'État devient ainsi propriétaire de 96 % de l'industrie du fer et la CAP se transforme en leader d'un consortium étatique disposant d'un puissant complexe ferrifère qui, de plus, contrôle les deux-tiers des ventes à l'étranger. Une politique commune préside à la gestion de la production du minerai, de la fonte, des produits sidérurgiques lourds, des aciers spéciaux, fins et des ferro-alliages.

Le problème le plus grave du fer chilien est bien celui de la distance des centres de consommation qui grève les bénéfices de très lourds frais de transport. La valeur CAP d'une tonne de minerai de fer aux ports japonais est de 12,19 dollars. Dans ce chiffre, la valeur du minerai n'est que de 7,09 dollars, le reste, plus de 40 %, correspond au prix du transport.

c) L'industrie du nitrate

Ayant eu le monopole mondial du nitrate naturel à la fin du XIXe siècle, le Chili n'est aujourd'hui qu'un trop modeste producteur au niveau mondial (1 %). L'industrie du nitrate est l'un des exemples d'activité minière ruinée à la suite d'une révolution technique, en l'occurence la mise au point de la synthèse de l'azote.

Utilisé déjà dans la première moitié du XVIIIe siècle comme base de fabrication de la poudre noire, le **caliche** ne créa qu'une activité artisanale fort modeste jusqu'au XIXe siècle. Ce fut alors que M. Hencke, naturaliste allemand au service de l'Espagne, fit connaître le procédé de conversion du nitrate de sodium en nitrate de potassium permettant la fabrication d'une poudre de meilleure qualité. En plus de ce progrès technique, les besoins d'explosifs de la Couronne d'Espagne et la découverte de riches gisements dans la province bolivienne de Tarapaca, amorcèrent une exploitation industrielle que la Guerre d'Indépendance repoussa de vingt cinq ans. Dans le deuxième quart du XIXe siècle, l'Europe découvrait les qualités d'engrais du nitrate naturel et en fit, comme les États-Unis, les premières importations.

Dès lors, les industriels péruviens, chiliens et étrangers établis au Pérou et au Chili, menèrent tambour battant la prospection, l'organisation de l'industrie, la commercialisation et la recherche de meilleures techniques de production. La découverte de nouveaux gisements dans les districts d'Antofagasta et de Taltal et les progrès des exportations conduisirent à la construction d'un important réseau de chemin de fer et à l'aménagement en port des anciens embarcadères (Iquique, Taltal), et notamment à la fondation d'Antofagasta (1868). Mais la lutte d'influences économiques pour le contrôle total de cette richesse ne se fit pas attendre. Les problèmes de frontières mal définies entre la Bolivie et le Chili dans la partie sud de l'actuelle province d'Antofagasta mirent le feu aux poudres. En 1879, la «Guerre du Pacifique» éclata. Elle mit face à face le Chili et la Confédération Pérou-Bolivie. Victorieux, le Chili annexa à son territoire les provinces d'Antofagasta (Bolivie) et de Tarapaca (Pérou).

Maître absolu des terres du nitrate, le Chili conserva le monopole de la production mondiale jusqu'en 1918. Celle-ci qui était en 1900 de 1 500 000 tonnes avait doublé en 1917. C'était l'époque où en rade de Tocopilla, Iquique et Antofagasta se rangeait une immense flotte de voiliers venus d'Europe charger du nitrate. Mais depuis la fin de la Guerre du Pacifique, l'industrie était passée entièrement aux mains des capitaux britanniques. Le droit d'exportation des minerais représentait alors presque 50 % des recettes du budget chilien. La multiplication des **oficinas**, campements de mineurs et centres de transformation du **caliche** en nitrate reflétait l'afflux des capitaux anglais. D'après le recensement de 1907, on peut estimer à près de 150 le nombre des **oficinas** en activité et à 100 000 le nombre d'ouvriers engagés dans l'industrie du nitrate.

L'essor de l'industrie et de la population développèrent l'activité agricole des oasis voisines des vallées du Petit Nord et des terres du Chili central. Sur place, l'industrie, les chemins de fer, l'agriculture et la population réclamaient de plus en plus de combustibles pour produire de l'énergie et de plus en plus d'eau. La Pampa et la montagne donnaient l'essentiel de ses ressources : les arbres de **tamarugo** les résineux, la **clareta** surtout, furent soumis à une véritable déprédation. Quant à l'eau, l'essentiel provenait des nappes souterraines. Les populations de la côte, démunie de cours d'eau, puisèrent dans les petites sources locales, introduisirent des machines à dessaler l'eau de mer et finirent par capter les sources de la Cordillère à plusieurs centaines de kilomètres à l'est.

Les «Districts Nitratiers du Sud» (Taltal) en firent autant. Tout cet effort tourna court avec l'éclatement de la Première Guerre Mondiale. En effet, l'Allemagne, qui consommait à elle seule 800 000 tonnes de salpêtre en 1914 se vit pendant le conflit isolée de son marché d'approvisionnement et forcée de chercher une source de production interne : le perfectionnement de la méthode «Haber», déjà essayée dans la période d'avant-guerre donna lieu à la production d'un nitrate synthétique à prix compétitif. Cette découverte et la construction dans les années qui suivent, d'une série d'usines en Europe et aux États-Unis marquèrent la fin de la primauté chilienne. La crise des années 1930 donna le coup de grâce à l'industrie du nitrate chilien dont le fléchissement avait été stoppé dans les années 1920 par l'afflux massif des prêts étrangers. Jamais plus la production ne dépassa 1 600 000 tonnes sauf pendant les cinq ans qui suivirent la Deuxième Guerre Mondiale. Ensuite, la production fléchit malgré les investissements de capitaux de l'État chilien associés à des capitaux américains. Petit à petit les **oficinas** arrêtèrent leurs activités et furent démantelées. Les ports dépérissaient, l'Atacama ne montrait plus que des villages fantômes. Des vagues de chômeurs prenaient la route du Sud. En 1942, presque 30 000 d'entre eux étaient inscrits à la Bourse du Travail de Copiapó, la porte de l'Atacama. Un cycle économique du désert venait de s'achever.

A l'heure actuelle, l'industrie chilienne du salpêtre ne produit que 1 % du montant mondial et semble péricliter. Seules quatre **oficinas** restent en activité ; 9 000 personnes y travaillent. Un peu plus de la moitié de la production est exportée. Le reste est utilisé par la consommation agricole interne. En 1971, l'État chilien nationalisa les trois **oficinas** les plus importantes qui étaient à 70 % aux mains de capitaux américains. En même temps, fut mis en route un programme destiné à transformer ce secteur économiquement déprimé pour en faire la base d'une industrie chimique lourde. Malgré ces problèmes graves et un déficit moyen annuel de dix millions de dollars depuis 1968, l'industrie du salpêtre reste l'une des importantes sources de travail de l'Atacama. De ce fait, aucun gouvernement n'ose pour l'instant déclarer définitivement dépassée l'ère du nitrate avant d'avoir trouvé une solution de rechange capable d'absorber la population ouvrière.

II. LES SOURCES D'ÉNERGIE PRIMAIRE

Le Chili double ses besoins en énergie tous les dix ans et présente parmi les pays latino-américains une valeur élevée de consommation par habitant (850 kWh).

Pendant la période 1940-1970, la consommation brute totale d'énergie augmenta à un rythme annuel de 3,5 % qui passa à 4,6 % dans la dernière décennie. A mesure que la consommation s'accrût, sa structure se modifia : les sources d'énergie qui gagnent maintenant en importance sont le pétrole et l'hydroélectricité, et cela au détriment du charbon et du bois. Le pétrole augmente dans la période 1940-1970 à un rythme annuel de 5,9 % et de 7,2 % dans la période 1960-1970. En 1940, il comptait pour un quart dans la production totale d'énergie, pour plus de la moitié en 1970. L'énergie produite par l'eau passe de 11,9 % en 1940 à 23,5 % en 1970. Le charbon par contre, baisse de moitié dans la même période (31,9 % à 15,1 %). La diminution la plus importante correspond à celle du bois qui ne représente en 1970 que 6,7 % de la production totale d'énergie, c'est-à-dire quatre fois moins qu'en 1940.

La distribution régionale des ressources énergétiques est inégale puisqu'elle se concentre dans le centre et le sud du pays. C'est là que l'on trouve les bassins charbonniers de Arauco et de Valdivia, de même que le bassin charbo-pétrolier de Magellan. Si la production charbonnière suffit en quantité, et si les réserves sont relativement importantes, elle est par contre, d'une qualité médiocre pour la production de charbon à coke. Les réserves de pétrole, fort modestes, se font de plus en plus insuffisantes, incapables elles aussi de suivre l'accroissement de la consommation ; la recherche de nouveaux gisements de pétrole et de gaz naturel s'est soldée par des échecs jusqu'à aujourd'hui. Il reste l'hydroélectricité dont la production s'accroit considérablement. Elle bénéficie de l'abondance des précipitations dans la zone sud du pays ; de plus, le caractère montagneux du Chili favorise la production d'énergie par la fréquence des dénivellations et par l'encaissement des cours d'eau.

Depuis la création de la **Empresa Nacional de Petróleo** (ENAP) et de la **Empresa Nacional de Electricidad** (ENDESA), l'intervention de l'État pèse de plus en plus dans la production d'énergie. Cette intervention s'acheva par la nationalisation du charbon, de l'électricité et du gaz et par la création en 1971 du «Comité de Energia y Telecomunicaciones», seule entreprise chargée de la planification, de la production et de la commercialisation de l'énergie au Chili.

A. Le charbon

En dehors du petit bassin lignifère de Valdivia, les zones charbonnières se réduisent aux bassins d'Arauco et de Magellan.

● Le bassin tertiaire d'Arauco, situé au sud de Concepcion s'appuie à l'est sur les schistes métamorphiques de la Cordillère de Nahuelbuta et plonge ensuite sous les eaux du Pacifique. Les terrains sédimentaires où s'intercalent les couches de charbon, se disposent en structure synclinale affectée d'un système de failles méridiennes fort complexes. Les couches exploitables sont situées sous la mer, à des profondeurs variant entre 400 et 900 mètres. Ce sont des houilles grasses à haut pourcentage de matières volatiles, à pouvoir calorifique de 6 300 à 7 200 cal/kg. Les réserves importantes sont estimées à cent millions de tonnes.

● Le bassin de Magellan représente un volume de réserves dix fois plus fort, mais la qualité n'est plus la même. Ce sont ici des charbons de formation incomplète, des lignites tertiaires, pris dans une structure plissée sur la bordure orientale de la Chaîne andine. Ces charbons légers ont une faible puissance calorifique, 4 500 à 5 500 cal/kg et une faible stabilité. A l'état naturel, ils ne supportent point le stockage ni le transport car ils s'enflamment spontanément.

L'exploitation charbonnière débuta à Arauco et Concepcion au milieu du XIXe siècle et à la fin du siècle à Magellan, précédant de peu celle des gisements de Valdivia. Ces deux derniers charbonnages se sont limités à la satisfaction des besoins locaux. Leur incidence économique est de ce fait fort réduite. Les véritables charbonnages chiliens sont ceux de Concepcion et d'Arauco qui présentent à Coronel et à Lota une organisation industrielle contrôlée par une famille de propriétaires. Pourvoyeurs de charbon aux moyens de transport et aux usines dont la force de travail était la vapeur, les centres d'extraction de Concepcion et Arauco ont connu une croissance plus ou moins régulière jusqu'à la décennie 1940-1950. A cette époque, se produisirent des changements d'importance dans la structure de l'énergie avec l'introduction au Chili de progrès technologiques permettant de remplacer le charbon par le pétrole dans le chauffage et les moyens de traction. Ces modifications et une évolution défavorable des prix par rapport aux substituts firent sonner le glas de l'industrie du charbon qui rentra dès lors dans une phase de récession. La contraction du marché fut amortie et la chute stabilisée par la modernisation des méthodes d'exploitation de certaines

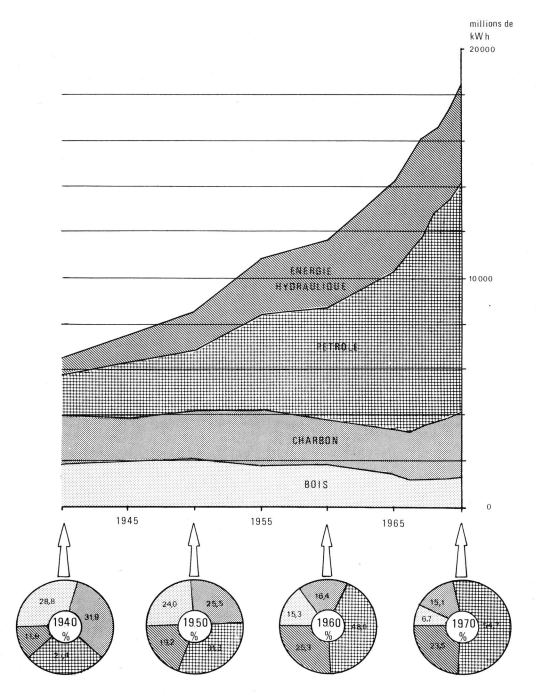

FIG. 42 — La consommation brute d'énergie au Chili (1940-1970)
(Source : ENDESA)

compagnies et par un effort de concentration horizontale, c'est-à-dire par l'union des charbonnages entre eux. Puis l'intégration des charbonnages à coke à la métallurgie fut permise par la mise en marche de l'aciérie de Huachipato qui utilise à 60 % un combustible national. Les charbonnages d'Arauco qui avaient conservé leurs vieilles installations, donc une faible productivité, durent fermer un nombre considérable de puits d'extraction. Ces fermetures ajoutées au manque d'emplois capables d'absorber la main-d'œuvre licenciée, firent de Concepcion et d'Arauco l'une des zones de chômage les plus importantes du pays.

Les charbonnages de la région d'Arauco sont presque réduits de nos jours à la production d'une seule compagnie, celle de Lota-Schwager. Elle emploie 70 % de la main-d'œuvre et produit 75 % du charbon chilien. L'utilisation la plus importante est la production d'énergie, où la part du charbon décline pourtant. La mise en marche de la Centrale thermique Bocamina, la plus importante en son genre au Chili (125 000 kW), l'augmentation de la capacité de production de l'aciérie de Huachipato et la nationalisation de l'exploitation charbonnière sont une garantie de la survivance de cette activité, l'une des plus anciennes dans l'industrie du Chili.

B. Le pétrole

Le pétrole assure 60 % des besoins en énergie. La production nationale satisfait un tiers de la consommation en brut mais elle montre une forte tendance à la diminution.

La seule région où l'on a découvert des gisements commerciaux d'hydrocarbures se trouve de part et d'autre du détroit de Magellan. Le bassin sédimentaire magallénien est en fait un bassin mixte à dépôts de charbons tertiaires superficiels à l'ouest doublés de gisements d'hydrocarbures logés dans les structures plus profondes du Secondaire à l'est. Les dépôts d'hydrocarbures liquides et gazeux sont enmagasinés dans «l'arenisca Sprighill», grès quartzifères d'une puissance maximale de 40 mètres situés à des profondeurs variant de 1 700 à 2 300 mètres. Le pétrole de Magellan est paraffinique, léger à très faible teneur de soufre mais d'une échelle de densité très limitée (44° API).

La prospection pétrolière fut entreprise au début du siècle par des compagnies privées. Ces recherches se soldèrent par des échecs. En 1926, le pétrole est déclaré monopole d'État et le soin des recherches est confié au Département des Mines et Pétrole d'abord, et aux géologues de la CORFO plus tard. Elles se concentrèrent en Patagonie où les caractères de la structure permettaient de supposer la présence de gisements. La première découverte fut faite à Manantiales, sur la rive sud du détroit de Magellan en 1945. Par la suite, d'autres champs pétrolifères furent localisés en Terre-de-Feu et sur la rive nord du détroit, toujours dans la section orientale du bassin. En 1950, fut créée la **Empresa Nacional de Petroleo** (ENAP), compagnie pétrolière d'État qui détient le monopole de la prospection, de la production et du raffinage. Seule la distribution fut assurée par des compagnies privées jusqu'à ces dernières années où elles furent remplacées par une agence de distribution d'État, la **Empresa Nacional de Distribucion** (ENADI). L'exploitation commerciale commencée en 1949 fut jusqu'en 1954 destinée à l'exportation vers l'Uruguay. L'industrie du raffinage installée depuis à Concon et à Concepcion traite la totalité de la production de brut qui y est transportée par voie maritime. Une petite quantité est laissée aux implantations locales de Magellan qui élaborent du gaz pour subvenir à la consommation régionale d'essence. Les raffineries de Concon et de Concepcion, qui traitent six millions de

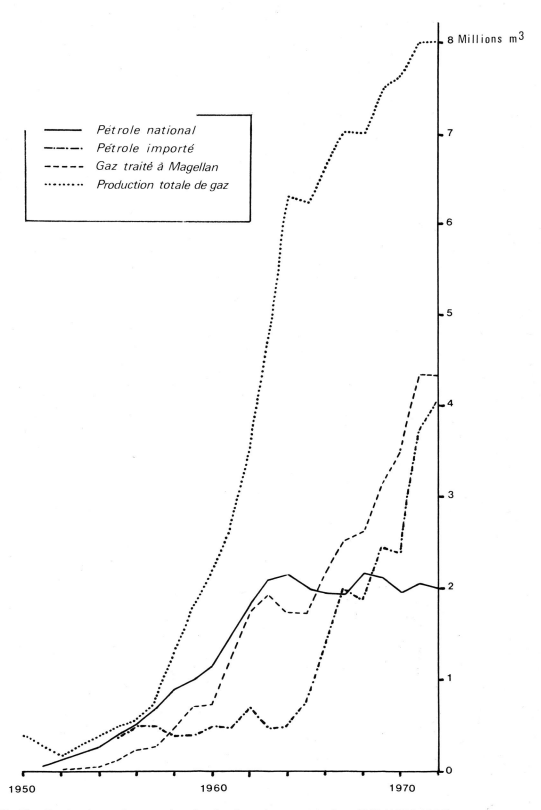

FIG. 43 — Production et importation de pétrole et de gaz naturel au Chili (1950-1972)

m^3 de pétrole brut, couvrent presque les besoins en produits raffinés du pays et distribuent par un réseau d'oléoduc des produits élaborés vers des centres de stockage ou de consommation. Mais tandis que la consommation intérieure et le pourcentage de brut importé augmentent à un rythme accéléré, la production nationale oscille depuis une dizaine d'années autour de deux millions de m^3 par an. C'est le souci de ménager les réserves qui dicte cette politique de stabilisation de la production : le bassin de Magellan, en raison de sa dimension, ne contient que des gisements très modestes d'hydrocarbures et le volume des réserves connues récupérables ne représente pas plus d'une dizaine d'années d'approvisionnement au rythme de la production actuelle. Les forages infructueux se multipliant sur le continent, l'effort de prospection se porte de plus en plus vers la plateforme littorale ; la situation est plus ou moins analogue dans le reste du pays où les recherches continentales n'ont donné aucun résultat positif.

Quoi qu'il en soit, il apparait que si de nouvelles découvertes ne couronnent pas les investigations actuellement entreprises, le Chili dépendra de plus en plus des importations de pétrole. Il faudra en outre établir une nouvelle politique pour développer la production de gaz jusqu'à maintenant réinjectée en grande partie pour maintenir la pression des puits producteurs de pétrole. En effet, l'ENAP envisage d'installer à Magellan une usine de liquéfaction de gaz dont la production serait destinée à la consommation intérieure et à l'exportation ; une deuxième utilisant le gaz naturel liquéfié pourrait produire un million de tonnes annuelles de fuel-oil, objet d'une forte demande de la part des sociétés minières dans le nord du pays. Le gaz naturel qui jouait jusqu'à aujourd'hui un rôle régional semble devenir un facteur de développement de l'économie du pays tout au moins dans le cadre des usages domestiques et de l'industrie chimique.

C. L'énergie hydro-électrique

Le Chili dispose d'un potentiel hydraulique utilisable supérieur à 25 millions de kW dont seulement 5 % sont utilisés. Ce très faible rapport vient de l'éloignement des zones de fourniture et des zones de consommation d'énergie ainsi que d'une volonté de limiter le coût des investissements en refusant toute installation lointaine. En effet, le potentiel hydro-électrique se trouve concentré au sud de Concepcion, alors que la plus grande partie de la population et de l'industrie est au nord de cette région. Cette discordance est aggravée par l'étirement en latitude du Chili et par la nature accidentée du relief austral, qui occasionnerait des pertes dans le réseau de transport de force et de gros frais d'installation et d'entretien des lignes. Jusqu'à la Deuxième Guerre Mondiale, les centrales électriques furent construites de préférence près des lieux de consommation car le transport du charbon revenait moins cher que la construction de lignes de transport de force. Les besoins publics et industriels s'accroissant après la Deuxième Guerre Mondiale amenèrent à modifier la politique d'utilisation des réserves. La construction de grandes centrales hydro-électriques vint alors transformer le tableau énergétique du pays, surtout au niveau régional.

Dans la répartition régionale s'opposent trois grands secteurs :

— La zone centrale est à nette dominante hydro-électrique, munie d'un système d'interconnexions et deux extrêmes où l'emportent les sources d'énergie thermique. Le système d'interconnexions central réunit un secteur de 2 000 km de longueur de Los Vilos dans le nord semi-aride à l'île de Chiloé, et dessert 90 % de la population chilienne. Il associe des centrales thermiques et des centrales hydro-électriques.

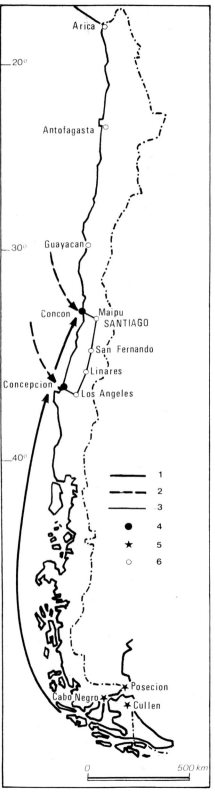

FIG. 44 — Pétrole et gaz naturel au Chili

— De part et d'autre de ce réseau, le nord désertique et la Patagonie, à très faible occupation, sont de grandes régions caractérisées par la dispersion de leurs centres de consommation et par leur électrification d'origine thermique organisée en systèmes locaux d'autoconsommation. Si cette situation a toutes chances de rester invariable dans le nord désertique, il n'en va pas de même pour la Patagonie. Cette région possède dans sa partie septentrionale 40 % du potentiel hydraulique du Chili mais la faiblesse de sa population et de son industrie n'en justifie pas encore l'aménagement.

L'évolution de l'électrification s'est faite au Chili en deux grandes étapes :

● La première, qui débuta vers 1880 et dura jusqu'à la crise de 1930, fut la période incontestée de l'énergie thermique à base de charbon, produite par des entreprises privées en grande partie à capitaux étrangers. Les investissements les plus importants se concentrèrent en deux secteurs : dans la région de Santiago-Valparaiso d'abord où la population plus dense et les industries assuraient une forte consommation amortissant très vite la construction d'un réseau de transport ; dans les secteurs miniers ensuite pour suffire aux besoins de l'industrie et des populations ouvrières. L'extrême localisation de ces usines, éparses dans le domaine désertique, fit de chacune un centre isolé, autoproducteur et autoconsommateur, qualité qu'elles ont conservée depuis.

● La deuxième période commença vers 1935 affirmant l'intervention de l'État et une notable expansion de la production d'énergie à base de pétrole et d'hydro-électricité. Le développement de cette phase ne commença réellement qu'après la fin de la Deuxième Guerre Mondiale avec la création de la «Empresa Nacional de Electricidad, S.A.» (ENDESA), organisme à capitaux d'État dominant, devenu le moteur fondamental de l'électrification du pays. Ces dernières années virent l'extension de l'autorité étatique à toutes les branches du secteur électrique : en effet, en 1970 le Congrès National autorisa la nationalisation de la «Compañia Chilena de Electricidad» (CHILECTRA), deuxième entreprise du pays par son importance auparavant contrôlée par la compagnie nord-américaine «South American Power Co.» (SARCO), qui produisait 27 % de l'électricité nationale et livrait du courant au service public. Le deuxième pas franchi dans le contrôle de l'énergie électrique provint par contrecoup de la nationalisation des mines : les sociétés minières du cuivre et du fer étaient productrices et autoconsommatrices d'énergie, et participaient ainsi éventuellement à l'approvisionnement du service public. Ces dernières mesures renforçaient donc le pouvoir de l'État et achevaient une mutation décidée et entreprise de longue date dans le domaine de l'énergie électrique.

CHAPITRE XIV

L'INDUSTRIE CHILIENNE

L'industrie manufacturière chilienne est la première activité économique du pays. Elle compte pour le quart du produit intérieur brut et occupe le cinquième de la population active. De ce fait, elle peut être considérée comme l'une des mieux développées de l'Amérique latine, comparable à celles du Mexique et du Brésil. La structure industrielle chilienne est assez équilibrée, bien diversifiée, avec un nombre important de manufactures de biens de consommation. Dans l'espace, par contre, elle est marquée par une excessive concentration, en particulier dans la région métropolitaine de Santiago qui exerce un pouvoir trop accusé sur le reste du pays. Valparaiso-Viña del Mar et Concepcion-Talcahuano, les deux centres industriels qui la suivent en importance, sont de trop faible dimension pour faire vraiment contrepoids.

L'industrie moderne est née de facteurs externes, en grande partie contrecoups des deux guerres mondiales et de la grande crise économique des années 1930. Elle se définit à l'origine comme une industrie de substitution des importations, destinée principalement à combler les besoins du marché interne par la fabrication sur place des produits traditionnellement achetés à l'étranger. Ce n'est qu'à partir de 1966 que le volume des exportations devient sensible. Fortement protégée, cette industrie fut gérée d'abord par une bourgeoisie d'affaires, mais l'essentiel de son essor revient à l'initiative de l'État qui prit dès 1940 la direction, le contrôle et la planification du développement industriel chilien.

Elle est composée de nos jours de petites entreprises, variées mais élémentaires et de manufactures modernes qui évoluent vers des technologies axées davantage sur le capital que sur la main-d'œuvre. Cette tendance ne peut ignorer l'existence d'un prolétariat ouvrier moyennement qualifié, distinct dès le début des masses paysannes, en face desquelles il apparait en quelque sorte comme une aristocratie du travail.

Ces dernières années, la branche industrielle subit une mutation profonde en particulier par le processus d'étatisation des entreprises privées, chiliennes et étrangères, déclanchée par le gouvernement Allende.

I. LES ÉTAPES DE LA CROISSANCE INDUSTRIELLE

A. L'artisanat colonial

Pendant l'époque coloniale deux types de circonstances négatives entravèrent le développement des activités industrielles. La première et la plus importante fut certainement le mercantilisme que l'Espagne pratiquait à l'égard de ses domaines d'outre-mer, annulant ainsi tout esprit d'entreprise dans la population. L'autre relevait plutôt des défauts structuraux des colonies américaines, tels l'étroitesse du marché de consommation intérieure et l'absence de voies de communications vers les pays voisins. Mises à part quelques actions privées destinées à mettre en route une industrie locale du cuir et de la construction navale, la plus importante initiative menée à bien dans la période coloniale fut sans doute celle des Jésuites au milieu du XVIIIe siècle. En effet, la Compagnie de Jésus qui, consciente de la faiblesse industrielle du pays, avait déjà créé des ateliers, y introsuisit, déguisés en «novices», un groupe choisi de maîtres-artisans allemands avec la mission de propager leur métier dans la population autochtone. Mais l'expulsion des Jésuites et le démantèlement des ateliers en 1767 achevèrent brusquement cette expérience. Ainsi la période coloniale ne permit pas de dépasser le stade de l'artisanat élémentaire produisant pour l'autoconsommation en régime presque autarcique. La société de militaires et de fonctionnaires qui fut celle de la colonie espagnole ne réussit pas à engendrer une classe ouvrière.

B. Le protectionnisme et le premier essor industriel

L'ébauche d'une conscience industrielle suivit la déclaration d'Indépendance. En effet, bien qu'un décret de libre échange ouvrit les ports aux navires de toutes nations, permettant ainsi l'arrivée légale d'objets manufacturés étrangers, le nouvel état eut le souci de dicter un décret de protection de «l'industrie nationale» et d'accorder des facilités aux capitaux désireux de s'établir dans le pays.

L'industrie de l'armement, réclamée par une indépendance politique encore très menacée, fut établie la première. A partir de 1830, prirent naissance d'autres établissements industriels ayant un caractère plus étoffé que les ateliers artisanaux de la période coloniale. Il s'agissait de petits embryons d'industrie de biens de consommation courante : usines de vêtements et chaussures, sucreries, brasseries, minoteries. L'essor de ces dernières fut particulièrement intéressant en raison de l'importance acquise par la culture du blé auquel les marchés californien et australien faisaient un large appel. Le développement industriel fut aussi favorisé par la stabilité politique qui suivait une longue anarchie, par l'apparition d'un certain nombre d'entrepreneurs chiliens de grande qualité et par l'élargissement du marché de consommation nationale représenté par une population minière croissante dans le nord du Chili. L'établissement de certaines industries lourdes, consécutives à l'introduction des capitaux étrangers, britanniques en l'occurence, fut de son côté stimulée par le développement du chemin de fer. Les meilleurs exemples de cette industrie métallurgique sont fournis par les entreprises de construction ferroviaire livrant locomotives et wagons, installés dans la deuxième moitié du XIXe siècle à Valparaiso, comme les différents ateliers de réparation disséminés dans les gares les plus importantes du pays.

La Guerre du Pacifique (1879-1881) eut un double avantage pour l'industrie nationale. En effet, elle entraîna temporairement une forte demande gouvernementale de produits métallurgiques ; comme contrecoup, les insuffisances économiques qu'elle occasionna facilitèrent le renforcement des mesures protectionnistes.

Il est évident aussi que tout au long du XIXe siècle s'était développé au Chili une attitude nationale, gouvernementale et privée très favorable à l'industrialisation. De la part de l'État, cette volonté s'exprima par trois séries de mesures ; d'abord il créa le «Ministerio de Industrias y Obras Públicas» pour organiser et développer l'industrialisation ; puis, il fonda «l'Escuela de Artes y Oficios» et «l'Escuela Técnica Femenina», destinées à former une main-d'œuvre nationale qualifiée ; enfin, il fit venir au Chili des immigrants européens, artisans et ouvriers spécialisés : quant au secteur privé, il fit naître la «Sociedad de Fomento Fabril» (SOFOFA), organisme de développement industriel appelé par la suite à jouer un rôle de grande importance.

Le développement de l'industrie au XIXe siècle témoigne donc d'un niveau qui, malgré ses défauts, disposait déjà de bases suffisantes. Dans l'espace, un premier groupement de manufactures s'était aussi accompli autour de Santiago et des ports de Valparaiso, Concepcion et Valdivia. Cette localisation était dictée par la facilité de ravitaillement en matières premières nationales ou d'importation, et par la présence d'un marché de consommation.

C. La première période de substitution massive de produits importés

La période de la Première Guerre Mondiale fut caractérisée par une très forte augmentation du taux de croissance industriel. Cet essor est à mettre en relation avec la disparition de toute concurrence extérieure, mais aussi avec le développement forcé de nouvelles industries de biens de consommation dont les matières premières étaient disponibles dans le pays. Cette réaction à l'isolement involontaire provoqué par la Grande Guerre montre bien que l'industrie chilienne, vouée à l'initiative et aux capitaux privés, était au début du siècle prête à faire face à la première période de substitution massive des produits importés. La conflagration de 1914-1918, plus qu'un révélateur, fut l'élément qui permit de développer un esprit d'entreprise déjà manifesté tout au long du XIXe siècle.

L'expansion provoquée par la guerre se poursuivit jusqu'aux années 1925, soutenue par l'augmentation des exportations de biens primaires. Le rythme de croissance ne fut pas très intensif mais il s'accompagna de l'introduction de techniques qui ne s'opposaient pas à la création d'emplois nouveaux. L'industrialisation favorisa ainsi l'urbanisation et la naissance d'un prolétariat industriel. En 1928, lors du premier recensement industriel, on comptait 8 500 établissements employant 230 000 personnes. Le tiers des usines occupaient plus de cinq ouvriers. Les deux-tiers des entreprises s'adonnaient à la production traditionnelle d'aliments, de vêtements et de meubles.

La grande dépression des années 1930 provoqua la décadence des exportations, ruina l'industrie du nitrate et réduisit fortement le taux de croissance de la production manufacturière. Néanmoins le redressement du secteur industriel se fit relativement vite. Puis, la Seconde Guerre Mondiale, en renouvelant les difficultés d'importation de produits élaborés, assura la continuité de la reprise économique et provoqua la deuxième grande période de substitution des importations.

D. La deuxième période de substitution des importations : l'intervention de l'État

La seconde conflagration mondiale fut en grande partie à l'origine d'un tournant fondamental dans la conception économique de l'industrie chilienne. Car à partir de 1940 on assista à l'engagement de l'État dans une politique industrielle dirigiste, centralisatrice et planificatrice conférant à l'économie chilienne des traits de capitalisme d'État. Jusqu'alors les préoccupations du Gouvernement envers les secteurs productifs étaient par ordre d'importance l'activité minière et l'agriculture. Le secteur industriel était une branche livrée à l'intérêt privé. Le traumatisme des années 1930 allait provoquer une transformation fondamentale dans cet état d'esprit en faisant de l'industrialisation un secteur d'intérêt préférentiel de la part de l'État et, en fait, le symbole du développement. Cette conversion ne résultait pas seulement des effets de la grande crise, mais aussi des modifications introduites dans la pensée économique internationale vis-à-vis des pays sous-développés, les nouvelles doctrines économiques encourageant l'intervention de l'État, et des transformations de la politique nationale à la suite de l'arrivée au pouvoir des forces de la gauche libérale.

Les traits les plus remarquables de la période qui suivit la Deuxième Guerre Mondiale furent ainsi la naissance d'une véritable conscience industrielle d'État, l'élargissement du domaine manufacturier aux produits intermédiaires et même aux biens de capital. Cela s'accompagna de l'affermissement de la concentration géographique des usines et de l'apparition du secteur industriel comme la branche la plus importante et la plus dynamique de l'économie chilienne.

L'instrument de cette transformation fut la «Corporación de Fomento de La Producción (CORFO), office public de planification fondé en 1939. Son rôle fut double : d'une part, il participa à la création et à l'expansion d'industries et ressources de base, acier (CAP : «Compañia de Aceros del Pacífico), pétrole (ENAP : «Empresa Nacional de Petróleos, électricité (ENDESA : «Empresa Nacional de Electricidad»), cellulose, ciment et produits chimiques. D'autre part, il octroya des crédits ou participa directement dans les industries intermédiaires de biens de capital. Dans la dernière décennie, le secteur industriel bénéficia de plus de 20% des investissements totaux faits dans le pays. L'intervention directe et indirecte de l'État fut fondamentale mais les capitaux privés y avaient déjà une large participation.

E. Les capitaux étrangers et la substitution des exportations

Après la grande crise, et en particulier après la Deuxième Guerre Mondiale, les franchises destinées à encourager l'industrialisation stimulèrent l'arrivée de capitaux étrangers. Ceux-ci furent investis dans des entreprises filiales de sociétés étrangères ou associées aux compagnies nationales, mais ils restèrent en général inférieurs en pourcentage aux capitaux nationaux. Vers 1970, la participation du secteur privé chilien était trois fois supérieure à celle de l'étranger. Les placements venant de l'extérieur se concentrèrent de préférence dans les branches à haute technologie, dans celles qui possédaient les taux de croissance les plus considérables, enfin dans les secteurs à plus fort retard relatif. Ainsi les industries métallurgiques, mécaniques, chimiques et alimentaires reçurent entre 1960 et 1970 les deux-tiers des investissements étrangers.

Sauf exception, les entreprises étrangères produisaient exclusivement pour le marché intérieur, évitant ainsi de faire concurrence aux produits qu'elles fabriquaient ailleurs. Il découla de cette pratique une situation paradoxale de «substitution d'exportations» : les compagnies internationales récupéraient par le biais de leurs investissements dans le pays le marché que la politique protectionniste de l'État chilien leur avait enlevé auparavant. D'autre part, une néfaste limitation du volume des productions se répercutait sur les prix et sur l'expansion de l'industrie.

Ainsi la faiblesse des exportations est un trait général de l'industrie chilienne. Celle-ci ne représente que le dixième du total des ventes à l'extérieur, situation encore plus grave si l'on considère que les livraisons industrielles à l'étranger sont composées surtout de marchandises à peine élaborées (pulpe de papier, cellulose, papier journal, fil de cuivre, farine de poisson). Par contre, pour cent dollars importés, quatre-vingt correspondent à des produits alimentaires, chimiques, métallurgiques et mécaniques. En termes monétaires, l'importation de biens industriels est huit fois supérieure aux exportations.

Production de quelques industries importantes
Source : Banco Central de Chile. Bol. Mens. 1972

	1967	1968	1969	1970	1971	1972
Ind. Tradit.						
Sucre (Million de tonnes)	308,7	299,4	306,3	282,0	315,9	324,9
Pâtes alimentaires (Million de tonnes) (90 % Prod. nat.)	51,6	71,5	70,2	52,2	72,5	95,0
Bière (Million de litres)	176,1	172,7	156,3	177,6	219,2	
Ind. Interméd.						
Cigarettes (Million d'unités)	7 151,0	8 749,0	6 945,0	6 590,0	8 302,0	8 100,0
Papier (Million de tonnes)	146,7	147,3	150,8	157,2	158,9	138,1
Pneus (Million d'unités)	505,2	556,4	562,3	676,4	709,3	817,4
Chambres à air (Million d'unités)	439,4	566,8	519,9	520,9	602,3	594,8
Filés de rayonne (Tonnes)	1 937,0	1 814,0	1 860,0	1 704,0	1 551,0	
Fibres de rayonne (Tonnes)	2 956,0	1 965,0	2 758,0	2 030,0	2 720,0	
Allumettes (Millions de boîtes)	233,9	331,8	306,7	303,2	321,9	
Verres plats (Milliers de m²)	1 770,0	2 545,0	2 646,0	2 559,0	2 677,0	2 190,0
Ciment (Milliers de tonnes)	1 234,5	1 250,7	1 436,2	1 349,0	1 370,0	1 389,0

Rapatriement de devises au titre des exportations. (en millions de dollars)

Produits	1965	1966	1967	1968	1969	1970	1971
Miniers	434,5	569,0	583,7	593,8	774,5	822,7	686,2
Agropastoraux	31,2	35,3	34,2	37,5	40,7		
De la mer	86,5	108,0	97,2	102,6	116,1	151,4	148,1
Industriels	55,3	78,8	63,0	65,1	75,4		

Source : Banco Central de Chile. Boletin Mensual
1 Part des bénéfices faits par les sociétés exportatrices que l'État chilien oblige à rapatrier.

Principales importations de biens industriels

Produits alimentaires	267,0
Matières primes industrielles	292,3
Combustibles et lubrifiants	109,7
Machines	215,7
Matériel de transport	143,3
Biens de consommation	98,1
	1 125,7

Source : Banco Central de Chile. Boletin Mensual

II. LA RÉPARTITION GÉOGRAPHIQUE DE L'INDUSTRIE

L'industrie manufacturière chilienne est frappée d'un grand déséquilibre dans sa distribution régionale. Ceci se manifeste au moins à trois niveaux : dans l'excessive concentration des manufactures au Chili méditerranéen et en particulier autour de trois foyers urbains ; dans l'alignement de petits centres de production non différenciés le long du corridor s'ouvrant au sud de Santiago et, finalement, toutes choses égales d'ailleurs, dans la présence de grands vides industriels à l'extrême Nord et à l'extrême Sud du pays.

A. Les grands foyers industriels

Ils s'identifient aux plus grands centres urbains du Chili : la région métropolitaine et les croissants portuaires de Valparaiso-Viña del Mar au nord et de Concepcion-Talcahuano au sud.

Concentration industrielle à Santiago (prov.)

Commune[1]	Industries	Nombre personnes	%
Santiago (central)	6 433	98 005	41,5
San Miguel	1 573	36 083	15,3
	956	23 401	9,9
Quinta Normal	748	9 856	4,2
La Cisterna	761	4 397	1,9
Conchali	597	7 831	2,7
Providencia	484	4 090	1,7
San Bernardo	314	5 617	2,4
Maipu	248	19 894	8,4
Barrancas	220	1 719	0,7
Puente Alto	205	4 342	1,8
Renca	141	6 463	2,7
	12 878	221 698	

Source : D.E.C. 1967
1 Seules sont indiquées les principales communes industrielles.

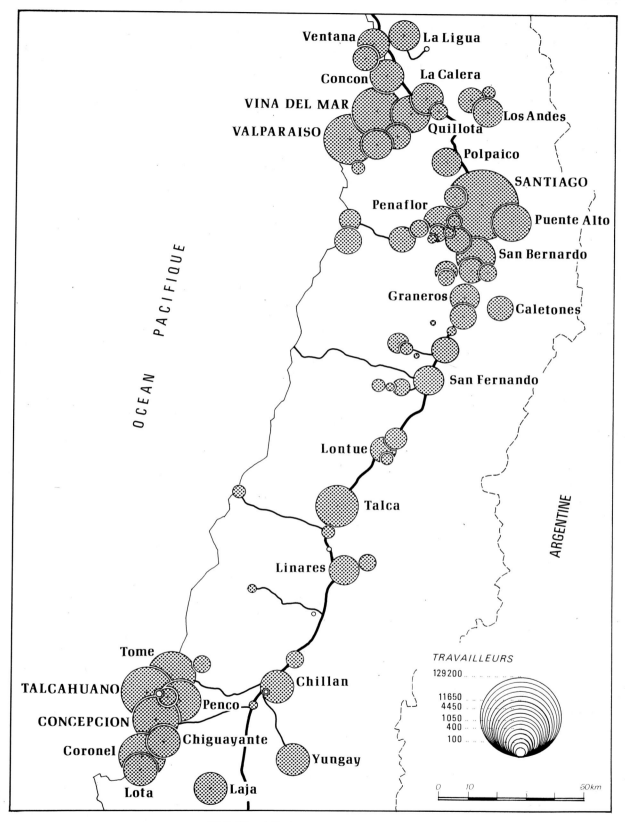

FIG. 45 — L'industrie au Chili central
(Source : G. URIBE et A. IRANZO). Mapa de la Industria manufacturera de Chile 1/1 000 000. Santiago 1967)

a) La région métropolitaine, premier foyer industriel du Chili

Composée d'un semis de villes industrielles, de centres urbains et de l'agglomération de Santiago, elle s'étale sur une centaine de kilomètres, entre l'Aconcagua au nord et le Cachapoal au sud. C'est le premier foyer de production industrielle et le premier centre de consommation du Chili. Elle a pu jouir très tôt, outre l'esprit centralisateur, des avantages pas toujours évidents des conditions naturelles, et des facilités offertes par la concentration urbaine de la capitale, de son armature administrative commerciale et bancaire.

Elle concentre 60 % de la production manufacturière et apparait comme une région industrielle très variée par la structure de ses fabrications et la dimension de ses entreprises. En effet, à quelques exceptions près, ses 15 000 établissements offrent tout l'éventail de produits sortis d'une vaste gamme d'usines allant de la grande industrie moderne aux innombrables ateliers.

La présence de cette industrie dispersée en dehors de la capitale prend toute sa valeur et étale sa puissance à Santiago. Elle se manifeste d'abord par une pollution atmosphérique d'autant plus contraignante que poussières et fumées stagnent dans un grand bassin fermé où les vents locaux n'arrivent pas à renouveler totalement l'air ambiant. On les perçoit et on les sent aussi dans le paysage et la vie urbaine ; le passant est souvent surpris par le claquement rythmique des machines installées au cœur même de la ville, par la reconversion d'anciennes demeures en usines dans certains quartiers, par la spécialisation industrielle très récente des quartiers méridionaux (Nuñoa, San Miguel, La Cisterna) jadis exclusivement résidentiels. Enfin, le long de l'axe routier de l'ouest (Cerrillos, Maipu) fleurissent de nombreux bâtiments industriels non dépourvus d'un certain charme dans leur architecture entourés souvent de pelouses et de plans d'eau très agréables à l'œil en pays méditerranéen.

L'essor industriel de la zone métropolitaine se traduit également dans l'augmentation de la population ouvrière qui passa de 200 000 personnes en 1960 à 260 000 en 1970. L'industrie représente de la sorte le deuxième secteur d'emploi, le premier étant celui des services (425 000 personnes en 1970). Cette croissance se fait en partie malgré la politique de décentralisation industrielle de l'État qui voudrait équilibrer judicieusement le potentiel de production industrielle et éviter de graves problèmes économiques. En effet, le fort courant migratoire qui résulte de l'essor industriel impose surtout à la ville de Santiago des frais extrêmement lourds : il faut réaliser l'extension de l'infrastructure urbaine, procurer les services de base et construire sans cesse de nouveaux logements.

L'essai de déviation progressive des investissements publics vers d'autres centres reste malgré cela faible et irrégulier, contré par la pression sociale et politique de la population métropolitaine. Même si dernièrement l'essor de l'industrie métropolitaine montre un léger ralentissement, son hégémonie est loin d'être menacée. Plus du cinquième des fonds publics investis chaque année dans l'industrie nationale reste encore dans cette région. Cette concentration excessive laisse entier le problème d'une croissance régionale équilibrée.

b) Le foyer Valparaiso-Viña del Mar

Situé à 120 km au Nord-Ouest de Santiago, c'est le second centre industriel du Chili. Mais il ne représente qu'à peine le dixième de l'industrie nationale. Il est de plus beaucoup moins équilibré. L'industrie traditionnelle domine, en particulier celle de l'alimentation qui absorbe le quart de la population industrielle.

Dans l'espace, Valparaiso rassemble les deux-tiers de la population industrielle, Viña pour sa part concentre les usines de plus grande taille (raffinerie de sucre, filatures, fonderies), ceci en raison des problèmes posés par l'exigüité des zones plates dans la première. La congestion des surfaces utiles provoque aussi depuis plusieurs années un délestage industriel des zones urbaines et la réinstallation des industries à l'est et au nord de Viña del Mar. Vers l'est, le long de la route et du chemin de fer de Santiago, s'est faite une modeste migration industrielle qui profite de l'infrastructure des petites villes-dortoir. Vers le nord, le long de la côte, le déplacement est plus important. Il se réalise en direction des Plans Côtiers situés au-delà du rio Aconcagua, où sont déjà installés des industries de base : raffinerie de pétrole à Concon, raffinerie de cuivre à Ventanas ; bientôt s'y ajoutera le complexe pétroléo-chimique destiné à la production de résines synthétiques et de plastifiants ; autant d'éléments qui provoquent un déménagement systématique des usagers attirés par les industries nouvelles. Valparaiso-Viña del Mar débarrassés d'industries encombrantes se renforcent d'une annexe industrielle assez lointaine qui est assez solide pour résister à la concurrence et à la force d'attraction de Santiago.

c) Le foyer Concepcion-Talcahuano

Rival traditionnel de Santiago pour des raisons historiques, suffisamment éloigné pour échapper à son influence, ce foyer industriel comparable à Valparaiso-Viña par son importance semble être appelé à une toute autre destinée. En effet, depuis une vingtaine d'années il se profile comme un véritable pôle de développement régional fort de ses conditions naturelles, de la dimension et multiplicité des centres urbains constituant la conurbation «penquista».

Son évolution industrielle s'est faite en trois étapes. Au début ce fut l'énergie du charbon des «pays noirs» de Coronel et de Lota qui constitua la richesse essentielle et attira l'industrie à la périphérie du bassin charbonnier. Celle-ci prit par la suite la forme d'un capitalisme familial intégré, celui du groupe Cousiño qui comprenait un établissement principal exploitant des gisements de charbon, et trois autres entreprises associées, qui mettaient en valeur les ressources forestières, fabriquaient de la céramique réfractaire et assuraient le transport du minerai. D'autres capitaux furent investis dans des manufactures traditionnelles plus modestes (verrerie, faïence, textile) profitant de la main-d'œuvre des villages côtiers.

L'installation de l'aciérie nationale de Huachipato en 1950 représente le deuxième moment de l'évolution de l'industrie penquiste. Huachipato fut conçue par la CORFO comme une aciérie littorale vers laquelle convergeaient le charbon national voisin, le charbon importé des États-Unis, le minerai de fer d'Algarrobo et le fondant calcaire de l'île Guarello, ces deux derniers distants d'un millier de kilomètres au nord et au sud de Huachipato. Autour de l'aciérie, seule usine intégrée du Chili, sont venues se greffer quelques industries utilisatrices d'acier et de sous-produits (fabriques de billes et de fil d'acier, ferro-alliages, ciment de scories), l'ensemble provoquant un large afflux de main-d'œuvre qui, faute de qualification, a souvent du mal à trouver un emploi !

La troisième étape est liée à la mise en marche d'un dernier ensemble d'industries intermédiaires, raffinerie de pétrole (1966) et industrie pétroléo-chimique de San Vicente. De cette dernière fonctionne déjà l'unité d'éthylène et le complexe d'acétaldéhyde. Enfin, dernièrement, la cellulose s'est ajoutée à la panoplie industrielle de Concepcion-Talcahuano. Ce foyer apparaît de la sorte

Nombre d'occupations par catégorie d'industrie. 1967

	Traditionnelle		Intermédiaire		Dynamique		Total	
	Occupations	%	Occupations	%	Occupations	%	Occupations	%
Santiago	111 924	47,3	76 281	32,3	48 095	20,4	236 300	100
Valparaiso Viña del Mar	20 803	56,7	9 526	25,9	6 382	17,4	36 711	100
Concepcion Talcahuano	17 991	49,0	12 578	34,3	6 144	16,7	36 713	100

Source : IV Censo Industrial. 1967

Structure industrielle et main-d'œuvre des grands foyers ind. 1967

	1 - 4		5 - 9		10 - 49		50 - 99		> 100		Sans inform.		TOTAL	
	a	b	a	b	a	b	a	b	a	b	a	b	a	b
Santiago	7 979	16 356	2 196	14 398	2 853	59 792	474	33 552	417	112 202	209		14 128	236 305
Valparaiso Viña del Mar	2 071	4 142	445	2 949	431	8 698	41	2 753	67	18 169	31		3 086	36 711
Concepcion Talcahuano	1 019	2 131	193	1 234	323	6 669	33	2 349	55	24 335	103		1 726	36 713
TOTAL	10 069	22 269	2 834	18 581	3 607	75 159	848	38 554	539	154 701	343		18 940	309 724

a nombre d'établissements
b " de personnes employées
Source : Censo Manufacturero. 1968

comme un complexe industriel à fort dynamisme : il est formé surtout d'entreprises de grand poids dans l'économie nationale mais il n'a pas encore réussi à y associer son arrière-pays ni à attirer des établissements de moyenne grandeur, dont la diversité de production aurait pu ouvrir de nouveaux horizons industriels.

B. Les centres industriels non différenciés

Tributaire de l'hégémonie des grands foyers, la faiblesse de la production industrielle du restant de l'espace chilien est assez caractéristique. Les établissements marginaux ne disposant que de conditions financières et de marchés trop restreints ne peuvent pas entrer en compétition. Les usines se consacrent de préférence à la transformation des matières premières agricoles et forestières existant sur place. Il en découle leur caractère économiquement réduit, souvent stagnant, et leur très forte spécialisation. Dans l'espace, on peut distinguer deux familles industrielles : l'une, étirée le long du sillon central, est vouée à la transformation de produits agricoles ; l'autre, fondée sur l'utilisation de matières premières forestières, se concentre dans le bassin du Bio-Bio et se prolonge vers le sud en bordure de la montagne andine.

a) Le chapelet industriel du Sillon Central

Bien que l'effort de déconcentration industrielle et celui des communautés urbaines locales aient permis l'installation d'un nombre d'industries dynamiques et intermédiaires le long du Sillon Central, y prédomine encore un essaim de petits et moyens centres d'industries traditionnelles (alimentation, boissons, vêtement). La plupart des établissements jouxtent les villes et profitent de l'équipement urbain, de l'infrastructure des routes et des chemins de fer pour écouler leur production sur le marché national. Un premier groupe, égrené entre Santiago et Chillan, est dominé par les industries de pâtes alimentaires, huileries, conserveries de fruits et de légumes et par l'industrie viticole. Suivent en ordre d'importance les manufactures de chaussures, d'articles de vêtement et des produits de bois. Au sud de Los Angeles et jusqu'à Puerto-Montt prédominent les usines de sucre de betterave de l'IANSA (Los Angeles, Los Lagos, Rapaco, Puerto-Montt), les minoteries et les laiteries-fromageries associées aux bassins laitiers de Valdivia, Osorno et Llanquihue.

b) Les usines du bois, du papier et de la cellulose

Le bassin du Bio-Bio, en amont de Concepcion, concentre un groupe d'exploitations industrielles du bois pressé (Cholguan), du papier et de la cellulose (Laja, Nacimiento, Bio-Bio, Arauco). L'usine de cellulose la plus importante, celle de Maule bien que légèrement excentrique pourrait être inclue dans ce groupe. Celui-ci se définirait ainsi comme un ensemble industriel exportateur qui compense considérablement la faiblesse industrielle de l'arrière-pays «penquista». En 1972, de nombreux domaines forestiers de la Cordillère Andine du Bio-Bio à Llanquihue furent expropriés et organisés dans le «Complejo Forestal Panguipulli» qui regroupa sous une même direction tous les centres actifs du secteur. En effet, depuis lors, le «Comité Sectorial de la Madera, Celulosa y papel» rassemble les scieries, les usines de bois pressé, d'assemblage, d'ameublement, de papier et de cellulose. De plus, il soumet à un programme commun l'exploitation des forêts andines primaires et des espaces reboisés du secteur central et côtier.

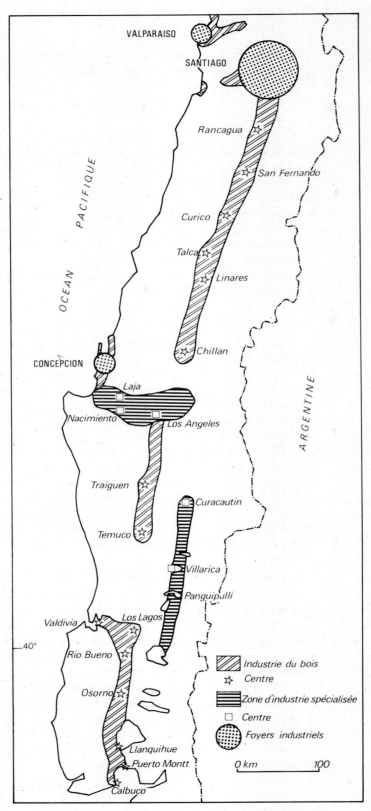

FIG. 46 — L'industrie du bois et de ses dérivés au Chili

C. Les vides industriels

Au nord de Valparaiso et au sud de Puerto-Montt, s'ouvrent deux domaines physiques qui peuvent être considérés comme des vides industriels relatifs, ponctués de quelques centres manufacturiers. Cette image est plus applicable à la Patagonie qui ne dispose que d'un aménagement industriel fort modeste représenté par un nombre très réduit de manufactures dans la ville de Punta Arenas et de distilleries de pétrole et établissements frigorifiques et forestiers isolés. La laine, qui pourrait certainement assurer un ravitaillement permanent en matières premières à des filatures, ne fait l'objet sur place que d'un traitement élémentaire (lavage). De plus, la manufacture patagonienne vit en marge par sa faible rentabilité ; c'est la rançon de sa distance aux centres de consommation, des prix relativement très élevés de la main-d'œuvre qui bénéficie d'une forte indemnité d'éloignement.

Le Chili aride et semi-aride est, toutes choses relatives d'ailleurs, mieux pourvu. Il s'y trouve d'abord les centres d'extraction minière, leurs fonderies et leurs établissements chimiques annexes, mais il existe la façade maritime comprise entre Arica et Antofagasta qui constitue le premier ensemble de la pêche chilienne : la pêche aux **anchovetas**, à mi-chemin entre l'industrie alimentaire et l'industrie de matières premières, est ici complétée de quelques centres manufacturiers comme l'électronique d'Arica, les matériaux de transport d'Antofagasta.

Ainsi donc, les industries du cuivre et du fer mises à part, le véritable Chili industriel par son importance économique et sa main-d'œuvre, correspond au Chili Central qui réunit, entre l'Aconcagua au nord et le Bio-Bio au sud, l'essentiel de l'industrie manufacturière.

III. STRUCTURE DE L'INDUSTRIE ET DE LA MAIN-D'OEUVRE

A. Grandes et petites industries

Au XXe siècle, la croissance industrielle chilienne fut fondée d'abord sur une forte utilisation de la main-d'œuvre ; progressivement elle glissa vers l'emploi intensif d'équipements de capital et de techniques perfectionnées avec la qualification croissante des ouvriers. Aussi, on estime actuellement que la création d'un poste dans cette industrie moderne coûte en moyenne 42 000 dollars alors que dans une industrie plus ancienne il reviendrait à 18 000 dollars. Comme, malgré tout, l'accroissement des industries modernes se fait plus vite, on s'explique que dans la dernière décennie les taux d'absorbtion d'emplois par l'industrie (22 %) aient perdu de leur ancienne importance et soient restés nettement inférieurs à ceux du commerce (28,2 %) et des services (29,6 %).

Mais les grandes industries ont tendance à s'accroître plus vite que les moyennes et petites ; il apparaît ainsi une forte opposition entre un très grand nombre d'entreprises de faible dimension (80 %) qui emploient seulement le tiers de la population industrielle et un nombre assez restreint de grandes et moyennes industries (10 %) qui concentrent l'essentiel de la main-d'œuvre (70 %). Cette répartition semble particulièrement importante dans la catégorie des industries où l'emploi se serait multiplié par trois dans la période entre les recensements de 1957 et de 1967. Ceci montre une transformation dans la structure de la consommation : le public augmente son intérêt pour les biens de consommation durables au détriment de ceux de l'industrie traditionnelle.

Structure de l'industrie chilienne. 1967

	Nombre de personnes occupées	Population industrielle	%	Nombre d'établissements	%	Moyenne d'occup. par unité
Ateliers artisanaux	1 - 4	42 157	9,91	21 450	59,0	1,9
Petite industrie	5 - 19	78 029	18,33	8 523	23,0	9,1
Moyenne industrie	20 - 199	164 420	38,66	3 166	8,7	32,9
Grande industrie	+ de 200	140 686	33,0	308	0,8	456,7
Sans inform.	—	—	—	2 773	8,5	—
		452 292	100,0	36 320	100,0	

Source : Dirección de Estadísticas y Censos.
Chile. Industria Manufacturera. Pre-Censo 1967.
Oficina del IV Censo Industrial[1]

B. La structure de la production industrielle

Au début du XXe siècle, l'industrie manufacturière chilienne comprenait l'ensemble des industries Traditionnelles (alimentation, boissons, tabac, chaussure, vêtement). Celles-ci représentaient les deux-tiers de la valeur ajoutée du secteur secondaire. Les industries Intermédiaires (papier, mécanique et métallurgie) les suivaient en importance. L'évolution postérieure à la Première Guerre Mondiale amorça la diminution des industries Traditionnelles et le relèvement discret des industries Intermédiaires appelées par la suite à participer activement aux exportations. L'équilibre précaire qui s'était annoncé avec cette évolution fut ébranlé par la crise des années 1930. La reconstitution eut la vertu de faire un ensemble plus harmonieux. En effet, le relèvement qui suivit la crise montra à la longue une inversion du rapport, l'augmentation plus rapide des industries qui avaient une faible participation dans la valeur ajoutée au début du siècle et, par contre, une croissance modérée des industries du secteur le plus développé à la même époque. De ce fait, après la Deuxième Guerre Mondiale, malgré les conditions de l'économie chilienne, l'industrie nationale se diversifia et devint plus équilibrée : celle-ci, peu diversifiée en produits de base, avait un marché de faible dimension et ne disposait que d'une force de travail technique de moyenne importance.

Dans la dernière décennie, la composition du tableau industriel montre une diminution progressive du secteur Traditionnel dans la participation de la valeur ajoutée. Par contre, on décèle une augmentation marquée de l'industrie Dynamique, et modérée dans l'industrie Intermédiaire.

---

1 Les résultats du pré-recensement de 1967 montre de légères différences avec le recensement définitif fait en 1968. Notre choix a porté sur les données du pré-recensement, le recensement définitif ne considère que les établissements de plus de 5 personnes.

Valeur ajoutée. Secteur industriel
Variation annuelle en pourcentage

	60	61	62	63	64	65	66	67	68	69	70	71
Ind. Tradition.	55	54	53	52	49	49	49	48	47	44	45	46
Ind. Interméd.	30	30	30	30	33	32	31	31	31	34	32	32
Ind. Dynamique	15	16	17	17	18	19	20	21	22	22	23	22
Total Industrie	100	100	100	100	100	100	100	100	100	100	100	100
Croiss. Valeur aj.		7,7	10,7	5,1	6,9	6,9	8,6	2,8	2,4	3,7	0,3	13,4

Source : ODEPLAN.

Ces modifications sont redevables pour l'essentiel aux politiques imposées par l'État. Celui-ci, décidé à faire du secteur industriel le fer de lance de la croissance économique du pays, y participe activement par des investissements directs et indirects. Ces apports, bien qu'irréguliers et freinés souvent par des politiques anti-inflationnistes et d'équilibre budgétaire, montrent un accroissement continu et jouent un rôle fondamental dans la structure, le développement et la diversification de la production industrielle.

Les apports publics directs et les investissements (crédits, apports de capitaux, acquisition d'actions), sont faits en grande partie par l'intermédiaire de la CORFO et sont destinés de plus en plus à renforcer la participation de l'État dans le secteur privé. Ainsi donc, par une double intervention, l'État garde l'initiative et le contrôle du progrès industriel, progrès qui augmente son pouvoir et rehausse son prestige.

Participation de l'investissement public dans l'industrie en pourcentage

	61	62	63	64	65	66	67	68	69	70
Investiss. directs	3,4	1,6	5,0	9,9	10,8	10,9	5,9	3,3	7,6	9,7
Investiss. indirects	9,6	9,4	10,0	18,3	9,2	10,3	18,4	13,6	17,2	20,3

Source : ODEPLAN.

Les modifications dans la structure de production et l'expansion de certaines branches sont aussi redevables à d'autres facteurs. Ainsi, l'expansion de l'industrie Dynamique est en relation étroite avec l'accélération de l'urbanisation, l'augmentation des revenus des couches moyennes et les modifications dans l'orientation de la consommation vers des produits durables. Pour sa part, l'augmentation de la demande étrangère active la croissance du secteur Intermédiaire et en particulier l'industrie du papier et de la cellulose.

Les problèmes les plus graves de la structure de la production actuelle résident dans la faiblesse de l'industrie d'alimentation et dans le retard du développement de l'industrie chimique, qui devrait cependant être épongé par d'importants projets industriels en cours d'éxécution à la fin de 1972.

C. La politique de nationalisation des industries

A partir de 1970 se produit une surenchère pour élargir le domaine du secteur industriel d'État («Secteur Social»), et pour prendre le contrôle des services de base. Le nombre des grandes entreprises manufacturières affectées par cette politique dépassait la centaine à la fin de 1971. Par contre, la petite propriété industrielle restait intacte et même protégée. Leur travail était encouragé par le crédit et l'assistance technique que leur offrait la CORFO. Deux autres secteurs devaient compléter le tableau de la propriété industrielle : le secteur Mixte et le secteur Privé qui devaient être l'objet d'une définition légale.

La CORFO en qualité d'organisme technique prenait la direction et coordonnait l'expansion économique. A cet égard, elle créa les Comités de «Desarollo Sectorial», organismes de direction de la fonction industrielle à niveau intermédiaire, dont le rôle était d'appliquer les politiques industrielles définies par les organismes supérieurs. Les comités de «Desarollo Sectorial» disposaient en outre de larges attributions pour proposer des plans de développement de la production dans l'ordre de la recherche, l'exploitation, la commercialisation et le travail.

Le premier objectif de cette nouvelle politique fut de prendre le contrôle de la production industrielle. En éliminant les monopoles privés et en émancipant l'industrie de la tutelle étrangère, l'État se proposait le double objectif de porter l'effort de croissance sur les industries vitales au développement économique du pays, et de faire disparaître la désarticulation existant entre les secteurs liés à l'extérieur et l'activité économique interne. Disposant du contrôle de l'industrie, l'État avait le dessein d'en modifier la composition et d'en rationaliser la production. C'est en ce sens que devaient être interprétés l'élimination de la fabrication de biens considérés comme superflus, le ralentissement des manufactures utilisant une haute proportion d'éléments importés et la production sélective de biens de consommation populaire. Par souci de rationalisation, diverses branches industrielles avaient été contraintes d'éliminer la multiplication de certains modèles et de concentrer leurs achats de matières premières.

Pour mener à bien une pareille politique, l'idée était de dégager dans un premier temps les excédents économiques provenant des exportations traditionnelles, les fonds de la banque étatisée et les bénéfices des anciennes sociétés privées passées aux mains de l'État. Puis on devait les utiliser pour financer les biens d'équipement nécessaires au développement interne, de l'industrie principalement.

La préoccupation de la substitution des biens d'importation restait dominante. A cet égard ce fut surtout sur l'industrie Traditionnelle que se concentra l'effort, et en particulier sur celle de l'alimentation. L'objectif immédiat était d'augmenter le taux d'installation de la capacité de production installée. Puis, dans un second temps, il était prévu de moderniser et de regrouper la majeure partie des entreprises pour diminuer les coûts de production et mieux utiliser les crédits.

Par l'expropriation des plus importants monopoles et par le rachat des actions d'autres entreprises privées l'État réussit à obtenir le contrôle majoritaire des industries textiles, des pneumatiques, du matériel électronique, d'une grande partie de l'industrie du papier, du carton et de l'édition. En somme, si l'on ajoute à ces prises de contrôle, l'étatisation des mines, de la métallurgie, d'une partie de l'industrie de la pêche et du bois, l'État chilien disposait de la presque totalité de la production des biens d'exportation. Cette situation se traduisait à la fin de 1971 par l'existence dans le «Secteur Social» de quelques 150 entreprises : un tiers d'entre elles étaient aux mains de l'État avant 1970 ; un tiers fut incorporé après 1970. Le tiers restant subissait «l'intervention ou la réquisition pour intraction illégales» : elles étaient sous séquestre de l'État, mais celui-ci n'en était pas encore propriétaire.

Le passage souvent difficile de la propriété privée aux mains de l'État ne réussit pas à rendre le secteur industriel immédiatement stable et robuste. La multiplication des nationalisations, des interventions et des réquisitions avait surchargé le «Secteur Social» d'entreprises déficitaires : 113 entreprises nationalisées avaient accusé en 1972 une perte totale de 300 millions de dollars environ, c'est-à-dire un déficit deux fois plus important que le rapatriement de devises revenant au titre des exportations industrielles.

D. Les programmes de développement industriel au début de la décennie 1970

Par leur importance financière, les programmes de développement les plus remarquables à cette époque étaient ceux qui se rapportaient à l'industrie métallurgique de base et en particulier à la sidérurgie, la pétroléochimie, la cellulose et la branche automobile. Ces projets étaient tous destinés à donner une forte impulsion à la planification centralisée placée sous la tutelle de l'État.

a) Les métallurgies

Dans l'industrie sidérurgique et métallurgique, on cherchait à s'assurer le contrôle de la production en amont et en aval. La nationalisation des mines de fer et de cuivre assuraient à la CAP (Compañía de Acero del Pacífico) et à CODELCO (Corporación del Cobre), le contrôle absolu du secteur amont. En aval, par négociations ouvertes avec l'industrie de transformation, l'État mettait progressivement la main sur les principales sociétés de transformation du fer et du cuivre. Avec l'agrandissement de l'usine de Huachipato on espérait atteindre une production d'un million de tonnes en 1975 et de deux millions en 1976. Cette amplification s'accompagnait d'un projet d'intégration qui s'attachait surtout à développer la production d'aciers spéciaux (25 000 tonnes en 1976) plus facile à exporter ; à installer des fonderies qui devaient produire des ferro-alliages à partir du molybdène et du vanadium, et à construire une fonderie nationale de fer de grande dimension permettant de couler des pièces importantes de haute qualité (20 000 à 25 000 tonnes annuelles). La totalité des projets du complexe sidérurgique exigeait des investissements de l'ordre de 300 millions de dollars. Le Japon et un consortium européen en étaient les financiers.

b) La pétroléochimie

En 1966, la CORFO et l'ENAP formèrent la «Sociedad Petroquimica Chilena». L'exécution du programme pétroléochimique mis en route la même année avec un investissement estimé à 150 millions de dollars fut répartie entre l'ENAP, la Petroquimica Chilena et la Petrodow. Cette dernière était une société mixte dont 30 % des actions revenaient à la Petroquimica Chilena et 70 % à la Société Nord-Américaine Dow Cheminal. En 1970, furent inaugurés dans la zone de Talcahuano-San Vicente cinq usines de l'unité de chlore-soude, première partie du complexe pétroléochimique chilien. Un an plus tard, dans le cadre de la nationalisation des industries, l'ENAP et la Petroquimica Chilena furent appelées par l'État à prendre en charge la commercialisation et la transformation de matières premières pétrolières. L'État, à travers la «Petroquimica» augmenta de 30 à 50 % sa participation au capital de la Société Petrodow. Le complexe pétroléochimique de San Vicente fut agrandi en 1971 par cinq nouvelles usines faisant partie du complexe d'acétaldéhyde. Une partie de cette production était destinée à approvisionner les pays du Pacte Andin. La fin du programme prévoit la construction d'un troisième complexe d'aromatiques près de la raffinerie de Concon, et la construction d'une usine d'ammoniaque à Magellan utilisant le gaz naturel. Elle serait destinée en partie à la production d'engrais. Ces complexes qui devaient trouver leur pleine capacité de production dans les années à venir représentaient pour le Chili un élément de première importance dans l'équilibre de l'industrie nationale et dans le renforcement de sa capacité d'exportation. Plusieurs produits de la pétroléochimie sont en effet réservés au Chili dans les accords de complémentarité signés avec les pays de la zone andine.

L'industrie pétroléochimique. 1972

Complexe San-Vicente-Talcahuano		Usines	Capacité de prod. annuelle
COMPLEXE D'ÉTHYLÈNE	Produits de base	Chlore-soude	33 000 t chlore 37 000 t soude caustique
		Éthylène	70 000 t
	Produits intermédiaires et finis	Polyéthylène Chlorure de vinyle monomère Chlorure de polyvinyle	20 000 t 18 000 t 15 000 t
COMPLEXE D'ACÉTALDÉHYDE		Acétaldéhyde Acide acétique Acétate de vinyle Gaz synthétique Oxoalcool	16 000 t 14 000 t 1 000 t 43 000 m^3 25 000 m^3

c) L'industrie de la cellulose

C'est une des industries exportatrices appelées à connaître l'un des plus importants essors dans les prochaines années. En 1971, est entré en production l'établissement d'Arauco qui produit 120 000 tonnes. Mais, c'est la mise en fonctionnement en 1973 de l'usine de cellulose de Constitucion (Maule), qui est de loin la plus importante. Construite par la CORFO avec la collaboration d'une firme française (EMSA) elle doit produire de la cellulose-kraft destinée au marché international. Sa capacité de production annuelle de 175 000 tonnes dans l'étape initiale doit être doublée très vite : elle serait alors l'une des usines mondiales les plus importantes en son genre.

d) L'industrie automobile

En 1970, existaient au Chili dix usines de montage proposant aux consommateurs 19 modèles différents de voitures. Les principales marques européennes et nord-américaines s'y trouvaient représentées, fait assez étonnant par rapport à l'étroitesse du marché. D'année en année, la production s'accroissait en relation directe avec le nombre de firmes d'assemblage profitant de la protection douanière et des avantages fiscaux, mais aussi d'un marché élargi dans sa capacité d'absorption par une large politique de crédits. En 1971, la forte rationalisation de l'industrie se doubla d'une politique de nationalisation. L'annonce des nouvelles dispositions gouvernementales provoqua aussitôt la disparition des firmes nord-américaines et une diminution dans la production des autres entreprises. Le gouvernement chilien décida après consultations internationales de réduire le nombre des firmes qui auraient désormais le caractère de sociétés mixtes dont l'État chilien, par l'intermédiaire de la CORFO, serait l'actionnaire majoritaire. La production serait circonscrite à trois catégories de véhicules dont 70 % des pièces devraient être produites dans le pays. Ce concours international attira dix firmes candidates et fut remporté par les associations Citroën-Renault, Fiat-Pegaso (société espagnole), qui emportèrent par couples la construction des véhicules de catégorie A (voitures de tourisme, camionnettes et fourgonnettes) et de catégorie C (poids lourds de 5 à 8 tonnes à moteur diesel).

Construction automobile
Nombre d'unités assemblées au Chili

Type de véhicules	1965	1966	1967	1968	1969	1970	1971
Automobiles	7 412	5 656	9 833	13 671	18 485	20 684	21 250
Camionnettes	1 188	792	1 128	1 536	1 314	2 694	1 500
Camions	168	600	2 052	2 835	1 908	1 209	720
Autobus					362	4	
TOTAL	8 768	7 048	13 013	18 042	22 069	24 591	23 470

Source : Banco Central de Chile. Boletin Mensual.

——— o ———

Le contrôle par l'État des centres de productions des matières premières, de services de base et des centres de transformation les plus importants définissait une situation à un tel degré bouleversée qu'aucun bilan ne pouvait être dressé définitivement. Le bilan de l'année 1972 indiquait néanmoins une industrie qui travaillait presque au maximum de sa capacité de production et en grande partie à un haut niveau technique, mais dont le montant des exportations était partout négatif, le cuivre mis à part, par rapport à l'année 1971 (136 millions de dollars - 115 millions de dollars 1971-1972). Libérée en principe de la tutelle étrangère elle devait donc s'orienter vers une expansion sur l'extérieur, en particulier vers les Pays du Pacte Andin. Ceux-ci ont convenu en 1966 de pratiquer une politique commune afin de donner une nouvelle dynamique à leurs industries nationales respectives. Des conventions spéciales accordent à certains produits de chaque pays un caractère préférentiel sur l'ensemble des pays signataires désormais ouverts. Ce marché, qui représente plus de 50 millions de personnes, changerait totalement les termes de production et de commerce de certaines manufactures limitées aujourd'hui dans leur développement par le caractère restreint des marchés locaux et par la multiplicité d'industries voisines concurrentes.

BIBLIOGRAPHIE

(dressée par Romuló SANTANA-AGUILAR)

OUVRAGES D'ENSEMBLE

1. BORDE (J.). Le Chili. *In*. Encyclopedia Universalis. Vol. 4. Paris, 1969, pp. 222-235.
2. CHILI 1970. Paris : La Documentation française, 1971. (Problèmes d'Amérique Latine n° 19).
3. CUNILL (P.). Geografía de Chile. Nuevo texto para la educacion media, 3a ed. Santiago : Ed. Universitaria, 1971.
4. CUNILL (P.). L'Amérique andine. Paris : PUF, 1966, 308 p. (Coll. Magellan).
5. ENCINA (F.). Historia de Chile, 2a ed. Santiago : Ed. Nascimento, 1970, 20 vol.
6. Geografía económica de Chile. 4 vol. Santiago : CORFO, 1950-1962.
   (L'ouvrage s'achève par une étude des régions géographiques du Chili écrite par S. SEPULVEDA).
7. Geografía económica de Chile. Santiago : CORFO, 1965, 889 p.
   (Résumé de l'ouvrage antérieur. Cette édition ne contient pas le volume de S. SEPULVEDA).
8. Primer apéndice a la geografía económica de Chile. Santiago : CORFO, 1966, 369 p.
   (Mise à jour des ouvrages précédents).
   (cf. en particulier R. SANTANA-AGUILAR Reseña Geografica de Chile p. 1-17).
9. GRENIER (P.). Le Chili. *In* : L'Amérique latine. Approche géographique générale et régionale. Tome I. Paris : Bordas, 1973, pp. 265-269.
10. MAC BRIDE (J.). Chile, su tierra y su gente, 2a ed. Santiago : ICIRA Instituto de Capacitación y Investigación en Reforma Agraria, FAO, 1970, 307 p.
11. MAYER (M.). Chili. Lausanne : Ed. Rencontre, 1968, 192 p.
12. MOSTNY (G.). Prehistoria de Chile. Santiago : Ed. Universitaria.
13. SUBERCASEAUX (B.). Chile, o una loca geografía. Santiago : Ed. Encilla, 1940, 325 p.
14. VELIZ (C.). Historia de la marina mercante. Santiago : Ed. de la Universidad de Chile, 1961, 406 p.
15. WEISCHET (W.). Chile : Eine Länderhundliche Individualitäs und Strucktur. Darmstadt : Wissencheftliche Buchgessellsgaft, 1970, 618 p.

REVUES GÉOGRAPHIQUES

Informaciones Geográficas. Institut de Géographie, Université du Chili, Santiago.

Revista Geográfica de Valparaiso. Institut de Géographie, Université Catholique, Valparaiso.

Revista Geográfica de Chile. « Terra Australis », Comité National de Géographie, Géodésie et géophysique.

Cuadernos del Sur. Institut de Géographie, Université de Concepcion.

Boletin de la Asociación de Geógrafos de Chile.

Sociedad Geológica de Chile.

STATISTIQUES

— Recensements. Direccion de Estadística y censos, devenue depuis 1970 Instituto Nacional de Estadisticas.

II Censo de vivienda, 1960. Résumé en 1969, 132 p.

XII Censo de poblacion, 1960. Résumé en 1969, 448 p.

IV Censo Agropecuario, 1964. Résumé en 1966, 139 p.

XIII Censo Nacional de manufacturas, 1968. Public. 1968, 46 p.

XIII Censo de Poblacion, 1970. Résumé en 1972.
Chile : Industrias Manufacturera numero de Establicimientos, y occupación en el año 1967-1968. Ronéo, 46 p.

— Sintesis Estadística (mensuelle). Inst. Nac. de Estadisticas.

— Boletin Mensual Banque de l'État du Chili (mensuelle).

— Boletin Estadístico. Institut Forestier (dernier numéro paru en juillet 1972 n° 9 et 10 mai-juin 1972).

— Producción y consumas de energia en Chile. Endesa. Office National de l'Électricité. Santiago, Imp. Zenith, 1970, 91 p. + 1 carte du réseau de distribution d'énergie électrique au Chili.

— Características y tendancias de la industria pesquera para el consumo humano 1967-1970. Santiago, IFOP. Institut de Développement de la Pêche, 1971. Série Études Économiques, n° 75.

— Mensajes del Presidente Allende ante el Congreso pleno, mai 1972 et mai 1973. Talleres gráficos servicio de Prisiones. Santiago, 908 et 935 pages, respectivement. Rapport du Président de la République au Congrès National. (Source fondamentale pour les dernières années, le Président faisant le point sur l'avancement économique du pays).

CARTES

Carta topográfica de Chile 1/1 000 000. Santiago : Institut Géographique Militaire du Chili.

Carta geológica de Chile 1/1 000 000. Santiago : Institut de Recherches Géologiques, 1979.

Mapa Metalogénico de Chile 1/1 500 000. *In* : RUIZ (C.) et alii. Geologia y Yacimientos metaliferos de Chile. Santiago : Institut de Recherches Géologiques, 1965.

Carta Caminera de Chile 1/500 000 - 1/2 000 000. Santiago : Ministère des Travaux Publics, 1969-1970.

Distribución de la población urbana y rural : Chile 1/1 000 000. Washington : Organisation des États Américains, 1969.

URIBE (G.). Mapa industrial de Chile 1/1 000 000. Santiago : Institut de Géographie, 1967.

LE MILIEU NATUREL

A - Géomorphologie et Géologie

1. BORDE (J.). Les Andes de Santiago et leur avant-pays. Étude de géomorphologie. Bordeaux, 1966, 559 p. (Compte rendu par R. SANTANA-AGUILAR in *Revista Geografica* Rio de Janeiro, Dezembro 1968, n° 69, p. 167-173).

2. BRUGGEN (J.). Fundamentos de la geología de Chile. Santiago : Ed. Inst. Geográfico militar, 1950, 374 p.

3. Carta geológica de Chile. Santiago : Instituto de investigaciones geologicas.
   (Nombreuses feuilles à l'échelle au 1/50 000 surtout des provinces du Chili aride et semi-aride).
   (De plus, dans la collection «Boletines» sont rassemblées de nombreuses études à des échelles moins détaillées).

4. CAVIEDES (C.). Geomorfologia del cuaternario del Valle de Aconcagua. Chile central, 1972, 151 p. (Friburger Geographische Hefte, n° 11).

5. CECIONI (G.). Esquema de la paleogeografia chilena. Santiago : Ed. Universitaria, 1970, 143 p.

6. DRESCH (J.). Géomorphologie des Andes chiliennes et argentines. *Rev. de Géog. Phys. et de Géol. Dynam.*, 1972, n° 1-2, p. 177-192.

7. GOLUBEV (G.). Avalanchas y corrientes de barro en Chile. *Informaciones Geograficas*. XVII. 1967, p. 31-74.

8. LAUGENIE (C.). Elementos de cronologia glacial en los Andes chilenos meridionales. *Cuadernos geog. del Sur*, Concepción, n° 1. 1971, p. 7-20.

9. LAUGENIE (C.). La structure et l'orogénèse des Andes chileno-argentines. *Cah. de Géog. de Québec,* n° 35, 1971, p. 267-288.

10. LOMNITZ (C.). Major earthquakes and tsunamis in Chile during the period 1535 to 1955. *Geologische Rundschau,* n° 59, 1970, pp. 938-960.

11. PASKOFF (R.). Le Chili semi-aride. Recherches géomorphologiques. Bordeaux, 1970, 420 p.

12. PASKOFF (R.). État résumé des acquisitions récentes sur le Quaternaire chilien. *Cah. de Gég. de Québec.* N° Spécial Amérique Latine. XV, n° 35, sept. 1971, p. 289-314.

13. RUIZ (C.) et alii. Geología y yacimientos metalíferos de Chile. Santiago : Instituto de Investigaciones geológicas, Ed. Universitaria, 1965, 305 p.

14. SANTANA-AGUILAR (R.). Convivencia del hombre con el mastodonte en Chile central. *Noticiario mensual.* Santiago : Museo Nacional de Historia Natural, n° 132, juillet 1967, 6 p.

15. SANTANA-AGUILAR (R.). El macizo glaciar Volcan Palomo-Alto de los Arrieros, estudio de Fotografia aerea. Mexico : Conferencia Regional Latino-Americana de la UGI, 1966, p. 370-378.

16. SANTANA-AGUILAR (R.). El rio Salado y el Sector oriental de la Cuenca de Calama. *Boletin de Asociacion de Geografos de Chile,* n° 3, 1967, 10 p.

17. SANTANA-AGUILAR (R.). Rasgos de la glaciación cuaternaria en «El Manzanar» valle del Cachapoal. Andes de Rancagua. *Revista Geografica de Valparaizo,* n° 1, 1967, p. 85-98.

18. SANTANA-AGUILAR (R.). Les cendres volcaniques de la vallée du Cachapoal-Rapel (Chili). *Cahiers de Géographie de Québec,* n° 35, 1971, p. 315-332.

19. SANTANA-AGUILAR (R.). La glaciation quaternaire dans les Andes de Rancagua (Chili central). *Bull. Ass. Géogr. Fr.,* 1973, n° 406-407, p. 473-483.

20. ZEIL (W.). Geologie von Chile. Beitrage zur regionalen Geologie der Erde. Berlin : Berntesegen, 1964, 233 p.

B - Climat

1. ALMEYDA (E.) et SAEZ (F.). Recopilación de datos climáticos de Chile y mapas sinópticos respectivos. Santiago : Ministerio de Agricultura, Imp. Inst. Geográfico Militar, 1958, 193 p.
2. ANTONIOLETTI (R.) et alii. Características climáticas del Norte Chico. Santiago : Instituto de Investigaciones de Recursos Naturales, Imp. Soc. Artes Gráficos, 1971, 102 p. + 18 cartes.
3. DEVYNCK (J. L.). Contribución al estudio de la circulación atmosférica en Chile y el clima de la región del Bío-Bío. Concepción : Univ. de Concepción. Departamento de Geofísica, 1970, 158 p. ronéo.
4. GUNTHER (H.). La corriente de Humboldt y su área de influencia en los paisajes del Pacifico. *Rev. Geog. de de Chile, Terra Australis,* n° 18, 1960, p. 36-43.
5. HIRSCHMANN (J.). Desplazamiento estacional del máximo de radiación solar sobre América del Sur. *Rev. de Est. del Pacífico,* n° 3, dec. 1971, p. 71-84.
6. PENA (O.). Températures et régimes thermiques sur deux littoraux montagnards et leur arrière-pays : les Alpes maritimes et le Chili central. Grenoble, 1971, 88 p., ronéo.

C - Biogéographie et Hydrographie

1. HERNANDEZ (S.). Geografía de plantas y animales de Chile. Santiago : Ed. Universitaria, 1970, 212 p.
2. INSTITUTO FORESTAL. Mapa preliminar de tipos forestales, provincias de Bio-Bio, Malleco, Arauco, Cautin y Valdivia. 1/500 000, 1965.
    — Mapa preliminar de tipos forestales, provincias de Osorno, Llanquihue y Chiloé. 1/500 000, 1965.
    — Mapa de las plantaciones forestales de la zona centro-norte de Chile. Prov. de Aconcagua, Valparaiso, Santiago, O'Higgins Colchagua, Curico, y Talca. 1/500 000, 1969.
    — Mapa de las plantaciones forestales de la zona sur de Chile, provincias de Valdivia, Osorno, y Llanquihue. 1/500 000, 1969.
3. LLIBOUTRY (L.). Nieves y glaciares de Chile. Santiago : Ed. de la Univ. de Chile, 1956, 471 p.
4. NATIONS UNIES-CEPAL. Los recursos hidráulicos de Chile. Mexico, 1960, 190 p.
5. PISANO (E.). La vegetación de las distintas zonas geográficas chilenas. *Rev. Geog. de Chile, Terra Australis,* n° 11, 1954, p. 95-107.
6. SCHMITHUSEN (J.). Die Räumliche Ordnung des Chilenischen Vegetation. *Bonner Geog. Abh,* 1956, p. 1-86.

ÉTUDES A CARACTÈRE ÉCONOMIQUE

1. BARAONA (P.) et alii. Visión critica de Chile. 3a ed. Santiago : Ed. Portada, 1972, 346 p.
2. BAEZA (S.) et CASTRO (S. de). Analisis de la Economia chilena 1971-1972. Santiago : Instituto de Economia Univ. Catolica de Chile.
3. BARDON (A.) et alii. Politica económica y transición al socialismo : intinerario de una crisis. Santiago : Ed. del Pacifico, 1972.
4. CADEMARTORI (S.). La economia chilena. 3a ed. Santiago : Ed. Universitaria, 1972, 293 p.
5. CENTRO DE PLANEAMIENTO. El desarrollo económico-social de la region de Magallanes. Santiago : Ed. Universitaria, 1967, 2 vol., 223 p. + cartes.

6. Chili. *In* : Problèmes et évolution de l'économie des pays sud-américains.
   1969. Paris : imp. Lescaret, déc. 1970, p. 93-127
   1970. Paris : imp. Lescaret, déc. 1971, p. 95-125
   1971. Paris : imp. Alençonnaise, déc. 1972, p. 75-88.
7. FIGUEROA (S.). Le Chili : Problèmes et aspirations. Saint-Gall (Suisse) : Institut latino-américain de l'École des Hautes Études Économiques et Sociales, 1970, 67 + XVII p.
8. FOXLEY (A.) et alii. Chile : Busqueda de un nuevo socialismo. Santiago : Ed. Nueva Universidad, Univ. Catolica de Chile, 1971, 266 p.
9. FFRENCH-DAVIS (P.). Politicas económicas en Chile 1952-1970. Santiago : Ed. Nueva Universidad, Univ. Catolica de Chile, 1973, 350 p.
10. INSTITUTO DE ECONOMIA. La economia de Chile en el periodo 1950-1963. Santiago : Ed. del Pacifico, 1963, 2 vol., 273 + 235 p.
11. MARTINIC (M.). Magallanes, Sintesis de tierra y gentes. Buenos-Aires : Ed. Fco de Aguirre, 1972, 195 p.
12. ODEPLAN. Estrategia del desarollo especial a largo plazo (Resumen), fév. 1973, 81 p., ronéo.
13. ODEPLAN. Informe económico anual 1970. Santiago : Ed. Universitaria, 1971, 90 p.
14. ODEPLAN. Plan de la Economia Nacional : Antecedentes sobre el desarrollo chileno 1960-1970. Santiago : imp. C. Henriquez, 453 p.
15. ODEPLAN. Resumen del plan de la Economia Nacional 1971-1976. Santiago : imp. C. Henriquez, 1972, 315 p.
16. ODEPLAN. Resumen del plan anual 1972. Santiago : imp. C. Henriquez, 1972, 90 p.
17. PINTO (A.) et alii. Chile Siglo Veintiuno. Santiago : Ed. Universitaria, 1971, 407 p.
18. SUDAMERIS (banque française et italienne pour l'Amérique du Sud). Paris : Bilan de la gestion FREI. *Et. Econom.*, oct.-nov. 1970, p. 3-18.
19. URIBE (G.). La localización de la actividad manufacturera en Chile. Santiago : Instituto de Geografia, 1967, 113 p., 1 carte 1/1 000 000.
20. VAYSSIERE (P.). Le Chili : de l'économie coloniale à l'inflation (les problèmes monétaires chiliens depuis l'Indépendance jusqu'à la guerre du Pacifique 1818-1880). *Cahiers des Amériques latines*, n° 5, 1970, p. 3-32.

GÉOGRAPHIE AGRAIRE

1. AFFONSO (A.) et alii. Movimiento campesino chileno. Santiago : ICIRA, 1970, 2 vol., 222 + 272 p.
2. AGUILERA (A.). Las tierras fiscales de Chile, Tarapacá, Antofagasta, Atacama, Magallanes. Santiago : 1966, 63 p.
3. ALALUF (D.) et alii. Reforma Agraria chilena : seis ensayos de interpretación, 2a ed. Santiago : ICIRA, 1972, 125 p.
4. ALVARADO (L.). La vida en el Altiplano chileno. Santiago : ICIRA, 1970, 22 p. ronéo.
5. ARANDA (X.). Algunas consideraciones sobre la transhumancia en el Norte Chico. *Informaciones Geográficas*, vol. XX, 1970, p. 141-169.
6. ARANDA (X.). Evolución de la agricultura y el riego en el Norte Chico : Valle de Huasco. *Informaciones Geográficas*, vol. XVI, 1966, p. 9-41.
7. ARANDA (X.). San Pedro de Atacama. Elementos para un plan de desarrollo local. *Informaciones Geográficas*, vol. XIV, 1964, p. 19-62.

8. BARAONA (R.) et ARANDA (X.) et SANTANA (R.). El Valle de Putaendo, Estudio de estructura agraria. Santiago : Ed. Universitaria, 1961, 372 p.

9. BESA (J.). Tenencia de la tierra y reforma agraria : Bibliografia actualizada con 1 600 titulos de estudios, libros, y revistas. Buenos Aires : DESAL, Ed. Troquel, 1968.

10. BORDE (J.) et GONGORA (M.). Evolución de la propiedad rural en el valle del Puangue. Santiago : Ed. Universitaria, 1956, 2 vol., 250 p. + cartes.

11. CARMAGNANI (M.). La producción agropecuria chilena (1680-1830). *Cahiers des Amériques latines,* n° 3, 1969, p. 3-21.

12. CORPORACION VITIVINICOLA DE CHILE. Estudio económico de la vitivinicultura. Santiago : 1960, 176 p., ronéo.

13. CORTES (G.). El problema central : Santiago : Imp. Cervantes, 1924, 77 p.

14. DIENER (B.) et alii. Tenencia de la tierra y campesinado en Chile. Buenos Aires : DESAL, Ed. Troquel, 1969, 186 p.

15. DOMEYKO (I.). Araucanía y sus habitantes. Recuerdos de un viaje hecho en 1845, 2a ed. Buenos Aires : Ed. Fco de Aguirre, 1971, 108 p.

16. DONOSO (R.) et VELASCO (F.). La propiedad austral, 2a ed. Santiago : ICIRA, 1970, 282 p.

17. GONGORA (M.). Origen de los «inquilinos» de Chile central, Univ. de Chile, Seminario de Historia Colonial. Santiago : Ed. Universitaria, 1960, 168 p.

18. ICIRA. Exposición metódica y coordinada de la ley de Reforma agraria de Chile. Santiago : Editorial Juridica de Chile, 1968, 330 p.

19. JEFFERIES (A.). Agrarian Reform in Chile. *Geography,* vol. 56, n° 252, 1971, p. 221-230.

20. JOLLY (A.) et BREVIS (O.) et LE FEUVRE (O.). Estudio económico de los asentamientos, 1966-1967. Santiago : ICIRA, 1968, 147 p., ronéo.

21. KLEIN (E.). Mano de obra agricola en Magallanes. Punta Arenas : ICIRA-ORPLAN MAGALLANES, 78 p., ronéo.

22. MATARASSO (M.). Une réforme agraire à l'épreuve : l'expérience chilienne. *Cahiers des Amériques latines,* n° 1, 1968, p. 151-168.

23. MORAL (P.). Temas juridicos de la Reforma Agraria y del desarrollo. Santiago : ICIRA, 1968, 91 p.

24. SAAVEDRA (A.). La cuestion mapuche. Santiago : ICIRA, 1971, 214 p.

25. SANTANA (R.). Estructura de la ganaderia en Chile central. *Informaciones Geográficas,* vol. XVIII-XIX, 1968-1969, p. 57-74.

26. SEPULVEDA (S.). El trigo chileno en el mercedo mundial. Ensayo de Geografia historica. Santiago : Ed. Universitaria, 1959, 133 p.

27. TORREALBA (A.). Tierras fiscales y de indigenas. Su legislación y jurisprudencia. Santiago : Ed. Universitaria, 1917, 159 p.

28. VIO (D.). Regiones lecheras de Chile. *Rev. geograf. de Chile Terra Australis,* n° 21, 1971, p. 157-167.

POPULATION ET PEUPLEMENT

1. BLANCPAIN (J. P.). La tradición campesina alemana en Chile. *Boletin de la Academia chilena de Historia,* n° 81, 1969, p. 81-139.

2. GUERRERO (R.). Estructuras agrarias, despoblamiento y trama urbana en la Frontera. *Cuadernos del Sur,* I, 1971, p. 65-75.

3. HERRERA (L.). Tendencias del poblamiento en Chile desde 1940 a 1960. Santiago : Dirección de Estadistica y Censos, 1969, 212 p.

4. SEPULVEDA (S.). Interpretación geográfica del ultimo censo de población. Estudios geograficos. Homenaje a H. Fuenzalida. Santiago : Facultad de Filosofia y Educacion, Univ. de Chile, Ed. Universitaria, 1966, p. 185-209.

VILLES ET ARMATURE URBAINE

1. AMMON (A.) et alii. Planificación y estudios urbano-regionales en Chile y America latina. Bibliografia. Santiago : Ed. Universitaria, 1973, 89 p.
(ILDIS. Estudios y documentos).

2. ANTONIOLETTI (R.). Las funciones regionales de la Ciudad de Iquique. *Informaciones Geográficas,* 1969, p. 133-149.

3. BORDE (J.). Santiago du Chili. *Bulletin de la Soc. Belge d'Ét. Géog.,* 23 (1), 1954, p. 37-58.

4. BORDE (J.). L'essor d'une capitale : Santiago du Chili. *Cahiers d'Outre-Mer,* 7, 1954, p. 5-24.

5. DIRECCION DE EXTENSION CULTURAL. Seminario del Gran Santiago. *Boletin informativo Univ. de Chile,* 8 (34), 1958, 322 p.

6. GARIN (R.). Étude schéma de transport pour Santiago du Chili. *Transports,* n° 133, juin 1968, p. 182-192.

7. GUERRERO (R.). Historia y dependencia en la evolución de las redes urbanas en Chile. Seminario sobre el Proceso de metropolización en Chile y America Latina. Santiago, DEPUR, 1970, 20 p.

8. GODOY (H.). Estructura social de Chile Estudio, selección de textos y bibliografia. Santiago : Ed. Universitaria, 1971, 632 p.

9. HERRERA (L.). El crecimiento de la superficie y los cambios de densidad en la ciudad de Santiago a traves los ultimos tres censos : 1940-1952-1960. *Inf. Geográficas,* p. 75-89.

10. HERRICK (B.). Urban migration and economic development in Chile. Massachussetts Institut of Technology Press, 1965, 126 p.

11. MORALES (M). La dominación metropolitana y la estructura urbana externa de la cuenca del rio Rapel. *Planificación,* n° 7, 1970, p. 49-87.

12. MORALES (M.) et PARISSI (J.). Modo de participación, proceso de regionalisación y relaciones ciudad-campo. *Cuadernos de la realidad nacional Univ. Católica de Chile,* n° 13, Julio 1972, p. 81-113.

13. SALINAS (R.). L'aire métropolitaine de Valparaiso. L'urbanisation de l'espace et les fonctions urbaines. Bordeaux : Univ. de Bordeaux III, 1972, 2 vol., 335 p. ronéo + 1 vol. de cartes.

14. VERGARA (F.). L'urbanisation au Chili : Puente Alto. *Bulletin du B.M.U.M.,* n° 66, juillet 1971, p. 5-16.

15. VILLA (M.). Análisis de la estructura del trafico portuario chileno. *Informaciones geográficas,* 16, 1967, p. 75-104.

INDUSTRIES

1. ARANCIBIA (N.). Impactos geográficos de la industria del acero en Chile : la siderúrgica de Huachipato. 1ère Conf. Reg. Latino-Americana de la U.G.I., vol. II. México : 1968, p. 659-676.

2. BERMUDEZ (O.). Historia del salitre desde sus origines hasta la guerra del Pacifico. Santiago : Ed. de la Univ. de Chile, 1963, 456 p.

3. DAVILA (R.). La minería del hierro en Chile. *Boletin Minero,* n° 698, Enero-marzo 1970, p. 7-13.
4. LAGOS (R.). La industria en Chile : antecedentes estructurales. Santiago : Univ. de Chile, Instituto de Economia, 1966, 232 p.
5. LANGDON-WHITE (C.) et CHILLIOTE. Chili's iron and steel economy. *Economic Geography,* juillet 1968, p. 258-266.
6. Ministerio de Minería - Servicio de Minas del Estado. Anuario de Mineria de Chile. Talleres graficos Servicio de Prisiones, 1970, 131 p.
7. MUNOZ (O.). Crecimiento industrial de Chile : 1914-1965. Santiago : Univ. de Chile, Instituto de Economia y Planificación, 1971, 220 p.
8. MUNOZ (O.). et alii. Proceso a la industrialización chilena. Santiago : Ed. Nueva Universidad, Univ. Católica de Chile, 1972, 285 p.
9. ODEPLAN. Estrategia de desarrollo para la zone norte. Seminario de discusión. Antofagasta. Feb. 1972, 308 p. ronéo.
10. SUDAMERIS (Banque française et italienne pour l'Amérique du Sud). Le marché mondial du cuivre. *In* : Études Économiques. Oct.-Nov., 1971, 48 p.
11. VERA (M.). La politica económica del cobre en Chile. Santiago : Ed. de la Univ. de Chile, 1961, 231 p.
12. VICUNA-MACKENNA (B.). La edad del Oro en Chile, 3a ed. Buenos Aires : Ed. Fco de Aguirre, 1969, 419 p.

BIBLIOGRAPHIE COMPLÉMENTAIRE

(non utilisée par les auteurs)

I — GÉOGRAPHIE PHYSIQUE

1. CAVIEDES (C.). Luftbild : Die Aconcagua. Mündlung Mittelchile. *Die Erde,* n° 3-4, 1974, p. 217-223.

2. CAVIEDES (C.) et PASKOFF (R.). Quaternary glaciation in the Anals of North Central Chile. *J. Glaciology,* n° 70, 1975, p. 155-170.

3. CHOTIN (P.). Les Andes méridionales à la latitude de Concepción (Chili 38°5) : portion intracratonique d'une chaîne développée en bordure de la marge active est-Pacifique *Revue Géo. Phys. Géol. dyn.,* n° 4, 1977, p. 353-376.

4. DERUELLE (B. et J.). Los volcanos cuaternarios de los Nevados de Chillán (Chile central) y reseña sobre el volcanismo cuaternario de los Andes chilenos. *Estud. Geol.,* n° 2-3, 1974, p. 91-108.

5. ERIKSEN (W.). Disruption in the ecosystems and forest regions of Patagonia by climate and man. *Applied Science Devol.,* n° 6, 1975, p. 127-142.

6. LAUGENIE (C.). Observations à l'article de R. Paskoff sur la glaciation quaternaire du Chili méridional. *Revue de géographie alpine,* 1977, p. 221-225.

7. LAUGENIE (C.) et COLMET-DAAGE (F.) et alii. Note sur les liaisons volcaniques des piémonts glaciaires chiliens méridionaux. *B.A.G.F.,* n° 426, 1975, p. 187-193.

8. LECARPENTIER (C.). Géomorphologie et eaux souterraines, présentation de la carte géomorphologique de la Pampa del Tamarugal (Désert nord chilien). *Bull. Inst. fr. Et. andines,* n° 2, 1973, p. 29-37.

9. PASKOFF (R.). Les glaciations quaternaires dans les Cascades et dans les Andes méridionales aux latitudes tempérées : bilan des recherches et comparaisons. *Rev. Géogr. Alpine,* n° 2, 1976.

10. PASKOFF (R.). Quaternary of Chile : the state of research. *Quatern. Res.,* n° 1, 1977, p. 2-31.

11. PARSONS, DAVID (L.) et MOLDENKE (A. R.). Convergence in vegetation structure along analogous climatic gradients in California and Chile. *Ecology,* n° 4, 1975, p. 950-957.

12. VIERS (G.). Morphologie glaciaire dans les hautes montagnes sèches : les Andes chiliennes vers 30° de latitude sud. *Revue Géogr. Alpine,* n° 4, 1978, p. 437-459.

II — LA POPULATION ET L'OCCUPATION DU PAYS

1. BAHR (J.) et GOLTE (W.). Eine bevölkerungs und wirtschaftsgeographische gliederung Chiles. *Geoforum,* n° 17, 1974, p. 25-42.

2. BLANCPAIN (J. P.). Les Allemands au Chili (1816-1945). Köln : Bölhan Verl., 1974, 1162 p.

3. GUERRERO (R.). La formation des régions au Chili : essai sur l'occupation de l'espace. Bordeaux : Univ. Bordeaux III, Institut de Géographie, 1976, 2 vol., 194 + 104 p.
4. GUTTIEREZ ROLDAN (H.). La poblacion de Chile. Paris : CICRED, 1975, 81 p.
5. TALBOT (R. D.). A history of Chilean boundaries. Ames : Iowa State Univ. Press, 1974, 131 p.

III — GÉOGRAPHIE RURALE

On consultera surtout le numéro 15 (1977) des *Cahiers des Amériques latines* entièrement consacrés à des *Études chiliennes* : article de ROSSIGNOL (J.) et BLANCPAIN (J. P.) en langue française sur le XIXe siècle, de CHONCHOL (J.) en espagnol et SANTANA (Roberto) en Français sur la réforme agraire.

A - Aspects généraux

1. BORDE (Jean). La vigne en Amérique du Sud. *In* : Études géographiques offertes à Louis PAPY. Bordeaux, 1978, p. 295-299.
2. DEFFONTAINES (P.). La vigne pastorale dans les Andes du Nord et du Centre. *Cahiers d'Outre-Mer,* n° 101, janvier-mars 1973, p. 5-38.
3. GUERRERO (R.). La vigne au Chili. *In* : Géographie historique de la vigne et du vin. Congrès Bordeaux (octobre 1977). Paris : Ed. CNRS, 1979, p. 143-155.
4. SANTANA (Roberto). Les problèmes actuels de la petite exploitation dans les pays andins. *Cahiers d'Outre-Mer,* n° 115, juillet-septembre 1976, p. 251-270.
5. SANTANA (Roberto). La modernisation dans les campagnes chiliennes : ses effets sur l'économie et la société. Toulouse : Univ. Toulouse-Le Mirail, 1977, 400 p.
6. WEISS-ALTANER (E. R.). Population pressure in agriculture : Chile (1910-1960). Liège : international union for the scient. st. of population, 1977, 33 p.

B - Réforme agraire

1. ARGUELLE (O.). Reforma agraria y participación en Chile. *Nueva Sociedad,* n° 11-12, 1974, p. 59-92.
2. CENTRE International d'Études des Structures Agraires. Montpellier. La réforme agraire chilienne pendant l'unité populaire. Montpellier, 1975, 2 vol., 468 + 244 p.
3. CHONCHOL (J.). Les leçons de l'échec de la réforme agraire au Chili. *Problèmes économiques,* n° 14, 1975, 51 p.
4. GOUSSAULT (Y.). Crise et réforme des structures agraires : le cas chilien et ses applications méthodologiques. Paris : Univ. Paris I, 1972-1973, 741 p.
5. HARTWIG (V.). Die Indianer Agrarfrage in Chile bis 1970. Leipzig : Veröffentlichtungen der Muzeums Völkerkunde zu Leipzig (R.D.A.), 1976, 258 p.
6. KAY (C.). Réforme agraire et révolution dans le Chili d'Allende. *Études rurales,* n° 59, 1975, p. 51-71 (cf. J. Latin America studies, 1974, t. 6, n° 1, p. 135-159.
7. ROTHER (Kl.). Zum Fortgang der Agrarreform in Chile. *Erdkunde,* 28 (4), Dezembrer, 1974, p. 312-315.
8. WEISCHET (W.) et SCHALLHORN (E.). Altiedelkerne und frühkolonialer Ausbau in der Bewässerungskulturlandschaft Zentralchiles. *Erdkunde,* 28 (4), 1974, p. 295-303.

IV — GÉOGRAPHIE URBAINE

1. BAHR (J.). Siedlungsentwicklung und Bevölkerungsdynamik an der Peripherie der chilenischen metropole gross Santiago. Das Beispiel des Stadteils la Granja. *Erdkunde,* n° 2, 1976, p. 126-143.
2. FRANCO (E.). Aspects de l'urbanisation dans le Chili central. Paris : Institut des Hautes Études Amér. Lat., 1976, 109 p.
3. KUSNETZOFF (F.). Housing policies or housing politics. An evaluation of the chilean experience. *J. Interam, Stud. and Wld Aff.,* n° 17, 1975, p. 281-310.
4. LAUER (W.), BAHR (J.) et GOLT (W.). Landflucht und Verstädterung in Chile. Wiesbaden : Franz Steiner Verlag, 1976, 160 p.
5. SANTIAGO (J.). Les transports en commun à Santiago du Chili : problèmes et perspectives. *Cahiers d'Outre-Mer,* n° 122, 1978, p. 152-170.
6. SANTIAGO (J.). Urbanisation et sous-développement : Santiago du Chili. *Cahiers d'Outre-Mer,* n° 118, 1977, p. 153-177.

V — ÉTUDES SUR DES RÉGIONS CHILIENNES

1. BAHR (J). Migration in Grossen Norden Chiles. *Bonn Geogr. Abh.,* t. 50, 1975, 286 p.
2. BAHR (J.). Die chilenische salpeterzone der Niedergang eines Industriezweiges und seine bevölkerungsgeographischen Konsequenzen. *Geogr. Rundsch.,* n° 7, 1976, p. 282-289.
3. GRENIER (P.). Minifundio et émigration à Chiloe (Chili méridional). *In* : Études géographiques offertes à Louis PAPY. Bordeaux : 1978, p. 285-294.
4. LAMICQ (H.). La mise en valeur du Nord, manifestation de l'impérialisme dans l'espace chilien. *Tiers-Monde,* 16 (1), 1975, p. 183-217.
5. ROTHER (Kl.). Luftbild ; eine mittelchilenische Agrarlandschaft. Der sonderkulturbau von Peumo um Rio Cachapoal. *Die Erde,* 106 (4), 1975, p. 228-242.

BIBLIOGRAPHIE ADDENDUM

1. BLANCPAIN (J. P.). Le Chili républicain et la fin de la frontière araucane. *Revue Historique,* n° 531, 1979, p. 79-115.
2. BLOOM (R. J. Jr). The influence of Agrarian Reform on Small Holder Communities in Chile's Central Valley 1965-1970. Thèse de l'University of California, Los Angeles, 1973, 257 p.
3. KANAAN (N. J.). A geographic study in Transport Planning : the case of the Bio-Bio region in Chile. Thèse de Syracuse University (N. Y.) 1972, 195 p.
4. KREBS (J. S.). Monterey Pine : an introduced species in Chile. Thèse de l'University of Colorado (Boulder) 1973, 412 p.
5. KREISMAN (A. J.). The Numerical Regionalization of Agricultural land : a chilean example. Thèse de l'University of Pittsburg, 1972, 453 p.
6. SUDAMERIS (Banque française et italienne pour l'Amérique du Sud). Situation économique et financière du Chili. n° 1, février 1979, 16 p.

TABLE DES FIGURES

FIG. 1 —	Le Chili dans le monde : l'allongement en latitude et l'isolement	6
FIG. 2 —	Les régions naturelles du Chili	11
FIG. 3 —	Les grandes zones végétales du Chili	12
FIG. 4 —	Les populations précolombiennes	20
FIG. 5 —	L'évolution de la population chilienne	27
FIG. 6 —	La répartition de la population chilienne : la carte des densités	30
FIG. 7 —	Les types de temps d'été : «situation normale»	36
FIG. 8 —	Les types de temps d'hiver : «situation normale»	37
FIG. 9 —	Climat et hydrologie au Chili central	42
FIG. 10 —	Le Chili central	49
FIG. 11 —	Deux coupes géologiques dans le Chili central	51
FIG. 12 —	L'«hacienda» du Chili central	71
FIG. 13 —	La contraste des structures foncières dans la vallée du Putaendo (Chili central)	74
FIG. 14 —	Les structures foncières de la vallée du Puangue en 1604	77
FIG. 15 —	Les structures foncières de la vallée du Puangue en 1690	78
FIG. 16 —	Les structures foncières de la vallée du Puangue en 1775	79
FIG. 17 —	Les structures foncières de la vallée du Puangue en 1880	80
FIG. 18 —	Les structures foncières de la vallée du Puangue en 1953	81
FIG. 19 —	Les paysages urbains de Santiago	96
FIG. 20 —	La région métropolitaine de Santiago	98
FIG. 21 —	La région métropolitaine de Valparaiso	102
FIG. 22 —	Le port de Valparaiso	103
FIG. 23 —	Le Grand Nord chilien : carte générale	107
FIG. 24 —	Coupe géologique à la latitude d'Arica	111
FIG. 25 —	L'oasis de San Pedro de Atacama	120
FIG. 26 —	L'oasis de Pica	121
FIG. 27 —	Le Petit Nord : carte générale	129
FIG. 28 —	L'insolation dans trois milieux du Petit Nord	132
FIG. 29 —	Un siècle et demi de précipitations à Copiapó	133

FIG. 30 —	Exemple de fréquence et de variété des mines au Petit Nord : «Le pays des 10 000 mines» (district de Copiapó), provinces métallogéniques et mines les plus représentatives	138
FIG. 31 —	Concepcion et sa région	149
FIG. 32 —	Origine des noms de famille dans le département de Traiguen («La Frontière»)	159
FIG. 33 —	L'île de Chiloé	171
FIG. 34 —	Les migrations des Chilotes : situation vers 1970	174
FIG. 35 —	Les pyramides d'âge de la population en Patagonie chilienne	178
FIG. 36 —	L'évolution de la population en Patagonie chilienne (1875-1970)	180
FIG. 37 —	L'introduction du mouton et les phases d'occupation de la steppe de Magellan	182
FIG. 38 —	La vigne au Chili (carte)	194
FIG. 39 —	La vigne au Chili en 1960 (graphique)	195
FIG. 40 —	Les zones de minéralisation et les centres d'exploitation au Chili septentrional	199
FIG. 41 —	Les mines de cuivre de Chuquicamata	202
FIG. 42 —	La consommation brute d'énergie au Chili (1940-1970)	211
FIG. 43 —	Production et importation de pétrole et de gaz naturel au Chili (1950-1972)	213
FIG. 44 —	Pétrole et gaz naturel au Chili	215
FIG. 45 —	L'industrie au Chili central	223
FIG. 46 —	L'industrie du bois et de ses dérivés au Chili	228

TABLE DES MATIÈRES

PRÉFACE 3

INTRODUCTION 5

CHAPITRE PREMIER
LA FORMATION DU CHILI 9
I. La part de la nature 9
II. La part des hommes 14

CHAPITRE II
LA POPULATION DU CHILI 19
I. Le métissage chilien 19
II. Les structures démographiques 25
III. La répartition géographique de la population 28

CHAPITRE III
LE CLIMAT DU CHILI CENTRAL 33
I. La simplicité des rythmes méditerranéens 33
II. L'océan et les cordillères 38
III. L'empreinte du climat 41

CHAPITRE IV
LE RELIEF DU CHILI CENTRAL 47
I. Les aspects du relief 47
II. La mise en place des architectures d'ensemble 54
III. Le modelé quaternaire 60

CHAPITRE V
LA FORMATION DES ESPACES RURAUX DU CHILI CENTRAL 65
I. Les étapes du développement rural 65
II. Les types d'exploitation à la veille de la réforme agraire 69

CHAPITRE VI
L'ÉCONOMIE RÉGIONALE ET LES VILLES DU CHILI CENTRAL 83
I. Les contrastes du peuplement et la diversité de la vie rurale 83
II. Les axes du développement 87
III. Les villes 89

CHAPITRE VII
LE GRAND NORD 105
I. Le cadre physique 105
II. La vie des hommes dans les terres désertiques du Grand Nord 118

CHAPITRE VIII
LE PETIT NORD 127
I. Le cadre naturel 127
II. Les hommes et leur économie 137

CHAPITRE IX
CONCEPCION ET LA «FRONTIÈRE» 147

I. Le cadre naturel 147
II. L'occupation humaine 148
III. Une région à deux façades 150

CHAPITRE X
LA RÉGION DES LACS 153

I. Les caractères physiques 154
II. Les traits humains 157

CHAPITRE XI
L'ÎLE DE CHILOÉ ET LA PATAGONIE 167

I. La nature patagonienne 167
II. La conquête de l'espace 173

CHAPITRE XII
L'AGRICULTURE ET LA RÉFORME AGRAIRE 189

I. Les conditions générales 189
II. Les réformes agraires 190
III. La production agricole chilienne 193

CHAPITRE XIII
LES RICHESSES MINIÈRES ET LES SOURCES D'ÉNERGIE 197

I. Les richesses minières 198
II. Les sources d'énergie primaire 209

CHAPITRE XIV
L'INDUSTRIE CHILIENNE 217

I. Les étapes de la croissance industrielle 218
II. La répartition géographique de l'industrie 222
III. Structure de l'industrie et de la main-d'œuvre 229

BIBLIOGRAPHIE 237

BIBLIOGRAPHIE COMPLÉMENTAIRE 245

TABLE DES FIGURES 249

TABLE DES MATIÈRES 251

Imprimerie DURANDET - NOLASQUE
172, rue du Jardin-Public 33300 BORDEAUX

DÉPOT LÉGAL 2ᵉ TRIMESTRE 1980